国家社科基金
GUOJIA SHEKE JIJIN HOUQI ZIZHU XIANGMU
后期资助项目

时间、技术与科学：技术介入科学的现象学研究

Time, Technics and Science: The Phenomenological Study of Science Mediated by Technics

陶建文　著

科学出版社
北　京

内 容 简 介

康德认为我们只能认识自己构造出来的东西，因此对科学认识做主观上的还原是澄清科学中一些重要概念的有效途径。本书以欧陆哲学家胡塞尔、柏格森、德勒兹、海德格尔等的哲学为基础，对科学中的时间概念做了现象学意义上的还原，然后用技术介入的哲学思考对其进行重构，重点展示与时间相关的“力”作为过程量的主观层面上的含义，进一步用过程化的力思考了技术化科学中与时间相关的一些哲学问题，并展示了过程化的力在未来科学应用中的前景。

本书适合科技哲学及外国哲学专业的师生、研究者及对哲学感兴趣的读者阅读参考。

图书在版编目（CIP）数据

时间、技术与科学：技术介入科学的现象学研究 / 陶建文著. —北京：科学出版社，2022.5

国家社科基金后期资助项目

ISBN 978-7-03-068179-9

Ⅰ. ①时… Ⅱ. ①陶… Ⅲ. ①胡塞尔（Husserl，Edmund 1859–1938）–现象学–研究 Ⅳ. ①B089 ②B516.52

中国版本图书馆 CIP 数据核字（2021）第 043059 号

责任编辑：刘英红 / 责任校对：贾娜娜

责任印制：吴兆东 / 封面设计：无极书装

科学出版社 出版

北京东黄城根北街 16 号

邮政编码：100717

http://www.sciencep.com

北京厚诚则铭印刷科技有限公司印刷

科学出版社发行 各地新华书店经销

*

2022 年 5 月第 一 版 开本：720 × 1000 1/16

2024 年 3 月第三次印刷 印张：16

字数：298 000

定价：138.00 元

（如有印装质量问题，我社负责调换）

国家社科基金后期资助项目
出版说明

后期资助项目是国家社科基金设立的一类重要项目，旨在鼓励广大社科研究者潜心治学，支持基础研究多出优秀成果。它是经过严格评审，从接近完成的科研成果中遴选立项的。为扩大后期资助项目的影响，更好地推动学术发展，促进成果转化，全国哲学社会科学工作办公室按照“统一设计、统一标识、统一版式、形成系列”的总体要求，组织出版国家社科基金后期资助项目成果。

全国哲学社会科学工作办公室

事实上，形而上学以至于心理学对我的吸引力，都远不如有关科学论，尤其是数学理论的研究。我给自己的博士论文提出的研究目标是力学的基本概念。这便导致我对时间观念的极大关注。我不无惊讶地发现，无论是在力学，甚至在物理学中，对于绵延都从未有过适当的说法。因此，我心里琢磨着：实在的绵延究竟在何处，它会是怎么一回事，为什么在我们的数学里没有它的地位？正因为如此，我才从我早先的数学和力学的观点立场逐渐转向心理学方面来。从这些思考中，我写出了《论意识的直接条件》这一学位论文，在那里我努力试行一种完全直接的内省方法，并要掌握纯绵延的内涵。

——柏格森

前　言

本书思路起源于对牛顿第二定律 $f = m\frac{d^2 s}{dt^2}$ 这个公式的思考，在 2008 年参加第二届全国现象学科技哲学学术会议时，我从视觉中心主义角度阐释过这个公式，当时引起不少与会者的兴趣，因此我感觉有必要从这个公式的阐释说起。

我们人有五官，即视觉、听觉、嗅觉、触觉和味觉，五官之中，视觉和听觉是距离化感官，因为用眼睛和耳朵感知东西的时候，是不用与所感知的对象直接接触的；而触觉、味觉和嗅觉是非距离化感觉，它们感知东西的时候要与所感知的对象直接接触。距离化感官区别于非距离化感官，因为它对所感知之物有所超离，而科学本身是超离于现实感性世界之上产生的，所以距离化感觉为科学的诞生创造了条件。与听觉相比，视觉可以在一个共时发生的空间场域内专注于某一点，但听觉却不行，例如声音在一个房间里面遍布于房子的每一个角落，在同一个时间和同一个地点声音稍纵即逝、难以把握，声音只有在时间延续中加以把握。因此，视觉因为其本身可精确化的特点成为科学中非常有利的参数，甚至成了唯一的参数。这一点在“力”这一概念的建立上看得非常清楚。

“力”本来是一个触觉的感念，但触觉是非常模糊的、不清晰的，所以，亚里士多德并未用触觉来定义力，而是用视觉“运动”来定义力，即“力是物体运动的原因”。这个定义当时遇到的一个最大的问题就是关于抛体运动的解释，因为一个物体在水平方向上被抛出之后，在水平方向上已经没有力的作用了，但是这个物体还会继续往前运动。这在古希腊是很不好解释的，当时亚里士多德提出“可怕的真空”加以解释：所谓“真空”，就是空无一物，所谓空无一物就是所有的东西都远离它而去，这种让所有的东西都远离之物一定是一个非常可怕的东西，即“妖怪”；当一个物体向前抛出之后，它的后面就留下了真空，因为物体害怕真空，所以它必须往前跑。这种解释很是神秘，它假定了一个我们根本感知不到的“可怕的真空”这一怪物。到了伽利略、牛顿时期，他们认为在科学中诉诸神秘的因素是非法的，如牛顿就说“我从不做假说”。也就是说，要研究抛体运动的规律，只能依靠我们能够看得见、摸得着、感觉得到的东西。那么，对于抛体运动我们能够感觉到的东西是什么呢？首先物体运动的位移是我们能够测量的，其次就是时间。有了位移 s 和时间 t 之后，伽利略和牛顿就认为足够了，我们用位移对时间求二阶导数就能得出加速度 $a=\frac{d^2s}{dt^2}$，有了加速度就有了力的公式 $f=m\frac{d^2s}{dt^2}$。这个公式显示，力实际上是关于位移和时间的函数。我们知道，位移是视觉感觉，一般意义上的时间也是视觉感觉，如太阳东升西落是一天，分针跑一圈是一小时，秒针跑一圈是一分钟，所以，“力”最后的科学定义把它从一个触觉概念完全变成了一个视觉概念，力最后成了一个空间量。如此看来，爱因斯坦的广义相对论说“力是空间形状的改变”，这一说法早就在牛顿第二定律的公式中体现出来了。

力的研究视觉化之后，可以说它成了所有其他科学研究模仿的一个标准范式，很多科学都以类似的模式把自己变成视觉主义模式。声音本来是一个听觉感知范畴的东西，但现代研究声音是用波长、波高等参数来研究的，这样就把听觉的声音变成了视觉的声音。热本来是一个触觉的概念，但伽利略发明温度计之后，用视觉上水银柱的高低来计量温度的大小，而温度的计量让热走向科学的研究途径，最终形成了热力学。电学最早是用嗅觉和味觉来研究的，例如早期人们发明了电容器之后，电容器没有什么科学的用途，只是在马戏团表演的时候，让一百多人排一条长队，然后在一头放电，结果一百多个人同时做出一个动作来博得观众一笑。后来安培通过通电导线之间力的作用，发现了安培定律，使得电学力学化，即电力学，也让电学变成了视觉中心主义科学。磁也一样。后来，我干脆把这一思想写成《视觉主义》一书，放入肖峰老师主编的“当代新哲学丛书”出版了。对力的哲学思考成了我那几年的思考点，记得在南宁参加第三届全国现象学科技哲学学术会议时，我讲的主题是“中西斜面力学的比较研究”，我当时的想法是想在科学史中寻找先天综合判断，把科学史还原为先验历史，甚至在技术世界也追求先验性，还写了一篇文章参加第四届全国现象学科技哲学学术会议，但当时因事没有参会。事实上，对科学史做先验的还原没那么容易，很多时候感觉这种研究是心有余而力不足。康德在《纯粹理性批判》中也是对时空及因果等基本范畴做了先验研究，他为牛顿的力学进行哲学上的辩护实际上远未完成，自己也就释怀了。

除了可以对 $f = m\dfrac{d^2s}{dt^2}$ 这个公式做视觉中心主义的解释外，这个公式还有另外一个让人惊异的地方就是“时间 t”这个参数的出现。因为“时间”是一个发生的过程，所以，这个公式说明“力”实际上是一个过程量，也就是它体现的是一个发生的过程，而不是一个实体化的东西。然而，科学家常常把力当作实体。例如，古代的科学家认为“冲力”可以一份一份地减少或传递给另外的物体；现代的物理学家会把“力”相减或相加，像“分力”“合力”等。他们这样做的时候丝毫没有把力当作“过程量”的意思，也就是说，科学家在处理“力”的时候根本没有“时间性”的感觉。那么，没有时间性感觉的对象为何在数学公式中又出现了时间这一参数呢？有没有更深层次的原因？这是值得深思的问题，也是我在本书中要寻求答案的问题。可以说本书原初的写作目的就是为力的数学化表征寻求一种内在的解释，也就是说寻求在意识层面上对动力学中的力进行解释。应该说，力是物体运动变化的原因，所以对运动的意识层面的研究成为本书内容的开始。

这一研究还有个机缘，就是我虽然没有参加第四届全国现象学科技哲学学术会议，但是我从胡翌霖写的会议综述中了解到吴国盛老师在会上谈的是惯性定理的现象学分析，于是在第五届全国现象学科技哲学学术会议上，我讲的是关于笛卡儿的惯性定理的现象学分析，当时吴国盛老师进行了点评。可以说，这篇会议论文是我想在纯粹思维意识领域里面对时间、运动和力等概念进行现象学还原的转折点，似乎有了模仿笛卡儿从“我思故我在”这个命题开始来构造一切的想法，我认为，笛卡儿的这个命题不仅开启了主体哲学系统研究，更为重要的是开启了机械论科学的研究传统。因为笛卡儿的二元论严格区分“心”与“物”，心的作用是能动的、有自我驱使能力的实体，而物质世界是被动的、被驱使的、受外力作用的一个僵死的世界。如此机械论中的基本观点就呼之欲出了：物质世界是惯性世界，即惰性世界，没有自我驱使能力，只能受外力作用，所有物质世界只能用外力作用来解释。这样，笛卡儿赋予物质世界完全不同于亚里士多德物质世界的特征，亚里士多德的物质世界是物活论的世界，即物质世界是有灵魂的，如两块磁铁相互吸引是因为它们之间有爱，相互排斥是因为它们之间有恨；自由落体运动是因为物体接近其自然位置而欢快地奔跑等。我第一次发现，纯粹唯心主义的一个命题竟然可以证明一个科学上的命题，即惯性定理。其严密的推导就是斯宾诺莎的《笛卡尔哲学原理》，我一直认为，斯宾诺莎的这本书是一本理解现象学科学哲学的重要著作。

用胡塞尔的现象学证明笛卡儿的惯性定律之后，我有个自己认为是较为重要的发现，就是人们学习胡塞尔的现象学时大都关注于意向活动对意向对象的构造，而忽视了意向对象反过来对意向活动作用。虽然胡塞尔的意向性活动结构中，意向活动所指向的对象都是意向活动所构造出来的形式化对象，即使一棵树也是一般意义上的树，但这种形式化对象的形式化程度是有差异的，也即“观念”是有等级差异的。对于低等级的感性对象的观念化构造，胡塞尔提出了“视域”这一概念，也就是说，感性对象提供给你的是无穷视域，当你说“这是一棵树”这个判断时最后一定要依赖于你能动的意志力做出判断。然而，我们说“三角形内角和等于 180°”却体现不出那种能动自由的意志力，而是一种受动的感觉。原因在于“三角形内角之和等于 180°”是高等级化的观念，是很多形式化的意向对象（观念）的集合，那些观念本身几乎没有视域，虽然你的意向活动能够构造出它们来，但当你对它们进行组合时，意识活动是没有自由的，它们与笛卡儿的机械世界无异，从这些意向对象返回来的是一种受动力或被动力。由此，我有了把“力”进行意识领域还原的动机。

意识领域中的“力”不是实体意义上的对象，而是个过程量，这似乎是可以解释牛顿第二定律中出现“时间”这一参数的原因。意识领域中的过程量实际上是个强度量，强度量是专门用来刻画心里感觉的，对其不能直接进行数学化处理，对此我写了一篇题目为《量的数学化的先天合法性根据》的论文来讨论这一问题，该文我在参加第六届全国现象学科技哲学学术会议时交流过，目的是为视觉中心主义科学进行辩护。后来因为对强度量的兴趣，我开始研读柏格森、德勒兹的哲学著作，希望从中寻找对“过程量”“力”进行论述的哲学资源。因此，我把那篇文章整体纳入本书之中，书本上其他内容也多次回到“强度”与“力”这些概念的论述上来。

在意识领域寻找运动和力的过程，“时间”是一个比较好的线索，最好的线索莫过于胡塞尔的内时间意识了。从胡塞尔的内时间意识现象学开始到法国哲学家对其进行解构，时间现象学衍生出蔚为壮观的德法现象学理论。然而，至今这一理论的应用仍局限在伦理、文学艺术、媒体乃至技术文化等论域，较少有学者用它来思考科学认知这一领域。实际上，凡是涉及技术与主体相关领域的问题都是可以基于内时间意识及其解构为框架进行研究的，因为我们只要把德里达解构理论的突破口“文字”对意识的介入，转换成“技术”对意识的介入即可（事实上文字也是一种技术）。因此，本书是在一种泛技术化的意义上谈论“技术”的，它包括人类日常制造的工具、科学家使用的仪器设备、文字符号技术、数学化技术等。可以说，通常的科学中的所有结果的表征方式都可以看作“技术介入”现象，科学家所得出的结论或新的概念也都是“技术介入”后的结论或概念，它们都是技术制造出来的产物。像我们日常使用的“时间”“运动”“加速度”“力”等都是技术介入后的概念，但这些概念在技术介入之前，在人心里的感知形态是值得探讨的，而要探讨它们就得向人的意识活动还原。只有在主观的意识活动中澄清诸概念的意义，才能让概念的含义真正落到实处，其假定是：只有笛卡儿的“我思故我在”这个命题才是无可置疑的命题，所有其他命题都要以它为基础得到证明。因此，本书首先从“滞留”与“器具化滞留”入手阐释胡塞尔的内时间意识理论与斯蒂格勒的解构理论，为整个研究奠定理论阐释的框架。

“滞留”是胡塞尔内时间意识现象学的核心概念，是指一种新鲜的记忆，在内时间意识中当下呈现的对象实际上呈现的是由“原印象”“滞留”“滞留的滞留”……这些“差异”聚合而成的聚合体，它是不能加以量化的。“器具化滞留”是由计时器或文字符号介入后所参与的一种记忆。客观的、可量化的、均质的时间是靠这种记忆形成的，但是它与本源性的记忆即“滞留”殊异。然而，由“原印象”“滞留”“滞留的滞留”……这些“差异”聚合而成的聚合体是我们认识运动原初直觉的基本框架。而“器具化滞留”形成了一个均质的、可重复的、可量化的观念，但这种观念远离了我们原初的直觉，它只是一种可机械重复操作的工具，其结果是能做出精确的预言，成就了科学。因此，滞留的差异聚合体是我们的科学概念如“运动”“力”“加速度”等的直觉原型，凭此可以探讨如落体运动的时间研究失而复得的问题，这一研究成果我在第八届全国现象学科技哲学学术会议上交流过。

我继续以胡塞尔“大当下”中滞留的“差异”聚合体为原型，思考笛卡儿的“死力”与莱布尼茨的“活力”之争的问题。“能动性”的意识是与“力”联系在一起的，一旦“力”成为一种精神化的活动，而精神活动的模型是由差异化的内时间意识构成的，“力”也就显示为差异化的内时间意识活动构成联系，即“力动”。“力动”体现为活动的趋势，是不可固定化的。然而，笛卡儿的“心物二分”留给物质世界的特征就是广延，即广延本体论。广延本体论中的力是由物体的不可入性表现出来的，是物体与物体之间的相互作用，即机械性的力。机械性的力因为有实体的预设，使得其时间为一种器具化滞留的时间，这种器具就是笛卡儿所言的那些具有广延性的实体。因此，此时与力相关的时间是持存的可重复发生的时间，与那种变异性的内时间意识并不相关。所以，这种力表征出来之后是“死力”，而不是与变异性内时间意识相关的“活力”或“能动力”。“活力”是莱布尼茨提出的概念。莱布尼茨反对笛卡儿的广延本体论，主张“力”才构成物体的本质。特别是莱布尼茨用其活力论的思想反驳笛卡儿“死力”守恒的理论，为牛顿第二定律的数学表达提供了重要的依据。由此可以理解只有内意识中“力动”或“力感”才能为力作为过程量的意义奠定基础。

2015 年之前，我研究的是胡塞尔内时间意识中的那种差异性观念，它是一种简单朴素的差异性，我并没有从真正的差异哲学来探讨。真正从差异哲学来探讨是我后来学习德勒兹的《差异与重复》之后才开始的。事实上，无论是胡塞尔、柏格森，还是柏格森思想的继承者德勒兹，他们都是用“多样性”（multiplicity）这个词来描绘那种强度化的变异特征。他们所用的“多样性”这个词都与数学中的“流形”（manifold）有关，考虑到微分几何学中“流形”的形式化特征，我充分挖掘德勒兹的微积分哲学思想资源，试图给出强度变异的时间一种形式化思考，发现在形式上内时间多样性的演化并不按照预期的轨迹进行，可能会发生许多不明确的变化，显示出一种生成特征，其生成过程就是时间本身，因此，时间不再是一个外在的尺度，而是内在于生成过程之中，从而成为一个真正的强度量。这在一定程度上有助于理解动力学方程中的时间项。如此，我可以用德勒兹的游牧哲学思想把胡塞尔的“大当下”改造为“游牧的现在”，用“游牧的现在”可以思考量子力学领域中的一些难解问题，如惠勒延迟选择实验的阐释问题。惠勒的延迟选择实验看上去不合常理的主要原因是我们是在固有的线性时间观下看待因果关系、矛盾律和排中律问题，而在“游牧的现在”时间模式下这些都可以消解。另外，“游牧的现在”可以让我们更好地理解“时机”这一概念，时机科学是古代科学的普遍性特征，关于此我也写过一篇文章，在参加第十二届全国现象学科技哲学学术会议时交流过。借此机会，盛晓明老师约我们到杭州一个郊县开会，返杭途中我乘坐的汽车在高速公路上发生追尾事故，我身上的安全带都断了，幸运的是副驾驶座上的安全气囊保护了我。这次车祸让我真实感受到“时机”的偶然性和“事件性”。

伽利略、牛顿的力学对人类的世界观的改变是巨大的，他们都遵守笛卡儿的科学范式，即用数学的、机械的方式看待自然世界，这完全颠覆了亚里士多德的物活论的方式，如果说亚里士多德的物活论的观点还在自然世界中保留了人性论的方面，那么笛卡儿、伽利略和牛顿则在自然世界中驱走了人性论的方面，这一转变成了胡塞尔、海德格尔、德勒兹等哲学家表述他们哲学观点的重要案例。特别是对牛顿第二定律他们各自都做了出非常精妙的论述，他们的论述虽然出发点不一样，但基本意思是一致的。胡塞尔从生活世界到科学世界的转变来研究伽利略科学，论及测量科学和科学的数学化的一般特征；海德格尔从数学筹划的角度来研究伽利略和牛顿的科学，指出“物性”被数学的筹划完全遮蔽；德勒兹则从游牧科学来研究。那么，能否把他们的论述统一起来呢？我认为在一定程度上是可以的，不过在本书中并没有详细论述这一点。如果我们把胡塞尔视域中无限开放的物，与海德格尔充满“物性”的物和德勒兹游牧空间或光滑空间的物相类比，就可以发现它们都体现了我们意识活动的能动力；反之，胡塞尔的替代生活世界的理念的衣裳，与海德格尔数学筹划中的物和德勒兹条纹空间中的物，则体现了我们意识活动中的被动力，是“死力学”的体现。

那么，被近代科学否定了的物性化科学是否有意义呢？我认为是有的。中国古代的力学就具有非常典型的物化特征，在中国古代的力学著作中几乎看不到力学方面的数学表述，最多表现在具体的器具制作和使用上。像中国古代的流体力学就主要是对水的固有本性的观察，古代的人们依据水的“性格”来待水、治水，兴修了诸多生态水利工程如都江堰水利工程，这让人看到古代“物性科学”的意义。关于此我在参加第十届全国现象学科技哲学学术会议上谈过。那么，现代科学能否向古代物性科学回归呢？我认为，随着计算机技术与人工智能的发展，利用人机交互的图像界面能够重新回到一种物性科学的状态。

计算机与人工智能在现代科学中具有非常广泛的用途，虽然现在神经网络、深度学习炒得非常热，但我认为，传统计算机硬件中的 CPU，即中央处理单元，如果其时序结构得不到改变，永远也不可能让计算机具备人的直觉能力。因为传统计算机的时序完全是线性点状时间结构模式，而不是胡塞尔的活的大当下“时晕”模式，所以计算机只具有记忆能力，而没有滞留能力。关于这一点，我写过论文并在阳朔参加第十四届全国现象学科技哲学学术会议时交流过。随着计算机可视化技术的发展，可视化所呈现出来的感性图像可以被具有时晕结构的人加以利用，人们可以对感性图像进行直觉上的处理。所以，以图像为界面的人机对话可以弥补人工智能缺乏滞留能力的缺陷。真正的人工智能也许只能走人与机器从图像界面结合互动的途径。图像界面使得在计算机内部以线性的机械时间呈现给人以非线性的异质性画面，从而为人的创造性提供了一个界面。这种创造性的图像界面现在在建筑设计、船舶设计、水利设计、生物科学等领域已经广泛运用。可以说，人工智能的发展，能够让科学从过去对一般性的形式化追求转向个体化追求，如个性化医疗、居住空间的量身打造等。

上面这些构成了本书的主体内容，最后一章主要是我在教学与科研中的一些体会。我曾经有过一段科研经历，而且在华南理工大学时长期与科研人员打交道，对科研人员的外在化研究所造成的与内心世界的割裂是深有体会的。古典科学研究一直都有一个内省的传统，当然有自觉和不自觉之分。自觉的内省传统如笛卡儿从“我思故我在”为起点对整个自然界规律的演绎；康德提出“我思必然伴随我所有的判断”这一命题，并以此为基础进行其先验演绎，为自然科学构造形而上学奠定了基础。在这个泛技术化时代，重新强调内省的科学传统具有非常重要的意义，它也为我们研究技术介入后的科学研究提供了参照系。另外，技术介入后主体的伦理特征研究也是一个值得探讨的领域，因为伦理学的责任主体是“我”，但是被仪器技术绑架的现代科学研究难以寻找这种责任主体。最后一章内容可以当作“花絮”来阅读，但也有助于读者理解前面章节的内容。

总之，前几年我一直在思考一个看似劳而无功的问题，即想把牛顿的三个力学定律只凭借我的意识活动就把它们给证明出来，在参加全国现象学科技哲学学术会议时我每每与同行说出自己的想法时，他们就笑，大概是有点痴人说梦的意思。事实上，这几年我还是试图做这一工作，并有了一些想法，知道自己要做一种内化的科学哲学，胡塞尔式纯粹的意识描述是我模仿的方法，不同于胡塞尔纯粹内省的是，描述科学思想的发生还必须把技术介入的问题纳入进来，否则难以重构科学史上的一些重要思想的发生。出发点和思考路径应该没有问题，但离“证明出来”可能还差得远，很多地方根本深入描述不进去，最主要的是没有能力掌握史料的诸多细节。虽然未能如愿，但我以时间现象学为线索对三个力学公理中的“惯性定律”和“牛顿第二定律”做了一种内化的阐释，并由此意外地接触了莱布尼茨、柏格森和德勒兹的哲学，生发出了一些新的研究想法，特别是想对现代物理学中的时空概念做现象学的重构，这也是我接下来要做的事情。

最后要做三点说明：第一，本书部分内容虽已经以论文的形式公开发表，但我没有在书中标注那些论文，因为大都进行了改写，读者若对其感兴趣可以阅读参考文献中的相关文献。第二，本书引述的内容较多，主要原因是我个人觉得写那些内容的作者论述得非常清晰，直接引述会更好；另外，哲学应该像自然科学那样，对于已经论证清楚的东西直接运用就好了，不需要自己再重复一遍。第三，本书写作实际上用了好几年时间，这几年我对英美时间哲学的研究进行了全面的学习和了解，特别是与现代物理学相关的时间哲学研究。本想用英美时间哲学理论重新把一些模糊的问题论述得更为清晰，但又一想，何不就让当时还没有这些英美时间理论干扰的时候对一些问题的直觉直接呈现出来呢？于是，本书基本上没有用英美时间哲学进行论述。以后的研究可能会更多涉及英美时间哲学的内容，因为那是西方正统的研究科学时间的方式，能够参考的研究成果也较多。

目　　录

第一章　“滞留”与“器具化滞留”……1
　第一节　“记忆”“滞留”与其不可量化的特征……1
　第二节　量的数学化的先天合法性条件……10
　第三节　“器具化滞留”及时间的数学化……18
第二章　“运动”的技术介入研究……30
　第一节　灵魂与时间、运动的早期结合形态……30
　第二节　绵延与运动——内时间与本义上运动之直接的关联……36
　第三节　运动的几何学化致使运动的时间性被忽略……41
　第四节　伽利略斜面实验中时间的测量让“时间”失而复得……46
第三章　动力学中“力”的技术介入研究……53
　第一节　笛卡儿惯性定律的现象学证明……53
　第二节　“能动”与“力”——内时间意识中“力”的意志形态……63
　第三节　机械论的“力学”使得能动力滞留为“实体”……71
　第四节　莱布尼茨的活力理论把“力”从实体变成时间性的过程……78
第四章　时间多样性的动力学演化与延迟选择实验新释……94
　第一节　内时间意识图式的问题及其多样性特征……94
　第二节　多样性观念的动力学演化……103
　第三节　内时间动力学演化模式探索……111
　第四节　游牧的现在与延迟选择实验新释……119
第五章　瞬时与“时机科学”……130
　第一节　“瞬时”在纯粹感知上不存在……130
　第二节　数学计算观念上的“瞬时”及其确定性……133
　第三节　钟表测量感知得到的“瞬时”的不确定性……135
　第四节　时机科学……138
第六章　物化特征的力学与测量中介下的物……143
　第一节　物化力学的非数学特征……143

第二节 测量中介与数学筹划中的“物” ······146
第三节 从都江堰看古代水力学的物性特征 ······158
第七章 图像界面上的物性回归与游牧科学 ······168
第一节 从时间现象学看思维的电影机制 ······168
第二节 计算机记忆系统中滞留的缺失 ······178
第三节 图像界面是计算机介入科学认知的可能模式 ······182
第四节 人机交互的图像界面与游牧科学 ······188
第八章 泛技术时代寻找“我”的科学研究 ······209
第一节 内时间视域中的“我” ······210
第二节 能够体验到研究主体“我”的古典科学 ······211
第三节 “技术化科学”与“我”的失落 ······218
第四节 技术介入的伦理特征 ······222
第五节 现象学方法对寻找“我”的科学研究的意义 ······225
参考文献 ······231
后记 ······237

第一章　“滞留”与“器具化滞留”

时间是自然科学研究中较常使用的一个变量，一旦我们要刻画运动，就要考虑时间变量。例如，我们描述一个物体从甲地运动到乙地，如果已知速度大小和位移长短，那么运动的时间就能很容易求出来。我们还能够直观到这个时间的延续，这种延续我们也是通过位移的变更直观得到的，所以这种延续的直观实际上表现为外部物体位置的变化。我们可以把这种对位置的变化感受还原到内在的一种时间延续的感受，如果我们能把内在的时间延续感受搞清楚了，反过来就可以把握外在的时间的意义。至于内在时间的结构描述，国内很多学者已经对胡塞尔内在时间的构造做了很多描述，但如何通过已经澄清的内在时间来进一步观察外在时间的意义，甚至是澄清自然科学中诸多考虑时间这一参数的物理意义，却是很少有人关注的事情。在某种程度上，胡塞尔的内时间意识理论及德里达的解构理论能为我们澄清科学史上许多概念的主观感受和客观变更。

第一节　“记忆”“滞留”与其不可量化的特征

我们现代的时间观念应该说都是客观的、可计数的时间观念，我们在时钟、日历和日程安排的管理之下所言说的时间都是这样的时间。例如，我们说现在是 11 点 15 分；谈话推迟 5 分钟开始；离国庆节还有两个星期等。客观的、可数的时间似乎是把时间当作一条永恒的河流，我们在上面做出一些数字标记，然后根据标记来确定时间的长短，而那条永恒的河流则是持续不变的。这也是自柏拉图和亚里士多德以来的西方传统时间观，它与柏拉图永恒、不变的“理念”世界有着十分密切的关联。

按照柏拉图在《蒂迈欧篇》中的说法，造物主按照完美的原型把本来无秩序的世界构造成一个有秩序的宇宙，但宇宙还只是一个按照原型创造出来的摹本，还不是永恒不变的原型，他要使宇宙成为永恒的原型的摹本，则先要创造那永恒的东西，它就是时间。“创造者创造了时间，时间本身是一种永远不断的运动，从这点说它具有永恒性……同时时间又是按照数进行的运动，这种数的运动成为宇宙的秩序。”[①]可见，在柏拉图那里时间密切联系于那永恒不变的理念，同时又符合于一种数的秩序。柏拉图的这套关于时间起源的说法深刻影响了后世对时间概念的哲学反思。亚里士多德、奥古斯丁的时间研究都开始于对柏拉图学说的批判，在此基础上分别开辟了反思时间概念的两种不同进路，这两种进路可以说是近代以后诞生的物理时间概念和心理时间概念的源头。

亚里士多德是现行客观的物理时间的构造者，其时间理论也是时间问题研究中一个非常重要的理论，集中阐释是在亚里士多德的《物理学》的第 10 节至第 14 节。与柏拉图不同，亚里士多德认为永恒持存的时间是不存在的。一般而言，我们把时间分为“过去、现在、未来”，如果时间存在，那么时间的这三部分都应该是存在的。然而，过去已经不在，未来还没到来，所以时间的过去和未来都是不存在的。这样，时间的三部分中只剩下“现在”存在，但是，在亚里士多德看来，现在也不是时间的组成部分。亚里士多德说：“‘现在’不是时间的一个部分，因为部分是计量整体的，整体必须由若干个部分合成，可是时间不被认为是由若干个‘现在’合成的。”[②]这里问题的关键在于，把过去和将来加以界分的“现在”究竟是一个时间段还是一个时间点呢？如果是一个时间段，它还是会遇到上面的“过去、现在、未来”三部分划分的问题。如果是一个时间点，是同一个“现在”点共同持存，还是不同的“现在”点一个接一个接续持存呢？假如“现在”是由永远不同的一个接一个的“现在”点组成，但是在时间里，没有两个不同的组成部分是同时并存的，在某种程度上说，时间是用来避免所有事情同时发生的手段。另外，时间也不是同一个“现在”点的持存，因为如果这样，以前的事物和以后的事物都存在于这同一个现在里，就无所谓古今之事的区别了。点性时间固有矛盾很早就为亚里士多德加以揭示了，然而，亚里士多德并没有从有厚度的现在的角度（也就是现代布伦塔诺、胡塞尔、詹姆斯的角度）加以解决，而是从“运动”与“数”这两个概念来揭示时间的本质。

那么，时间是不是就等同于运动的变化呢？在亚里士多德看来，时间虽然与运动变化有关，但它并不等同于运动变化。原因有二，首先，运动的变化只是发生在某个地方的某个事物，但时间无处不在，与一切事物同在；其次，运动变化有快有慢，但时间没有快慢。那么，时间和运动是怎

① 汪子嵩等：《希腊哲学史 2》，人民出版社 1997 年版，第 1039 页。

② 〔古希腊〕亚里士多德：《物理学》，张竹明译，商务印书馆 1982 年版，第 121 页。

样的关系呢？亚里士多德认为“时间既不是运动，也不能脱离运动”①，时间是运动的数。在古代，时间与数的关系往往体现在天体的周期性运动上面。我们日常最容易观察到的周期性现象就是昼夜的更替，每每重复经历一个黎明或薄暮就是“一天”；还有月亮的盈亏循环周期，从上一次月圆到下一次月圆是30天；再就是季节的循环周期为一年。这些重复性周期凭人的直觉就可以观察得到。至于比一天更短的循环周期就得人们通过制造测时装置来测量。古代有很多测时装置，希腊和罗马时期西方人普遍使用漏壶来测时，中国古代有水运仪，还有一些粗糙的如漏沙、漏油、点一根香或蜡烛等，每一种装置都利用了一个以均衡的速率发展的进程，精确的测时装置只是通过各种方式尽可能地确保这种速率保持均匀状态。尽管有过很多的精巧设计，但都缺少一个周期性的天然物理过程。直到伽利略发现单摆的等时性运动之后才开始时间的精确测量，时间的均匀流逝才可以根据单摆的等时性摆动次数得到界定。总之，时间通过周期性的运动与数发生密切的关系，才有亚里士多德的“时间是运动的数目”这种说法，这种时间就是我们日常运用最多的一种时间方式，即客观时间。当然，这样说的客观时间过于简单，也过于笼统，没有揭示其形成的过程，特别是没有从人的时间内在感受方面加以细致描述。如果从时间的内在感受方面对时间加以描述，时间根本就不是运动的数目。

与客观的可计数的时间不一样，“内在时间”是一种主观的时间。这种时间属于心灵活动的延续，往往与人的知觉、感觉经验、回忆、想象等心灵活动相关。例如，我回忆昨天晚上的游园活动，那么我现在就是在重演我当时有过的知觉。内在时间中存在着一些序列，因为一个行为或经验可以发生在另一个行为之前、之后，或者与之同时发生。然而，这些序列和时段不是按照客观时间来计量的，而是按照人的感觉来感知，正如我们熟知的爱因斯坦曾这样说过：当你在火炉边一分钟，你感觉是一小时；当你在一位美女身边一小时，你会感觉只是一分钟而已。这种主观的心理时间不可计量，索科拉夫斯基说得非常形象：“就像我的手腕与肘部或者或胸部与胃部之间被感觉到的内在‘距离’不能用标尺来衡量一样。”②所以，内在时间与人的心理活动有关，而与客观的时间计量无关。要搞清楚这一点，还得从人的心理活动入手进行研究。

---

① 〔古希腊〕亚里士多德：《物理学》，张竹明译，商务印书馆1982年版，第124—125页。

② 〔美〕罗伯特·索科拉夫斯基：《现象学导论》，高秉江、张建华译，武汉大学出版社2009年版，第129页。

在人的认知活动中，感觉、知觉和想象是三种基本的认知活动，但真正能够贯穿这三种认知活动的是人的记忆能力。记忆力是属于人的一种能力，《辞海》对“记忆”的定义是：“人脑对经验过的事物的识记、保持、再现或再认。”“识记”就是识别和记住事物的特点及其之间的联系；“保持”指那些联系以痕迹的形式留存于脑中；“再现或再认”则是那些联系在脑海中被再激活。通过识记和保持可积累知识经验，通过再现或再认可恢复过去的知识经验。生物学家把记忆主要视作一种重复的功能（repetitive function），而且迅速沉浸于特定的“痕迹”（traces）如何产生，以及如何用某种方式重新兴奋起来的理论之中。哲学家自然而然地设法找出记忆的东西如何与“真实的”世界相联系，并讨论记忆所提供的信息的有效性。

从记忆的功能来看，记忆是维持精神的超越性和同一性的基础。我们的肉体感官接受外界的刺激产生感觉，“感觉经验的存留”是记忆最为原初的定义，所以记忆与我们人的肉体感官和感觉有着最密切的关联，但是身体纯粹生成的运动使得身体没有保存感觉的途径，只能成为一种默会意识潜在甚至消逝于身体的运动之中，因而缺乏一种内在的同一性。然而，一种感觉一经产生，就可以在记忆的强大的作用中被唤回到精神之中。经过记忆的唤起，感觉可以变成精神的内在的观念，由此摆脱与肉体的直接的当下的联系。因此，记忆活动是整个精神活动的动力源。柏拉图、亚里士多德、奥古斯丁、康德、胡塞尔等大哲学家都对记忆有过非常精深的论述。

亚里士多德在《论记忆》中对“记忆”就是这样说的：“记忆既不是感觉也不是判断，而是当时间流逝后它们的某种状态或影响。人们不可能在此刻记忆此刻的事物……感觉属于现在，希冀属于将来，记忆属于过去。因此，所有记忆都表明着时间的逝去。所以，只有那些能意识到时间的动物才有记忆，并且它们是凭借着以感知时间的器官来记忆的。”[①]所以，亚里士多德的“记忆”虽然是一种主观的心灵活动，但是要以客观的时间发生的先后为基础才能加以理解。

心理活动或精神活动相较于时间具有一种更为本源的想法体现在奥古斯丁的思想中。奥古斯丁认为时间不仅是一种“伸展”，而且是“心灵的伸展”。奥古斯丁说：“在我看来，时间不是别的，不过是伸展（distentio）

① 苗力田主编：《亚里士多德全集（第三卷）》，秦典华译，中国人民大学出版社 1992 年版，第 133—134 页。

罢了：但它是什么东西的伸展，我就不知道了，而倘若它不是心灵的伸展（distentio animi），就更令人惊奇了。”①至于“心灵的伸展”与“记忆”之间的关系，奥古斯丁并没有清晰地做出说明，只是在论及如何计量这种主观时间的问题时，他谈到了“记忆”。

奥古斯丁否定“过去、现在、未来”这种三分的时间模式，认为三分法时间模式是不可计量的。他承接亚里士多德否定时间三分法存在的思想，指出：“我们不能测量不存在的东西，而过去和将来都不存在。但是，既然现在的时间没有长度（spatium），我们怎样测量呢？所以，在它经过这时进行测量，一旦过去了，就不能测量，因为不存在，还测量什么。”②可见，奥古斯丁的“现在”只是一个点，是稍纵即逝的一个点，是没有长度的一个点，因此用“过去、现在、未来”三分法定义的时间从定义上来看就是不能被测量的。当然，时间是一种延展，但作为主观上延展的时间也是没有办法测量的。以声音的延展为例，一个声音开始响起来了，接着响，持续响，然后，停了。仔细考察声音的变化，在它发出响声之前，声音是那将要来的，显然不能被测量，因为它还没有存在。现在它也不能被测量，因为正当它发出响声的时候，它是可以被测量的，在那个时候它还存在，但即便在那个时候它也不是静止的，它正在持续，正在消逝，等你测量它时它不再存在了。所以，与音乐相似的主观内在时间，它就像流动的音乐一样，那些音符在不断地来到我们现在的感知点，然后挤向过去，它们此消彼长，我们根本把握不住哪怕是短短的一节音符，更谈不上去测量其长短了。那么，我们说一个声音的一个音节比另一个音节长，而且长两倍是什么意思呢？这里我们似乎测量到了音节的长短，但事实上并非如此，“我并不是在测量音节本身，它们已不存在了，我测的只是固定在我记忆中的某个东西”③。同样，时间本身也是不可测量的，我们测量的也只是固定在记忆中的某个东西。例如，燃烧的蜡烛其长度是固定在我们记忆中的东西，太阳东升西落也是固定在我们记忆中的东西，我们是通过对定格在我们记忆中的东西的测量来测量时间的。奥古斯丁这里的记忆就是我们通常所说的记忆的意思，是对过去经历过的东西的再现。然而，奥古斯丁在突出“记忆中的某个东西”的时候，却忽视了“记忆活动”本身。所以，奥古斯

---

① 赵敦华、傅乐安主编：《中世纪哲学（上卷）》，商务印书馆 2013 年版，第 259 页。
② 赵敦华、傅乐安主编：《中世纪哲学（上卷）》，商务印书馆 2013 年版，第 252 页。
③ 赵敦华、傅乐安主编：《中世纪哲学（上卷）》，商务印书馆 2013 年版，第 259—261 页。

丁的时间心理学还原并没有还原到心理活动本身上去，而只是还原到了心理活动的对象上，如记忆中的蜡烛等，它们都不是记忆活动本身。不过，奥古斯丁的时间已然是内在的时间了。

康德的时间观也是一种重要的内在时间观，是主体获取感性材料的先天直观形式。康德称空间为主体外部感知的纯粹形式，称时间为主体内部感知的纯粹形式，而内部感知形式的时间比外部感知形式的空间来得重要，因为一切现象无论它们有没有外在现象的事物为其对象，它们实际上都要受到意识的规定因而属于我们意识之内的表象，从而已经从属于内部感知的直观形式，即从属于时间。这样，时间作为外在现象的间接条件及内在现象的直接条件，就成了一切现象的先天条件。因此，现象之杂多归根结底由时间形式得到整理，我们关于对象的感性认识由此得以可能。例如，我们之所以能够看到一个红色的色块，是因为那个色块在时间中持续，而且在空间中占有一定的面积。不过，康德的时间是一种形式化的时间，其本身是一种数学化的时间，其模型是牛顿的绝对时间，只是康德赋予了它先验性。作为先验感性形式的时间，如果一定要把它与人的精神活动相联系，它也是一种先验的心理活动，即康德的“先验想象能力”，包括“再生性的想象（就是‘记忆’）”和“创造性的想象”。这样，时间似乎脱离了“感性记忆”的意识活动这一要素。

如果说，“记忆”在上述各位哲人的思想中，或者从属于客观时间（亚里士多德），或者被表现为记忆的东西（奥古斯丁），或者视为一种先验的精神活动（康德），还未回到相较于“时间”的一种更为本源的活动。那么，胡塞尔的内时间意识现象学就赋予了记忆这种活动的本源的地位。本书将重点论述胡塞尔的记忆哲学，主要是因为，胡塞尔的时间意识现象学最为关键的部分是围绕记忆活动展开的，且时间意识现象学也是胡塞尔整个现象学的根本。

了解胡塞尔的记忆理论首先要把“记忆”与“当下感知”区分开来。当下感知是对某个对象进行直接的把握，而且设定了一个被感知的对象。而记忆则是我们在没有直接面对当下某个对象的时候，在我们的意识中呈现出该对象。与直接感知“当下”某个对象而在意识中呈现该对象不同，记忆是让该对象“当下化”，并且在当下化的过程中并不设定其对象的存在。例如，我现在会想起单位办公室里的一台电脑，把它呈现在我的意识中，但它现在可能已经不在该间办公室了，所以其存在是不能被设定的。

当然，我们从对某个对象的当下感知到对该对象的记忆再现这么一个弱化过程，还可以做更为细致的划分，如与当下感知最为接近的记忆，胡塞尔最初也称其为“新鲜记忆”，它就是当下感知刚刚弱化甚至还没有弱化阶段的意识行为，这种意识行为使得我们的感知处于一种流变状态。例如，当我们听到一支乐曲的时候，单个的声音并非随着它对我们的刺激的停止而消失，当新的声音响起来的时候，以前的声音还持存着，没有消失，否则我们就不会注意到这些声音的前后相续关系，也不会形成一支乐曲的表象。另外，声音的表象也不是不变地停留在意识中的；如果它们不变地停留在意识中的话，那么我们只能听到同时的声音一起发作，即一片混乱声，毫无连续感和节奏感，根本听不到一支乐曲。因此，“新鲜记忆”被胡塞尔赋予一种特别优越的地位，他后来给它取了一个专门的名字，即“滞留”。

那么，“滞留”与一般意义上的“记忆”有何区别呢？首先，“滞留”是刚刚过去的意识，“记忆”则是重新再造的意识。其次，“滞留”是当下意识，是当下感知经验的一部分，或者说是传统概念中“现在”的组成部分；而一般的记忆则是完整的过去意识。最后，“记忆”所涉及的是一个被构造了的时间客体，是对过去已经发生过了的事情的回忆，它必须以时间为参照系来加以言说，这与亚里士多德的传统无异。但“滞留”本身却为时间的相位提供参照系，“滞留本身不是一种将已流逝的相位当做客体的回顾”[①]。最后这一区分非常重要，也就是说，“记忆”以时间的“过去、现在”的划分为参照，但“滞留”本身却创造了“过去”这一时间向度。在这一点上可以说“滞留”构成了“记忆”的前提条件。正是“滞留”的这些特征使得胡塞尔的记忆理论与他之前的哲学家的记忆理论区分开来。胡塞尔的“滞留”（另外两个与之相关的意识活动是“当下感知”和“前摄”，它们一起构成“内时间”意识），也可以称为“原生记忆”[②]，它在内时间的构造中发挥着最为关键的作用。我们可以用它的时间图示（图 1.1）加以分析。

① 〔德〕埃德蒙德·胡塞尔：《内时间意识现象学》，倪梁康译，商务印书馆 2009 年版，第 157 页。

② 斯蒂格勒在《技术与时间》系列著作中把记忆分为三种：“第一记忆”是原生记忆（胡塞尔称为“原生回忆”），相当于胡塞尔的“滞留”，是创生时间的意识活动；“第二记忆”就是我们日常生活中所使用的记忆的含义（胡塞尔称之“次生回忆”），它是以时间的过去、现在、未来为向度定义的，是对过去发生事件的回忆，其本身必须以时间为基础；“第三记忆”与图像意识有关，是一种器具化记忆，如文字符号、纸上画出来的图形等。

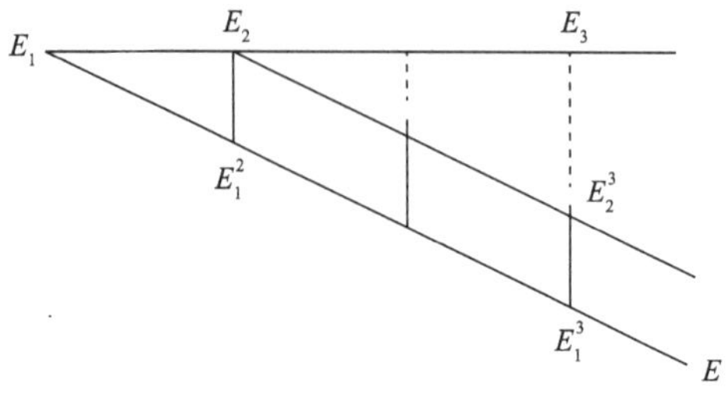

图 1.1　胡塞尔内时间意识分析图

内意识中的对象（如对象 E）在当下直观中呈现，经历了这样的过程：当原印象 E_1 在内时间意识中出现时，准确地说，在原印象呈现的那一瞬间，在意识刚刚感觉到它的同时，它便变成了“过去”，但是这种“过去”并没有消失，它以滞留的方式沉淀在接下来的原印象 E_2 之下，可以把这个“过去了”的 E_1 写成 E_1^2，E_1^2 也称为 E_1 的“滞留”。与此同时，新的原印象比如说 E_2 已经进入了意识流之中，它当然也会在进入的同时变成“滞留”，我们把 E_2 的滞留写成 E_2^3。由于受到 E_2^3 的排挤，这时的 E_1^2 继续后移，变成了 E_1^3，也就是说，E_1^3 为滞留 E_1^2 的“滞留”。这样，时间图示的水平线 E_1、E_2、E_3 代表原印象发生的线，E_1、E_1^2、E_1^3 代表滞留发生的线。根据图 1.1 可以想象，内在对象在当下的呈现方式表现为一条不断流淌的意识的河流，每一个“滞留”都在不停地被新的“滞留”取代，这些“滞留”之间形成一个不断向后推移的连续统，而这个连续统又与不断涌现着的新的原印象相连接，如此形成一个现象学界熟知的内时间景观：内时间意识的“彗星结构”或“时晕”结构，即每一个新出现的原印象后面都拖着长长的滞留的链条，就像彗星的尾巴。需要注意的是，这里的 E_1^3 不同于 E_1^2，也就是说，有滞留的变异。这样，在内时间意识中当下呈现的对象实际上呈现的是由“原印象”“滞留”“滞留的滞留”等这些“差异”聚合而成的聚合体。按照胡塞尔的说法，这个差异聚合体其产生出意识的原自发性。胡塞尔说：“现在在时间变异的过程中也是如此，或者毋宁说，在其他的连续统中，关于‘生产’（Erzeugung）的说法只是一种形象的比喻，而在[时间变异]这里，这个说法才是真正的说法。时间构造的连续统是一条变异之变异的持续生产的河流。迭复意义上的各个变异从现时的现在出发，即从各个原印象 u 出发，但始终向前而行，它们不再只是与 u 相关的变异，而且也是顺序的相互变异，这个顺序是指它们的流动的次序。这便是持续的生产的特征所在。变异不断地造就新的变异。”①

内时间意识理论揭示了时间的差异化结构是一种本源性的直观结构。差异化一般分为两种，一种是如我们说两个东西的长短不一样，是一种差异；另一种是如我们说人与石头不一样，这也是一种常见的差异。严格来说，只有后者才是一种真正的差异，前者说两个物品的长短不一样并不是真正的差异。我们说一个物品 A 长，如 50 米；而另一个物品 B 短，如 10 米。50 米长的 A 是重复了 50 次 1 米的长度，10 米长的 B 是重复了 10 次 1 米的长度，它们的不同仅仅是重复的次数不同而已，而不是本质上的不同。然而，人与石头的不同就不是重复的次数不同，而是本质上的差异，只有这种意义上的差异才是真正的差异。也就是说，量上的差异并不是真正的差异，只有质上的差异才算是真正的差异。内时间的差异是一种真正的差异，而客观时间在量上的长短不算是真正的时间差异。真正的差异往往会给人留下深刻的印象，让人记忆深刻，甚至是一种自发的记忆。例如，我们的声音的音调是真正的差异，所以唱歌会让我们记忆深刻，我们机械地记忆一段文字往往记不住，但把它编成歌就容易记忆了；在地铁站的地下部分，基本上是一个同质的空间，即使有通道的长短不一样，或者门的大小不一样，但是多次行走还是记不住，还是要看地铁站里面的标识牌如 A 出口、B 出口等；然而，一到地面上，一下子呈现的是空间上的质的差异，很多地方哪怕只到过一次，人们也会自发地记住并能顺利找到所要走的道路。内时间意识中的差异就是真正的差异，或者是质的差异。

可见，在内时间意识中，根本不可能找到同一的、均质的、可以当下反复识辨的时间意识。而同一的、均质的、可反复识辨的时间意识活动是我们量化时间的先决条件。实际上，任何东西要能够用数精确地衡量就必须有一个基本的测量单位来衡量，基本单位的确定必须找到一个同一的、恒等的、可反复识辨的度量单位，就像测量长度时我们要先建立“等长度”概念一样，我们把 n 段彼此相等且与长度 A 相等的长度连接起来（可以用符号 $n \cdot A$ 来表示），这就是长度测量的出发点。在内感知中由于那种差异聚合体的流变性而不能建立“等时性”的测量单位，使得内时间不具备量化的条件，是不可能与数直接联系在一起的。下面就这一问题进行详细的论证，这一论证虽然与上下文在文字上没有连续关系，但是全书的核心思想。

---

①〔德〕埃德蒙德·胡塞尔：《内时间意识现象学》，倪梁康译，商务印书馆 2009 年版，第 133 页。

第二节 量的数学化的先天合法性条件

在日常语言中，我们把数与量连在一起使用，即通常所说的“数量”，好像数与量是不可分的。事实上，“数”与“量”是两个不同的概念，如3本书和3辆车所使用的数字都是“3”，其量不同，但使用的数是一样的。另外，通常意义上的“数”与“数学”也是不同的概念，“数学”是“数”的运算规律。有了“量”，可以出现与“量”直接相关的“数”，但不一定会出现与“量”直接相关的“数学”。在科研中，量的数学化是科研人员追求的目标，也是一门科学是否成熟的标志。“量”被数学化之后，我们似乎可以在数学领域做任何我们想要做的事情，甚至得到一些直观上觉得荒谬的结论，如颜色可以相乘、味道可以相除、幸福感可以几何级数增加等，这些都涉及“量”的数学化的合法性问题。因此，对于量的数学化的合法性有必要在哲学上加以探究。

康德认为“一切物体都是有广延的”①是先天分析命题，对于这个命题，人们不依赖于任何经验，仅仅通过对“物体”这一主语的分析就能够确立主语本身中包含着谓词“广延的”。也就是说，该判断中的谓词和主词的联结是通过同一性来思考的，当我思考“物体”这个概念的时候我会先天地想到它与“广延”的同一性。而“一切物体皆有重量”②则相反，它是一个后天综合判断，该判断的谓词是某种完全不同于我在一般物体的概念中所思考的东西，它们是靠后天经验综合在一起的。以一块石头为例，我们首先可以排除它的硬度，因为那块石头如果液化了，或者化成粉末，它就不再有硬度；其次，石头的颜色也可以不加考虑，因为有许多石头是透明的并无颜色；再次，石头的质量也不是石头固有的，因为石头在太空中完全可以失去质量；最后，我们还可以排除冷、热及所有这一类的性质，因为这些本来就不是石头内在的性质。排除所有东西之后，最后唯有广延是排除不了的，所以一切物体都是有广延的，“广延量”也因此成了物体本身所固有的量，像物体的长宽高、面积、体积都是广延量，对于这些广延量我们都可加以数学化处理。下面就以“长度”为例看一看广延量的数学化特征。

我们通过相互比较不同的长度，能够得出“等长”或“不等长”的观

---

① 〔德〕康德：《纯粹理性批判》，邓晓芒译，人民出版社2004年版，第8—9页。

② 〔德〕康德：《纯粹理性批判》，邓晓芒译，人民出版社2004年版，第8—9页。

念，进而得到如下一些长度的特征：与同一长度相等的两个长度彼此相等；若第一个长度大于第二个长度，而第二个长度大于第三个长度，则第一个长度大于第三个长度。这些特征我们都可以用数学中的运算符号来表示：$x=y$ 表示两个长度彼此相等；$x>y$、$y>z$ 表示 x 比 y 长、y 又比 z 长。这样，当我们用等号和不等号来研究长度时，它同样相当于数学中所使用的等号或不等号，如“若 $x=y$ 且 $y=z$，则 $x=z$”，或者“若 $x>y$ 且 $y>z$，则 $x>z$”。另外，如果我们把几个长度首尾连接起来，就可以得到一个新的长度 L，$L=x+y+z+\cdots$，而且有：$x+y>x$（长度之和大于其部分长度）；$x+y=y+x$ 与（$x+y$）$+z=x+$（$y+z$）（改变各个长度的连接顺序时，总和不变）。可见，用算术组合数字而构想出来的所有演算规则都适用于长度组合规则。也就是说，我们在数字的运算系统和长度的组合系统之间可以直观到一种同构。

上面我们已经默认 x、y 等是刻画长度的数字，实际上忽略了一个重要前提，就是长度单位的建立，否则数字就不会出现，也不会出现相应的数学运算。长度单位的出现必须建立“等长度”概念，外尔说“相等性是所有度量的第一条件”[①]。把 n 段彼此相等且与长度 A 相等的长度连接起来所得到的长度，可以用符号 $n\cdot A$ 来表示，这就是长度测量的出发点，我们现在有可能用一个数字来表示长度，并赋予它某个标准的名称或选用一个对所有长度都适用的长度单位。所选用那个对所有长度都适用的长度单位就是我们能够反复使用的“第三者”尺度或者中间尺度，这种中间尺度也是广延量之间可通约的尺度。有了第三者尺度，我们就有了与长度组合系统相一致的数的运算系统。于是，我们在数学中的对数字的操作就等同于对某种长度对象的操作，我们不用去经验 100 米长度大小的东西，就可以知道 100 米长的尺度的大小。

由于广延与空间的同一性，所以对广延的直观完全可以归于空间的直观。熟悉康德哲学的人都知道，空间作为人的先天感性形式成就了几何学的先天合理性，即几何学命题都是先天综合命题。因此，在直观上，广延量与几何学直接地联系在一起，从而也就与数联系在了一起。这种联系在欧几里得的《几何原本》中有过论述，如第六卷的命题 VI.12：“给定三条线段，可以为它们找到成比例的第四条线段。”[②]欧几里得在寻找第四条线

---

① 〔德〕赫尔曼·外尔：《数学与自然科学之哲学》，齐民友译，上海科技教育出版社 2007 年版，第 174 页。

② 〔古希腊〕欧几里得：《几何原本》，燕晓东译，人民日报出版社 2009 年版，第 217—218 页。

段时，是直接在几何学图形上，通过对相似图像的几何学直觉得到的，最后我们甚至可以用代数关系式来加以表述，即“$a:b=c:d$”中，知道了其中的三项，就可以知道第四项。这个比例关系实际上是在几何学图形上的长度量与数之间建立一种同构关系。这种数学建构因为空间感知的先天性而具有先天合法性。

从前文以长度为例的广延量的论述可知，对于广延量我们可以直接赋予的最基本运算就是加法运算，可见，可加性是广延量的基本特征。一旦我们通过测量得到一系列广延量数据，我们就可以直接在数学内完全脱离经验来处理那些数据，从而通过数学来构成一些新的数据，这些新的数据必然会对应于相应的新的可测量的内容，如新的长度、新的体积、新的面积等。因此，康德称量的范畴的运用为“数学性原理”或者“构成性原理”：“数学性原理是考虑到它们有权把数学运用到现象上去，它们曾是根据现象的单纯可能性而指向诸现象的，并且曾告诉我们这些现象是如何能够既在其直观方面，又在其知觉的实在性方面，按照某种数学性综合的规则而产生出来。”[①]像欧几里得通过相似三角形在已知的三个比例项中求出第四项的时候，第四项（即线段的长度）就是既在直观方面（即关于空间的纯粹直觉）又在知觉的实在性方面（相应长度的线段）根据已知的三项产生出来的。

总之，“一切物体都有广延”的先天分析性使得对物体的广延量的数学化成了先天合法的。

相对于先天的、具有共性的空间直观形式而言，“质”或“质料”则是后天的、经验的，是不具备共性或普遍性的。放在人的内在感知中来看，质就是那些千变万化的感觉，像物体的那些可观测的性质，诸如热或冷、亮或暗、红或蓝等都是质。如果仔细反思那些感觉，可以发现每一个特殊的感觉的出现都能够显示出强弱不同的变化，如花的红色可以很鲜艳也可以很淡雅，但不管怎样淡也不会出现那种红色的感觉完全消失的状态。也就是说，在任何红色的感觉与那种红色的感觉完全消失之间总是可以出现中间红色的感觉。因此，一切感觉的质的普遍特征都具有一定的程度，“程度”看起来也是一种量，但这种量是一种内强的量，而不是广延量。内强量是指每一个感觉都有其不同的程度或强弱之分，是质本身变化的大小或者说深浅，感觉的程度和强弱与该感觉所占据的空间的大小和时间的长短无关，如一个感觉所占的空间小、时间短，却可以是较大程度的感觉，而

---

① 〔德〕康德：《纯粹理性批判》，邓晓芒译，人民出版社 2004 年版，第 167—168 页。

所占空间大或时间长的却可能是较小程度的感觉。关于内强量，康德有较多的论述，康德说：“既然感觉本身不是什么客观的表象，在其中既找不到空间的直观，也找不到时间的直观，那么虽不能把任何外延的量归之于它，但毕竟应归给它某种量（也就是通过对它的领会，在这种领会中，一定时间中的经验性意识可以从等于 0 的无生长到这感觉的给定的限度），因而应归给它某种内强的量。”①

与广延量不同的是，内强量不具备可加性。在现实世界中，像热或冷、浓或稀都是内强的量。比如，某天气温为 25℃，这个温度就不能理解成 25 个温度单位相加的总和，它只能理解成一种感觉的程度，如比 20℃要热一些，比 30℃要凉快一些。真正说来温度或浓度也无法相加，如 20℃的水与 30℃的水混在一起绝对得不到 50℃的水；一杯浓度为 5%的盐水和一杯浓度为 10%的盐水混合，得不到浓度为 15%的盐水。内强量的不可加性，使得内强量不具备最为基本的数学运算基础，我们不能直接地把数学规律像广延量那样先天地直观地运用于其上，它最多只是感觉的一种变化程度，对这种程度的感知可以让我们形成一种先天的预期，如越来越红、越来越浓等。借助对程度的先天预知能力，我们可以克服我们感知能力的限制而补偿知觉的缺乏，如我们预测到一种我们从未感知到过的色调，并在调色盘上把它给调配出来；我们还可以从可见光的频率渐变预知我们不能知觉到的红外光和紫外光。因此，康德在论述纯粹知性的综合运用时，他认为知觉的预测所对应的原则是“在一切现象中，实在的东西作为感觉的一个对象具有内强量，即具有一个度”②。而时空直观的公理所对应的原则是“一切直观都是广延量”③。广延量和内强量都属于“量”，它们的知性原理都属于数学原理。“直观的公理”和“知觉的预测”所对应的数学原理是不一样的，直观公理对应的数学原理是第一节所论的广延量的直接数学化，康德把它归属于第一个自然学原理；知觉的预测对应的数学原理是我们不能径直地把内强量加以数学化，它属于数学在自然科学上的第二种应用，也即间接地应用。康德说：“那些自然学原理中的第一个，把作为空间和时间中的直观的一切显现归摄在量的概念之下，就此而言是把数学运用于经验的原则。第二个原则并不径直把真正经验性的东西，亦即表示直观地实在的东西的感觉归摄在量的概念之下，因为感觉并不是包含

① 〔德〕康德：《纯粹理性批判》，邓晓芒译，人民出版社 2004 年版，第 158 页。
② 〔德〕康德：《纯粹理性批判》，邓晓芒译，人民出版社 2004 年版，第 157—158 页。
③ 〔德〕康德：《纯粹理性批判》，邓晓芒译，人民出版社 2004 年版，第 154 页。

空间或者时间的直观，尽管它把与它相应的对象置于这二者之中；然而，在实在性（感觉表象）和时间中的零亦即直观完全空无之间，却存在着一个具有量的区别，因为每一个被给予的度的光和暗之间，在每个度的热和完全的冷之间，在每个度的重和绝对的轻之间，在每个度的空间充满和完全空的空间之间，总还是能够设想出更小的度来，就像在一种意识和完全的无意识之间，也总还有更小的度一样……因此，知性甚至能够凭借一切经验性的表象，从而‘一切显象的实在的东西全部有度’这一原理，来预先推定构成经验性表象（显现）的真正的质的感觉，而这就是数学（mathesis intensorum）[强度的数学]在自然科学上的第二种应用。”①

由于感觉是有变化程度的，所以所有的内强量都可以有由小到大的一种排序，这种排序显然还不是通常意义上的数学化。也有学者认为内强量只能按照序数规律（第一、第二、第三……）来加以研究，而不能按照基数规律（1、2、3…）加以研究②③。这样，康德谈到的那种强度的数学（mathesis intensorum）或感觉的数学就不同于直观的数学，它完全是描述性的，就像矿物学中的“莫氏硬度”用划痕法分十级来表示硬度一样：滑石（硬度最小，其硬度为 1）、石膏、方解石、萤石、磷灰石、正长石、石英、黄玉、刚玉、金刚石（硬度最大，其硬度为 10）。莫氏硬度的硬度值并非绝对硬度值，而是按硬度的顺序表示的值，应用时作刻划比较来确定硬度，比如把方解石和萤石作为例子比较，某矿物能将方解石刻出划痕，而不能刻萤石，则其莫氏硬度为 3～4，这表示比方解石硬而比萤石软。硬度为 10 的金刚石并不是说其硬度就是石膏的 5 倍或者是磷灰石的 2 倍。这就是说，在直接进行数字排序的自然数字中，虽然后面的数字要超过前面的数字，但这些数字之间不存在自然数本身的“容者”与“被容者”的关系（即后面的自然数包容前面的自然数），数的基本运算是施加不上去的。

内强量没有可被直接数学化的先天特征还因为仅凭内强量本身我们很难找到能够直接衡量内强量的一个第三者尺度。例如，像用“一段”长度“米”来衡量其他长度一样，找到“一段”温度的感觉来衡量其他温度，

---

①〔德〕康德：《康德著作全集第 4 卷（未来形而上学导论）》，李秋零译，中国人民大学出版社 2010 年版，第 309—310 页。

②〔德〕奥特弗里德·赫费：《康德的〈纯粹理性批判〉》，郭大为译，人民出版社 2008 年版，第 179 页。

③ 关于内强量的序数规律，里面还有很多东西值得研究，如数学中到底是序数更为本源还是基数更为本源？胡塞尔就认为基数更为本源，但是他并没有从现象学上做描述性的澄清。如果序数更为本源又会怎样呢？我们能否找到从序数转化为基数的内在途径？如果能够找到，对于质与量的转换我们就会自然而然地清楚了。

或者找到“一段”硬度，然后用它叠加来衡量其他硬度。也就是说，我们感知不到“一段”温度或“一段”硬度的实在性。但是，像长度这种广延量，我们不仅能够感知到不同的长度差异，而且能够感知到这个差异间隔的实在性。柏格森在论述强度量时说得很清楚：“假定我经验到一个感觉S，又假定在刺激不断增加了一会儿之后我把这番增加感觉出来了……这知觉的内容诚然就是：原来的状态已经改变了，即 S 已经变为S′。但是只有在下列条件下，由 S 到S′的转变才能被称为一个算学差异：一来，我觉得 S 和S′之间是有一个间隔的；二来，我要觉得我的感觉所以由 S 进到S′乃是由于有了一种什么东西的增加。你给这转变取了一个名字，你称之为ΔS；从而你就先把这种转变当作一种实在的东西，继而把它当作一个数量。但是你不仅不能解释这转变在哪种意义上是一个数量，而且经过仔细的思考就会知道，它并不是一种实在的东西。唯一实在的东西只有我所经过的状态 S 和S′。”[①]因此，强度量如速度、浓度、温度等都是状态量。

像质感这种内强量只能间接地数学化。在康德哲学中，这种间接数学化必须通过力学原理的先天运用，也就是说，它不能像广延量那样可以通过数学原理来用已知的广延量来构成未知的广延量，而只能用力学的调节性原则来发现一种经验规律，然后通过这个经验规律做桥梁向广延量数学化方面转化。当然经验规律也不完全是纯粹的经验，它里面也有先天的成分。由于一般的规律都是因果性经验规律，这里有必要先看一看一般因果性经验规律中的先天性成分。

假如有一天你一起来就发现自己房子旁边的路面上是湿的，你会说，路面是湿的必然是某种原因使然。此时，你所使用的是“有果必有因”的知性认识原理来做出的推论。由于你做出这个推理无须更多的另外的经验，就知道“路面是湿的必然是某种原因使然”是真的，因此这个推理又是先天的。既然是先天的，就如我们把先天的空间直观加到感性对象上形成客观的判断一样，“路面是湿的必然是某种原因使然”就成了一个先天客观性判断，它不是人们的一种纯粹的主观联想。然而，康德称这种因果范畴的运用为“调节性”的，指它可以帮助我们沿着这个先天的推导去追问相关的经验事实。比如，你可以追问路面湿的具体原因，可能是天下雨了，也可能是洒水车洒的水等。这样，对于“路面湿”的具体原因必须由经验来验证。这与我们把量的范畴可以先天地直接运用于广延量上是很不

---

① 〔法〕柏格森：《时间与自由意志》，吴士栋译，商务印书馆 1958 年版，第 43—44 页。

相同的。调节性原则只是让“先天性”潜在地发挥作用。

事实上，最早的温度计是1593年由伽利略发明的。他设计的第一支温度计是一根一端敞口的玻璃管，另一端带有核桃大的玻璃泡。使用时要先给玻璃泡加热，然后把玻璃管插入水中，随着温度的变化，玻璃管中的水银面就会上下移动，根据水银移动的多少就可以判定温度的变化和温度的高低。后来华伦海特利用水银作为测量物质，制造了更精确的温度计。再后来摄尔修斯改进了华伦海特温度计的刻度，他把水的沸点定为100度，把水的冰点定为0度，然后在这两个刻度之间均等刻画100个刻度，即我们所使用的摄氏温度计。自从华氏温标和摄氏温标建立以后，热学开始走上科学的道路，华伦海特所做的工作被誉为是人类迈向关于热的科学的第一步①。现在的问题是温度变化和玻璃管中物质长度刻度变化的这种线性函数关系我们找不到充分的根据，因为根据我们的感觉，我们只能感觉到温度高的时候，水银柱的长度长一些，它们之间的关系是递增函数关系，但是这种递增函数关系为什么不是二次函数或者平方根或者其他函数的关系呢？我们建立不起来测量的经验性的规律，因为我们要建立测量的经验性的规律，必须已经知道了或建立了温标这种温度测量的标度概念。所以，华氏温标或摄氏温标似乎完全是一个人为的主观的约定，这种约定也许出于一种简单化原则。如果我们仅靠简单化原则约定出来的温标来建立热学规律，即使碰巧是科学的，但是热学的理性根据我们还缺乏先天的合理性的建构。后来只有从力学的角度建构热学（即热力学），温标才得以科学地建立，“只有从理想气体定律导出了对一切物体都成立的热力学第二定律后，才可能无歧义地认识到理想气体温度计的温标”②。因为力学经过阿基米德、海伦、伽利略到牛顿得到一个彻底科学的确定，即把力这种内强量的测定还原为物体运动的“位移”、“时间”和“质量”这三个广延量的精确测定上来，即 $f=m\dfrac{d^2s}{dt^2}$。其中，位移和时间测度的先天性是没有问题的，在康德那里它们从属于先天的时空直观，也都是广延量③，唯有“质量”作为广延量的先天性测度还得做一下说明。

① 〔德〕M. V. 劳厄：《物理学史》，范岱年、戴念祖译，商务印书馆1978年版，第74页。

② 〔德〕赫尔曼·外尔：《数学与自然科学之哲学》，齐民友译，上海科技教育出版社2007年版，第175页。

③ 康德受牛顿绝对时空理论的影响，把时间看作广延量，而柏格森则把时间看作内强量。在科学中是可以把时间当作广延量的，当然此时的时间并非柏格森“绵延”意义上的时间，而是变异了的“绵延”的时间。后文会有论述。

通常，我们说“质量”是物体所含物质量的多少，不随物体形状、状态、空间位置的改变而改变，是物质的基本属性。质量是一个纯粹理论性的概念，我们无法直接经验到它。那么，质量的测量有先天性的基础吗？在物理学中，我们用天平称量物体的质量，其主要原因在于天平的平衡不受重力变化的影响，只要砝码质量恒定，无论在哪个地方，无论重力是多少，质量都是不会改变的。对于质量我们可以施加复杂的数学运算，现在的问题是质量的数学化有先天的依据吗？仿照长度的数学化，关键的问题是看我们能否在质量的天平称量中找到“第三者”尺度，而且这个尺度的获得还要有先天依据。现在，我们完全可以假定还未找到测定质量的第三者尺度，此时我们所拥有的只是一只等臂天平。假设将 A 与 B 两个物体分别放在天平的两端，若 A 端下沉，则说明 A 比 B 质量大；反之，则比 B 质量小。依次比较，我们至少可以得到一个与莫氏硬度一样的质量序列。我们知道，这样的一个定性序列还谈不上是真正的数学化。真正数学化的条件是看我们能否找到一个与长度一样的第三者尺度。如果我们仅通过等臂天平建立等质量的物体，我们就可以适当地选取一个等质量的物体作为测量质量的量度。这一点我们是可以做到的。例如，任意两个物体 A、B 分别放在天平两端，它们的质量可能是不相等的，我们总可以找到一个 C，其质量介于 A 与 B 之间，然后在 A 与 C 之间总可以找到 D，如此反复操作，最终一定可以找到与 A 质量近似相等的物体。适当地选取 A 的大小，我们就可以用 A 的质量作为基本单位来叠加成其他物体的质量。当然，天平称量的先天基础也是要追问的。天平称量原理是阿基米德发现并证明的。在阿基米德的证明过程中，杠杆被简化成一条数学化的线条，系统中像杠杆臂重量和厚度这些物理因素都被忽略掉了。物体本身成了重心，也就是线上的那个点。这些物体占据的空间变得毫不相干。重量变成了可以被线的长度来代表的一个比例。也就是说，所有的物理因素被简化成了几何因素，最终使之成为一种几何学的直觉。由于纯粹借助于几何学的先天直觉，杠杆原理的阿基米德证明就具有先天性。外尔在《论对称》一书中说：“阿基米德先天地推断出如下结论：相等的重量在等臂长的天平的两边保持平衡。……因此，我们有时就能根据对称性的考虑就某些特例先天地做出预言。”[①]只是使用天平测定质量的测量单位还是靠人的一种任意选取，其物理意义并不明显。真正在理论上建立质量概念还是在牛顿那里，

① 〔德〕赫尔曼·外尔：《对称》，冯承天、陆继宗译，上海科技教育出版社 2002 年版，第 120—121 页。

“伽利略关注的是物体的重量，牛顿则引入了一种非常不同的现代质量概念”[①]。对于牛顿来说，质量是物体的惯性量度，理论上的质量是用冲击摆来测定的。外尔给出的惯性质量相等的定义是：“如果以同样的速度驱动两个物体相撞，而任何一个都不能逼着另一个后退（可以假设它们相撞后就粘在一起），按照伽利略的说法，就应该赋予它们以同样的惯性质量。”[②]可见，理论上的质量最终还是还原为位移和时间，所以在爱因斯坦的相对论中，质量甚至随着物体运动的速度的变化而变化。因此，“质量”作为一个广延量，无论是在理论上还是在测量操作中，其数学化都有先天的保障。

像温度这种内强量，先经过经验规律的引入，然后在理论上做先天性的还原，为热学的数学化做了很好的铺垫。电学也是如此，电量作为内强量的测定最后还原为了力的测定[③]，也即电学还原为力学。内强量数学化几乎都要走这一途径：“19 世纪物理学的最重大根基已经明确了：物理现象都可以用一种统一的框架来解释，即以力学解释为原理的出发点，通过数学描述对物理现象作模拟并导出描述现象的数学方程式。”[④]可以说，力学的先天性是其他度量数学化的先天保证。是不是所有内强量都能够与力学联系起来呢？这不是本书能够回答的问题，但是个值得研究的课题。

总之，内强量间接地数学化都是向广延量转化实现的，温度如此，速度、浓度、密度、压强等都是这样。

第三节　“器具化滞留”及时间的数学化

在中国古代，观念的含义是对特定的对象或义理进行观察后的思维和记忆。后来“观念”受西方哲学和心理学影响，演变成一个专门的哲学术语和心理学术语，它（即 idea）不是认识论上第一层次的感觉、知觉和想象，而是认识论第二层次的“概念”（concept），concept 是把许多东西“抓”

---

① 〔美〕I. 伯纳德·科恩：《新物理学的诞生》，张卜天译，湖南科学技术出版社 2010 年版，第 199 页。

② 〔德〕赫尔曼·外尔：《数学与自然科学之哲学》，齐民友译，上海科技教育出版社 2007 年版，第 173—174 页。

③ 〔法〕皮埃尔·迪昂：《物理理论的目的和结构》，孙小礼等译，商务印书馆 2005 年版，第 160—162 页。

④ 〔英〕彼德·迈克尔·哈曼：《19 世纪物理学概念的发展》，龚少明译，复旦大学出版社 2000 年版，第 12 页。

在一起的意思。例如，关于“桌子”的概念，“桌子”把许许多多不同的桌子“抓”在一起，像饭桌、书桌、课桌等。当然饭桌、书桌和课桌也是不同概念，它们把千差万别的饭桌、书桌和课桌“抓”在一起。西方哲学意义上的观念相当于柏拉图的“理念”或者“相”。理念不是凭感性知觉或想象能够把握的，而是靠“心灵之眼”才能看见的。也就是说，理念不是靠肉眼之“看”得到，而是靠心灵之“想”才能得到。当然，日常我们运用“观念”一词的时候，往往带有主观的味道；而运用“理念”的时候，则带有客观的味道。不管怎样，传统的观念都是凭心灵的思考才能“想”到的，“想到”或者心灵之眼“看到”，是好像有某一个东西等待你去发现，很少有人提到观念是做出来的。下面我们会看到，观念是做出来的，就像人们做出各种各样的工具一样。

自柏拉图提出理念论哲学以来，“理念”成为一种先天的、超越于人的并为人类所共有的观念，它并非为人们后天所创造，而是人们去“发现”它，就像它早就在某个地方一样。“理念”之所以成为理念，就在于理念是某种具有共性的东西，它为人类所共有，为人类所共有也就是意味着理念可以在众人中反复发现，这样“理念”也就意味着某个可以反复发生的东西，具有不变性。可是，理念的这种可反复发生的“不变性”或“可重复性”到底是思想中真有一个不变的观念在那儿，还是我们所使用的表达该观念的语词看起来是不变的呢？例如，我们用语词说这样的观念：“红”“平滑”“狡猾”“高大”等。看起来，应该是先有红的、平滑的等观念，再有与之相关的语词。但是，语词真的在观念成为同一种观念的过程中没有发挥作用吗？胡塞尔在《几何学的起源》一文中论述了语言文字这种工具在观念的同一化中所起的作用，其论述可以把它当作“做观念”的一种哲学论述。

在古希腊，泰勒斯是有记载的最先创立几何学定理的数学家。在泰勒斯之前，埃及人因为尼罗河经常性泛滥，需要进行很多的土地测量实践，这种实践是划分土地边界的测量活动，因为尼罗河的泛滥破坏或毁坏了以前划分好的土地边界。为了重新划定边界，就需要测量工具。埃及人所用的工具比较简单，主要是绳子和角尺，但是却很有效。这种实践以及与此有关的设定角度的设备，是可重复性演练的实践和测量工具，如图 1.2 所示[①]。

① 〔美〕唐·伊德：《让事物“说话”——后现象学与技术科学》，韩连庆译，北京大学出版社 2008 年版，第 39 页。

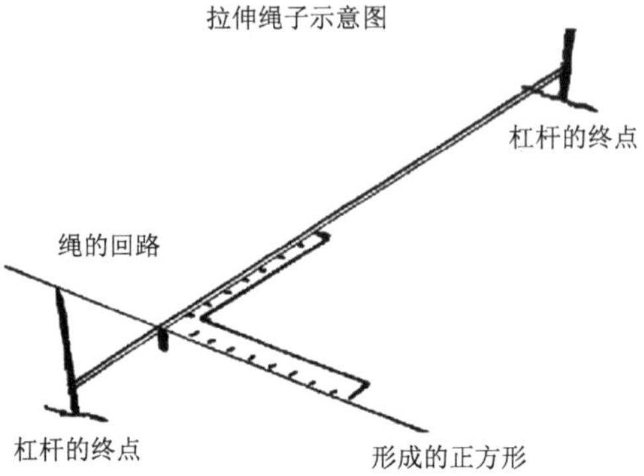

图 1.2　埃及人的测量工具

几何学得到所有人类的认同，在胡塞尔看来这是一个主体间性的过程。在这种主体间性的过程中，文字技术发挥了非常重大的作用，在《几何学的起源》这篇文章中胡塞尔论述了这种主体间性的过程，这个过程简述如下①。

第一位几何学家（如泰勒斯）在原初的明见性中对几何学的理念对象进行了第一次构造（通过测量实践活动），这样构造的对象不仅具有明见性，而且具有客观的存在性。可是，由于时间化运动的缘故，客观的存在也不得不进入“滞留”以至于最终消失。但这种消失了的过去的存在并没有走向虚无，在某一特定的时刻，通过某种特殊的方式，它又能够在主体的心理活动中被唤醒，并变得越来越清晰，通过这样的方式，便又能找回原始的“一致”性观念的明见性。

但是，在这里存在一个问题，即在交互的语言理解的关系中，一个主观的几何学观念（原初制作物和产品及其原初后的理解）仍然缺少持续的存在，仍然没有建立起完全的客观性。“几何学的理念性（恰如所有科学的理念性一样）是如何从其最初的个人心中的起源（它是最初的发明者心灵的意识领域中的构成物）而达到它的理念上的客观性的？”②也就是说，“最初进行创造的几何学家当然也能表达他的内在构成物。但是下面这个问题重又产生了：这种内在构成物如何通过表达按照其‘理念性’而成为客观的？”③

① 陶建文：《试用胡塞尔的现象学克服维特根斯坦的反柏拉图主义》，《华南理工大学学报（社会科学版）》2006 年第 1 期，第 16—20 页。

② 〔德〕胡塞尔：《欧洲科学的危机与超越论的现象学》，王炳文译，商务印书馆 2001 年版，第 433 页。

③ 〔德〕胡塞尔：《欧洲科学的危机与超越论的现象学》，王炳文译，商务印书馆 2001 年版，第 435 页。

胡塞尔认为书写、记录的语言表达解决了这一问题。胡塞尔说：“文字的、文献的语言表达的重要功能就是，它无需直接或间接的个人交谈，就使传达成为可能，它可以说是潜在化了的传达”。[①]胡塞尔的传达实际上是一种表述，是被意向行为所激活的表述，文字使直接或间接的个人话语的告知成为可能，因此，只要我们考虑到人类在日常生活中所使用的共同的语言，就能解决观念对象的“客观性”这一难题。胡塞尔说：“只要我们考虑到移情的功能和作出移情的共同体和语言的共同体的人类同伴，客观性就会以可以理解的方式初步地产生出来。在相互通过语言进行理解的联系中，一个主观的本原的生产和产物，会被另一个主观能动地理解。”[②]语言文字是最先使得与别人共享在原初的本真的思考中达到洞见的东西，书写是使原初的意义构成之物的存在样式发生改变的工具。例如，在几何学领域，就是用语言表达出来的几何学构成物的自明性的改变，可以说这种构成物被沉淀了，但是读者能够使它再变成自明的，能重新激活它们的明见性。也就是说，语言的意义内涵仍然保持着，并不是“无”，而是“零”，可以再被唤起。

胡塞尔在《几何学的起源》一文中就试图谈论这一问题，我在这里以自己的理解加以简化。例如，关于“三角形内角之和等于 180°”这个判断的表象，在证明这个定理的时候我运用了欧几里得的第五公理：“过直线外一点当且仅当只能作一条直线与已知直线平行。”第五公理是凭直觉达到的，其含义沉淀在“三角形内角之和等于 180°”这个判断中，但第五公理本身并不是一个空表象，因为它是一个充满直观意义的表象，直观意义的内涵一直保留着。相对于欧几里得第五公理的直观内涵而言，“三角形内角之和等于 180°”这个判断的表象就是空表象，后来，当我运用“三角形内角之和等于 180°”证明“五角形的内角之和等于 540°”时，证明“三角形内角之和等于 180°”所运用的欧几里得第五公理的直观再也不复存在了，但其意义仍然保留着，可以再被唤起。

书写符号和口语符号之类可以起到“激活”那些人们原初所体验到的它们所表达的含义的功能，但胡塞尔指出，这样的符号产生的激活首先不是一种对它们表达的含义的一种充分的重新激活。“这种唤起是一种被动的活动，因此被唤起的意义是被动给予的，正如任何一个沉入昏暗之中的

① 〔德〕胡塞尔：《欧洲科学的危机与超越论的现象学》，王炳文译，商务印书馆 2001 年版，第 437 页。

② 〔德〕胡塞尔：《欧洲科学的危机与超越论的现象学》，王炳文译，商务印书馆 2001 年版，第 436 页。

主动活动，通常在以联想的方式被唤起时，起初是作为或多或少清晰的回忆而被动地显露出来一样。”①一般而言，可以从这种被动性移向原初含义本身的充分重新地激活，再次感受原初意向的对象，并且甚至有可能具有原初的明见性。

现在的问题是对于原初含义的一致性意指是否能够得到充分的保障。从几何学的第一个观念形成至今，几何学已经经历了漫长的发展过程，几何学的观念一层层地沉淀下来，重重叠叠的沉淀使观念和含义始终处于被变形、被遗忘的危险之中，个人对原初直观的体验力也在逐渐衰退最终消失。胡塞尔认为沿着语言文字的链条重新激活已经沉入历史深处的意向，重新体验已近乎忘却的观念。然而，观念和含义是借助文献记录而沉淀下来的，对它们的再激活和重构也必须借助文字的表达，可是我们无法摆脱自由联想的文字游戏以及由此而引起的语言表达的多义性，这可能会使我们误入歧途而永远不能抵达原初的明见性。

那么，应如何防止歧义而确保再激活的正确性呢？胡塞尔说：“人们以下面这种方式应付这种危险……当人们考虑到语言表达的一义性，并且考虑到用细心铸造的有关的词、句、句子关联来保证一义地表达成果时，就发生这种情况……按照科学的本质，科学研究工作者具有一种持久的要求或者一种个人的确信，即所有由他引入到科学陈述当中的东西，都是被‘一次了结地’说出的，它是‘确定地存在着的’，能永远同一地重复，并且能以自明的方式运用于以后的理论目的和实践目的——能够按照真正意义上的同一性毫无疑问地被重新激活。”②

可见，第一位几何学家构造出他的几何学观念来之后，这种构造当然是意向性的私人构造，在私人构造那里，数学对象就具有成为理念对象的能力。当第一位几何学家用文字对他构造的数学对象加以表述时，文字使得他的私人构造的对象具有主体际的客观性，成为理念对象。这时，只要他不丧失那种构造的自明性，那么共同的文字也就是第一位几何学家自明的表达，它们具有本真的意义，这种本真意义后来沉淀在文字之中，每一个使用这种文字的人可以使沉淀下来的意义重新激活，以此达到原初的明见性。通过原初意义的激活可以获得原初的意义和对象，原初的意义和对象的同一性可以由文字的单义性而得到一以贯之的保证。所以，书写技术

---

① 〔德〕胡塞尔：《欧洲科学的危机与超越论的现象学》，王炳文译，商务印书馆 2001 年版，第 437 页。

② 〔德〕胡塞尔：《欧洲科学的危机与超越论的现象学》，王炳文译，商务印书馆 2001 年版，第 438—439 页。

或者说文字技术在几何学观念的构造方面有着不可替代的作用。斯蒂格勒说:"胡塞尔认为,理性可以达成于器具性的表面或界面。不同于康德的是,'胡塞尔对数学观念物体的直观具有绝对的构成性和创造性,因为这种直观的对象或对象性在直观之前并不存在'。但这种构成性又被作为记录的文字所限制。《几何学起源》的主题是有史以来,特别是有几何的历史以来首次提出的,它亦是器具性的主题,因为几何学不可能产生于共同体化过程之外,而共同体化过程又离不开呈现'已经在此'的技术:没有器具的滞留性——也就是说没有构成性的第三记忆——就没有几何学。"①因此,文字技术在构造观念方面起了非常关键的作用,文字本身作为一种技术是技术史家叙述技术史的时候首先就要叙述的技术种类,作为技术的一种它同样与"做"有关系,而不是与"想"有关系,几何学是用文字技术"做"出来的。"做"几何学的文字技术就是几何学家通用的几何学图形,包括:直线、三角形、圆等。据伊德说,至少有六个古代文明提出了所谓的"毕达哥拉斯定理",或者说能画出直角三角形的斜边,这样一来,在任何情况下都能做出完美的正方形,而埃及就是这六个古代文明中的一个。所以,几何学有着多元文化的起源,在不同时期、在不同地方得到了发展。"不管几何学是在什么地方、从什么时候发展起来的,只要几何学是从实践中起源的,这些实践就包含了借助工具来测量的技术。在这些工具的帮助下建立起了一个建构的生活世界。这种生活世界是由我们熟悉的选择出来的直线、角和形状塑造的。……一旦几何学的实践成为自主的,它通常就脱离了上面所阐述的实际测量的'土地背景',而是以书写的形式完成它的'测量',也就是说,通过写在纸张、黑板或诸如此类的东西上的图形和符号来进行'测量'。事实上,这种新实践的一个物质上的特征就是,通过很容易操作的模型、图形等方式的使用,使得这种实践的范围缩小了(minaturized)。在某些方面,这种新的实践成了一种'模式化'的实践。它依然是从技术上体现的,但是现在却处于一种特殊的环境中,这种环境通常是学究化或制度化的。它仍然是一种实践,但现在却是在不同的背景中发生的。"②几何学如此,算术也同样与技术工具有关,如果没有古代的结绳记事传统,可能很难有算术的发展。在美国自然历史博物馆馆藏着古代南美印加部落用来记事的绳结,当时人们称为基普(quipu)。

① 〔法〕贝尔纳·斯蒂格勒:《技术与时间 2. 迷失方向》,赵和平、印螺译,译林出版社 2010 年版,第 44 页。

② 〔美〕唐·伊德:《让事物"说话"——后现象学与技术科学》,韩连庆译,北京大学出版社 2008 年版,第 41 页。

这种方法是在一根较粗的绳子上拴着涂有颜色的细绳，再在细绳上打各种各样的结，不同的颜色和结的位置、形状表示不同的事物和数目①。这是数的工具性实践的起源，说明了算术观念也是“做”出来的。

与做几何学和算术观念一样，客观时间的观念也是通过技术化手段“做”出来的。在胡塞尔的内时间意识中，差异的滞留聚合体中所有的滞留点都是相异的，非重复的，那么这种非重复性显然与获取同一性或相同性的“记忆”能力是有矛盾的，因为记忆是让以前发生的事情“再现”于脑海之中，所谓再现就是重新出现，重新出现就是相同的东西又出现一次。没有再现性的记忆，客观时间不能得以构造，再现通过同一性再造了过去感知，并且使一个超越的客观时间对象又直观地被意识到。胡塞尔说：“感知的各个现在相位持续地经历着一个变异，它们不再简单地保持为它们之所是，它们在流动着。在这流动中，我们称之为向时间中的回坠活动（Zurücksinken）在构造着自身。声音现在响起，它立即坠入到过去中。所谓的‘它’，乃是指这同一个声音。这涉及这个声音的每一个相位，因而也涉及这整个声音。现在看起来，这种下坠通过我们至此为止的考察而变得在某种程度上可以理解。但我们面对这种声音的下坠却说，它在时间中有一个固定的位置，时间点和时间延续可以在重复的行为中得到认同，就像我们对再造性意识的分析所指明的那样——这是怎么回事呢？这个声音和在这个延续着的声音的统一中的每个时间点都在‘客观的’（即使是内在的）时间中有其绝对固定的位置。时间是僵化的，但它却又在流动着。在时间河流中、在持续向过去的下坠中，一个不流动的、绝对固定的、同一的、客观的时间构造起自身。这就是问题所在。”②

但是，关于“同一性”的记忆是如何发生的呢？维特根斯坦在他反对私人语言的时候论证过这个问题。他认为没有私人语言，其原因是如果不凭借外在的符号标记，我们就不可能真正记住自己内在的感知。也就是说，自己内在感知是没有办法反复地同样出现的。维特根斯坦做过一个这样的思想实验，在这个思想实验中，他用符号“E”表示私人语言的一个语词。这一论证大体上是按如下的步骤进行的：使用私人语言的人认为自己能够用符号“E”标注自己的感觉，从而赋予“E”以意义，这也是符号“E”的指称意义。当这位私人语言的使用者下一次使用符号“E”时，他不能

① 李文林主编：《文明之光：图说数学史》，山东教育出版社 2005 年版，第 4 页。

② 〔德〕埃德蒙德·胡塞尔：《内时间意识现象学》，倪梁康译，商务印书馆 2010 年版，第 98 页。

直接将“E”与现在的感觉进行比较，他只能拿这个已经逝去了的感觉的记忆与现在的感觉加以比较。现在的问题是，他如何能够毫无差错地记住这个已经逝去了的感觉呢？事实上，他无法保证这一点，这样，关于已经逝去了的感觉的记忆就不能为“E”的再次使用提供一个正确的标准。他使用“E”的依据只是只要他自己觉得似乎正确，就是正确的，而维特根斯坦认为这里根本谈不上正确。也就是说，要想通过记忆力或注意力在某种私人感觉与“E”之间建立确定的联系是不可能的。例如，我曾经有一种感觉的时候，并在日记上写下“E”来标注那种感觉，现在我又有了那种我认为与前天的感觉相同的感觉，于是我又在日记上写下“E”，由于我在判断现在的感觉与曾经的感觉是否相同时，我所能凭借的只是我的记忆，不存在任何外部证据，也就是说不存在能够判断这一记忆是否正确的外部标准，所以我所认为的“相同”仅仅是“我认为相同”。因此，我的私人语言（符号“E”）要具有意义，它必须与一种外在的公共标准相关联，这种标准能够供所有人观察和检验，这种外在的标准就是人们可以公共认识的文字。下面就看看文字技术在记忆中的作用。

记忆的技术化是一个现代流行起来的术语，它与现代电子和数码工具媒介的发展密切相关。媒介可以替代我们的记忆，甚至不断地塑造我们的记忆。事实上，关于媒介与记忆，长久以来被认为是二元分层的，柏拉图认为书写和手抄的发明使得纯粹记忆发生退化。柏拉图在《斐德罗篇》中关于记忆有一著名的论述：“现在你是文字的父亲，由于溺爱儿子的缘故，你把它的功用完全弄反了！如果有人学了这种技艺，就会在他们的灵魂中播下遗忘，因为他们这样一来就会依赖写下来的东西，不再去努力记忆。他们不再用心回忆，而是借助外在的符号来回想。所以你所发明的这帖药，只能起提醒的作用，不能医治健忘。你给学生们提供的东西不是真正的智慧，因为这样一来，他们借助于文字的帮助，可以无师自通地知道许多事情，但在大部分情况下，他们实际上一无所知。他们的心是装满了，但装的不是智慧，而是智慧的赝品。这些人会给他们的同胞带来麻烦。”[①]所以，柏拉图认为文字已经成为了与人本身“相异”的东西，书写文字同真实的思想之间存在着很大的距离，人们通过文字获得的是一些与智慧相近似而并不是真正智慧的东西。文字本身是死的，它也没有辩解的能力和诠释的能力，只是思想的遗迹或僵硬的尸体而已。当人把思想托付给文字物理刻

① 〔古希腊〕柏拉图：《斐德罗篇》，《柏拉图全集第二卷》，王晓朝译，人民出版社2003年版，第197—198页。

痕状的“印迹”时，他自己可以不在，而那印记却不会消失；他可以忘记，而印记却依然可以表征；即使他死了，文字也可以令他超越死亡。这样，文字强暴了记忆的自然机制和自主性，作为“药”的文字把记忆给催眠了，记忆于是就被遗忘吞噬了。

不过，现在大部分学者都认可了记忆技术化的持续性。因为可公认的记录符号——也就是文字——的发明出来之后，那些轻飘飘地说出口就马上消失的语言，终于找到了载体；人们之间的交流，终于在时间和空间两个维度上，同时获得了极大的扩展。斯蒂格勒就是这一观点的典型代表。斯蒂格勒在《技术与时间——爱儿米修斯的过去》系列著作中大谈“滞留”的器具化，即“第三记忆”[①]。斯蒂格勒把记忆分为三种[②]：“第一记忆”是原生记忆（胡塞尔称为“原生回忆”），相当于胡塞尔的“滞留”，是创生时间的意识活动；“第二记忆”就是我们日常生活中所使用的记忆的含义（胡塞尔称之“次生回忆”），它是以时间的过去、现在、未来为向度定义的，是对过去发生事件的回忆，其本身必须以时间为基础；“第三记忆”与图像意识有关，是一种器具化记忆，如文字符号、纸上画出来的图形等。

如果我们把“时间”“主体”都做现象学还原，那么真正与主体相联系的是“第一记忆”，属于感知的当下时刻，此时我们对感觉材料的直观相当于康德三重综合中的“直观中领会的综合”[③]其实就是对被给予材料的滞留、原初印象与前摄的综合。康德在《纯粹理性批判》中做先验演绎的时候，“再生性的想象”是第二记忆，是我们在想象的过程中，能够通过回忆而激活的滞留，是我们在时间流中将杂多通过想象综合在一起，因为此时的“时间流”已经受形式化的客观时间的影响，它与第一记忆的“主体”已经隔了一层。

第三记忆则更是隔离了与内时间相关的主体的联系，早在古希腊就遭到苏格拉底、柏拉图的批判。柏拉图认为，当人把意识活动所构造的意义用文字符号这种物质性的刻痕记录下来的时候，文字遮蔽了第一记忆的自然机制和自主性，它像药一样催眠了第一记忆，实际上等同于第一记忆就

---

① 由于斯蒂格勒的《技术与时间》的 1、2、3 部分别由三个译者翻译，他们并没有做术语上的统一。在第 2 部“迷失方向”中赵和平等翻译为“第三记忆”；在第 3 部“电影的时间与存在之痛的问题”中方尔平则翻译为“第三持留”；在第 1 部“爱比米修斯的过失”中翻译为“第三回忆”。本书统一术语为“第三记忆”，类此还有“第一记忆”和“第二记忆”。

② 〔法〕贝尔纳·斯蒂格勒：《技术与时间——爱比米修斯的过失》，裴程译，译林出版社 2000 年版，第 295—297 页。

③ 〔法〕贝尔纳·斯蒂格勒：《技术与时间——电影的时间与存在之痛的问题》，方尔平译，译林出版社 2012 年版，第 49 页。

被遗忘吞噬了，相当于第一记忆所保持的那种能动的、活生生的、具有创生性的主体性被遗忘吞噬了。尽管第三记忆或滞留的器具化使得构造时间的记忆脱离了真正的主体，但第三记忆毕竟还是一种记忆，这种记忆还有重新被主体激活的可能，只是当时那种活生生的直观到的意义沉积在记录其意义的文字或器具之中罢了。

文字使得我们内时间意识结构中完全差异化的滞留成为一种可重复地加以认同的滞留，这种滞留就是“器具化滞留”。器具化滞留虽然脱离了滞留原来的差异化特征，却使得滞留以一种外在的似“同一”让滞留得以反复认同，也即滞留的器具化为把“滞留”反复加以认同提供了一个可靠的基础。这样，胡塞尔的那种本来不可以被客观度量的内时间意识，就因滞留的器具化而变得可以被客观度量起来。

就我所熟悉的胡塞尔著作及其研究文献来看，胡塞尔本人并没有像内时间意识构造那样遵从一个严格的现象学描述把客观时间给构造出来。在《内时间意识现象学》中真正涉及客观时间的现象学构造的内容只有附录四（“再回忆与时间客体和客观时间的构造”）中一点点内容。从附录四的标题可以看出，客观时间是与“再回忆”（即对“回忆”的回忆）这种能动的活动联系在一起的。那么，再回忆这种能动活动凭什么构造出客观时间来呢？这里关键的一点就是时间的同一性构造。时间的同一性构造在客观时间的创造方面发挥了重要的作用。

胡塞尔说：“只有在再回忆中我才有可能重复过一个同一的时间对象，而且我也可以在回忆中确定，以前被感知的东西与以后被再回忆的东西是同一个。”[①]也就是说，现时当下的时间是定位的，是始终在流动之中的，并且始终是从一个新的现在点出发而定位的。在再回忆中，时间虽然在每一个瞬间都是定位地被构造，但是它可以一再地或反复地被认同，而由此可以被再回忆反复认同的点所组成的时间段也是可以被再回忆反复认同的。如此便构成同一的时间客体，即客观时间。胡塞尔说：“在时间中的进程便是如此：我可以第一次经验到它，我可以在重复的再经验中再次经验到它并且把握它的同一性。我可以在我的思维中一再地回溯到它之上并且可以通过本原的再经验来证明这个思维。客观的时间，首先是刚刚过去的客观时间，便是如此才构造起自身。”[②]当然，胡塞尔这里所说的客观时

---

① 〔德〕埃德蒙德·胡塞尔：《内时间意识现象学》，倪梁康译，商务印书馆 2010 年版，第 143 页。

② 〔德〕埃德蒙德·胡塞尔：《内时间意识现象学》，倪梁康译，商务印书馆 2010 年版，第 145 页。

间还是一种内在的客观时间，是每一个主体都能反思把握到的一个时间流，它还不是自然科学所要研究和讨论的客观时间。

虽然内在的客观时间不是自然科学中的客观时间，但是主体间能够共同把握的客观时间是自然科学所研究和讨论的客观时间的基础，因为自然科学中研究的客观时间是以视觉空间中物体的运动为参照的，如水流的流动、太阳延续的运动、手表指针延续的跑动等。然而，按照康德的说法，你如果没有先验时间这一感性范畴，你甚至都不能感知到物体的运动，只是胡塞尔把康德的时间范畴用现象学的方法给重新构造出来了。当然，自然科学所研究的时间是依据视觉空间中物体的运动，反过来对通过现象学方法所构造出来的客观时间流加以精确刻画的产物。例如，太阳东升西落的周期为一天，分针转一圈为一小时等。也可以这样说，自然科学的时间只是现象学时间的器具化滞留地精确化的结果，这种客观时间观念是通过具有周期性的滞留工具“做”出来的（图 1.3）。

（1）水钟　（2）沙漏　（3）摆钟　（4）日晷

图 1.3　各种计时器具

一般来说，两个重复发生的事件序列会产生一个常数比例。譬如，一个普通的单摆和扭转摆，单摆从一边摆到另一边，同时扭转摆的扭动轴也重复地旋转运动着。对两运动的重复次数进行计数，我们发现它们的运动存在一定关系，次数比为 82∶21。第二天再做同样的观察，一样可以得到相同的比例关系。现实生活中，存在着很多不同的重复发生的事件序列，它们是彼此联系着的，一个对应着一个，像刚刚讨论的单摆和扭转摆那样，日出日落、时钟滴答走、冬天、星期天、吃早餐、呼吸、心跳等，这样的事件都是会不断重复发生的。任何两个事件序列之间都会有一个数字关系，通常这种关系可以表示成一个有理分数。有些事件是一比一或者二比一的关系，例如日落与日出、耕种与收成、星期一和星期天等。这些产生简单比例的现象与之前单摆和扭转摆复杂且精度不高的比例关系形成了鲜明的对比。这是因为单摆和扭转摆没有因果关系，而日出日落是存在因果关系的。然而，这些简单的准确的因果比例关系不是我们讨论的目的。我们感兴趣的正是像单摆和扭转摆那样的存在复杂且精度不高的比例关系的事件序列。在世界上存在着大量成对重复发生的事件序列，在任意两个事件之间可以通过观察计数得到一个近似（或准确）的常数比例。

多于两个事件序列时，联系两两比例，从而确定多个事件间的比例。像单摆与扭转摆的转圈次数比 82∶21，如果当扭转摆完成 195 次转圈的时间里，水珠装满一个水罐两次，这就形成 195∶2 的比例。同时，在水珠装满 85 次的时间里，烧完了 6 根蜡烛，形成 85∶6 的比例。而 9 根蜡烛被烧完的时间里，出现了 2 个连续的日出循环，形成 9∶2 的比例。我们可以把这些比例一个个联系起来（图 1.4）。

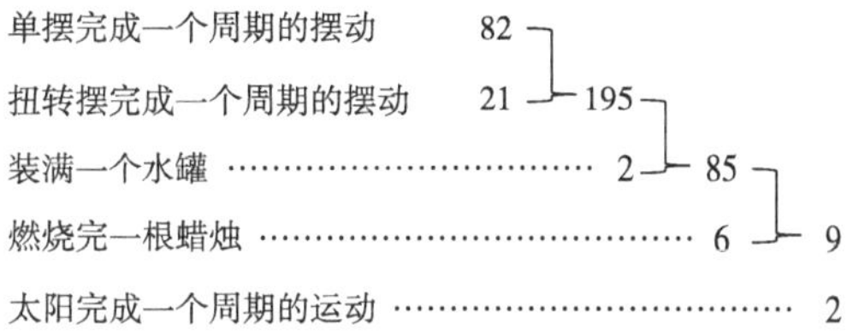

图 1.4 不同计时器量化时间的关系

从图 1.4 我们可以发现每个事件都与两个比例相关，同时，每一个比例都联系着两个事件。通过简单的计算，每个新的事件都可以直接与第一个事件进行比较。（82∶21）×（195∶2）=7995∶21 这是单摆转圈和水珠滴满罐子的事件比例；（7995∶21）×（85∶6）=679 575∶126 这是单摆转圈和被烧蜡烛根数的比例；（679 575∶126）×（9∶2）=2 038 725∶84 这是单摆转圈和日出循环次数的比例，表明在常规的 24 小时里面单摆摆动了大概 24 270 次。可以想象，在宇宙中存在着很多这样的有比例联系着的系统，像土星、木星各自的卫星是存在常数比例联系的。这就形成了数学化的时间。

第二章　“运动”的技术介入研究

运动对我们而言可能是最为熟悉的，但又是最不好加以科学地把握的东西，我们是如此的熟悉它，以至于任何定义和解释都是多余的，笛卡儿就这么认为：“尽人皆知的事物——‘运动’，有人确定其定义为‘具有能量的存在物的尽其能量之大小的行为’……这一妙语又有谁理解呢？何谓运动，谁还不知道么？”[①]尽管如此，这仅仅是从感性认识上来看是这样。一旦我们要科学地研究运动，就远非直观这样简单，特别是变速运动的数学化经历了非常漫长的科学探求过程。从哲学上探讨运动从直观到数学化的转化是非常有意义的事情，一方面我们可以更进一步理解运动，另一方面可以因此寻找更为丰富的运动的形式化途径。

第一节　灵魂与时间、运动的早期结合形态

时间与运动的关系十分密切，自古以来受到诸多哲学家的关注。亚里士多德说时间是运动的数目。柏拉图在时间与运动的关系中还引入了灵魂：“‘灵魂’——希腊文：psyché——原初的含义是生命活动（das Leben）。时间就起源于生命活动与运动汇合在一起之处……运动本身（Bewegtsein ueberhaupt），运动性（Bewegtheit）作为总是变为另外的东西的（Immer-wieder-anders）非同一性（Nichtidentität），对于柏拉图来说正是我们人类在其中生活的感性世界的，即我们的生活（Lebens-，生命活动-）世界的存在方式。”[②]可见，柏拉图的运动体现为灵魂的变异性活动。下文是柏拉图在《法篇》第十卷中关于运动的一段对话，对话中数字标号及相应的下划线为我所加，每一个标号都代表一种运动的分类，一共分为十种。

雅典人：有人说，先生，一切事物都是静止的，无物运动，

---

① 〔法〕笛卡尔：《探求真理的指导原则》，管震湖译，商务印书馆2005年版，第73页。

② 〔德〕克劳斯·黑尔德：《时间现象学的基本概念》，靳希平等译，上海译文出版社2009年版，第12页。

是吗？或者说相反的说法才是正确的？或者说有些事物运动，有些事物静止，是吗？

我回答说，当然是有些事物运动，有些事物静止。

处于运动中的动者和处于静止中的静者一样，都位于某一空间吗？

当然。

有些事物在一个位置上运动，有些事物在不止一个位置上运动，你承认吗？

我答道，①当你讲到在一个位置上运动时，你指的是那些中心不动的运动着的事物，就好比陀螺的旋转。

是的。

我们看到，在这种旋转中，运动的物体会同时呈现出最大的圆圈和最小的圆圈，把它自身合乎比例地划分，呈现出较大的和较小的部分。实际上，这就是各种奇迹产生的根源，因为它用较高或较低的速率回应着同时产生的大大小小的圆圈。这种结果可以被人们想像为不可能的。

是这样的。

②在几个位置上运动的事物，我想你指的是位移，物体每一刻都在改变位置，有些时候运动中的物体有一个支撑点，有些时候，在滚动的情况下，有不止一个支撑点。在运动中物体会相互发生碰撞，静止物体受到运动物体的撞击，形成新的结合，那些最初的成分之间也就是这样形成复合物的，是吗？

是的，我承认你说的是事实。

还有，③⑦结合使复合物增大，而④⑧分离则使复合物变小，除非原先的物体仍旧保持着它的构成。如果物体不能保持它的构成，那么结合与分离都会引起化解。

普遍发生的生成现象又是在什么情况下产生的，什么是生成？

⑤生成显然是从某个起点开始获得增长，然后进入第二步，然后又进入下一步，通过这三步生成就可以被感知者察觉了。事物的生成靠的就是这样的运动变化和变形，只要这种情况在持续，它就拥有真实的存在。⑥当事物的构成发生了改变，变得和原来不一样了，那么原来那个事物也就完全毁灭了。我的朋友，我们也许已经区分和列举了所有的运动类型，如果运动只有这两种类型的话。

克利尼亚 哪两类？

雅典人 呃，两种类型，我的好先生，看起来我们的整个讨论正在取得进展。

克利尼亚 我必须要求你说得更清楚些。

雅典人 我们的讨论始于一种关于灵魂的观点，不是吗？

克利尼亚 当然是的。

雅典人 那么让我们先来看第一种运动形式，这种形式通常使别的事物运动，但它自身并不运动。作为一般运动的第二种形式，我们说这种形式通常使自己运动也使其他事物运动，就像结合与分离的过程中发生的运动一样，这样的运动通过增长及其对立面，亦即减少，或者通过生成或灭亡来进行，灭亡亦即失去存在。

克利尼亚 我们可以这样说。

雅典人 然后，⑨我们可以把通常既能使其他物体运动，而它本身也被其他物体推动的这种运动形式列为我们运动形式中的第九种。⑩还有的物体自身运动，也使其他物体运动——在一切物体主动和被动的运动形式中都可以看到这种运动，称之为一切存在的变化与运动是正确的——这种形式可以列为第十种。①

如果使用现代学科术语来加以解释，柏拉图的前六种运动可相应地叙述为：①刚体运动；②质点运动；③化合运动；④分解运动；⑤生长运动；⑥消亡运动；⑦增加运动；⑧减少运动。

大致说来，其中①②是关于物理变化的，即物体位置的变动；③④是关于化学变化的，即化学的合成与分解；⑤⑥是关于生物变化的，即生物的生老病死；⑦⑧是关于一般的量的增减变化的。当然，柏拉图时期不可能有这么明晰的分类概念，我只是为了便于理解，然后按照现代概念做了这种划分。这六种运动是自然界客观的、可见的运动，或者也可以说是客观的运动，除了对它们的感知需要灵魂的运动外，它们似乎与灵魂没有任何关系。但是，讨论完这八种运动之后，柏拉图转换到从灵魂的观点来讨论问题："我们的讨论始于一种关于灵魂的观点，不是吗？"如果把灵魂纳入进来加以讨论，关键是增加了一种"主动"的"动"，或"能动"的

---

① 〔古希腊〕柏拉图：《柏拉图全集（第三卷）》，王晓朝译，人民出版社 2003 年版，第 655—657 页。

"动"，这种"动"是不同于被动的运动形式的。所谓被动的运动形式就是："使别的事物运动，但它自身并不运动"或者"既能使其他物体运动，而它本身也被其他物体推动的这种运动形式"，即第九种运动，它也可以看作前八种运动的一个更为普遍的概括。

前九种运动可以看作与"空间"有关的运动。所以，在柏拉图看来，空间也是各种物质运动的最终形式。空间作为一个接收器，是各种各样变化的舞台，但运动一旦与空间关联在一起，都会因为芝诺悖论的反驳而变为与静止无异。如二分法悖论，一个人从 A 点走到 B 点，要先走完路程的 1/2，再走完剩下总路程的 1/2，再走完剩下的 1/2……如此循环下去，永远不能到终点。其实质是你不能在有限的时间内越过无限个点，反过来说就是，越过无限的点你需要无限的时间，而这是不可能的，因为我们没有无限的时间。所以，如果空间是由点组成的，在任何给定的空间中都有无限个点，这样你无法在有限的时间内通过。

所以，柏拉图最为看重的是最后一种运动形式，即第十种运动："还有的物体自身运动，也使其他事物运动"，这种具有主动形式的运动实际上是灵魂的运动，"以'灵魂'为名称的这个事物的定义是什么呢？除了我们刚才用过的'能使之自动'这个短语，我们还能找到其他定义吗？"[①]灵魂运动优于其他所有的运动，它最强大、最活跃也是最早的运动。因为各种事物在相互之间的变换中，最先的不可能是受动之物，而是自己让自己动起来的东西。自我运动之物改变他物，由此生成无数的受动之物，所以灵魂的运动是所有运动的起因，即所谓的第一推动者。柏拉图说："能够自己运动的事物最先开始运动，此外不可能有其他变化的源泉，因为按照这个设定的前提，变化不可能预先存在于这个系统中。进一步推论，无论什么东西作为一切运动的源泉，乃是在一切静止和运动的东西中最初出现的东西，我们要宣布这种自动是一切变化中最先的和最有力的，而被其他事物替代或在别的事物推动下发生的运动乃是第二等的。"[②]

然而，灵魂的"自运动"是如何可能的呢？只有把这个最初的运动的起源搞清楚了，我们才能搞清楚它所引发的被动物的"他运动"。另外，与灵魂的自运动相关的时间是一种什么样的时间呢？

在《蒂迈欧篇》中，柏拉图认为一切运动发生在非均同的状态，因为

---

① 〔古希腊〕柏拉图：《柏拉图全集（第三卷）》，王晓朝译，人民出版社 2003 年版，第 659 页。

② 〔古希腊〕柏拉图：《柏拉图全集（第三卷）》，王晓朝译，人民出版社 2003 年版，第 658 页。

运动不可能发生在均同状态，正如绝对均匀的空气或水是不可能有流动的一样。柏拉图说："运动不可能发生在均同状态中，我们很难，甚至不可能，设想没有推动者的被动运动，或者，没有被动者的推动运动。推动者和被动者两者缺一都不可能有运动；但它们不可能共存于均同状态中。因此，我们说，静止存在于均同状态中，而运动存在于非均同状态中。非均同状态来自不均等性。"[①]这样，运动"空间"被一些既非相似亦非平衡的各种能力填充，这些能力的差异可能是性质的差异，也可能是数量上的差异，还有可能是空间上的差异。例如，火的能力是热的而水的能力是湿的，它们的差异就会引发"干"与"湿"转化的运动，但是单独的火或水不能解释"干"与"湿"相互转化的运动，解释运动必须加入非均衡因素。显然，柏拉图划分的十种运动都是非均衡因素引起的，灵魂的运动也是这种差异化的显现。不过，在呈现灵魂运动的差异化形式之前，我们要借"时间"这一要素来加以说明。

柏拉图于是引入一位伟大的造物者的灵魂，造物者创造了时间。在《蒂迈欧篇》中，柏拉图在描述造物主的创世时指出："制造一个运动着的永恒的影像，于是他在整饬天宇的时候，为那留止于一的永恒造了依数运行的永恒影像，这个影像我们称之为时间。"[②]简言之，柏拉图把时间看作依数运行的永恒之运动的形象。也就是说，柏拉图的时间是以数的差异来运行的，如果我们把时间类同于灵魂的运动，那么柏拉图的灵魂的自运动也就是以数的差异来运行的。既然宇宙结构也是伟大造物者灵魂的创造，那么，灵魂的自运动的结构也可以和宇宙的运动结构相对应。下面，我们就看一下柏拉图的世界灵魂的数学结构。

柏拉图的宇宙灵魂的划分是按照数来划分的[③]：从整体中分出一部分，即 1；再分出它的一部分，即 2；比 2 又多一半，是 1 的三倍，即 3；2 的两倍，即 4；3 的三倍，即 9；1 的八倍，即 8；1 的二十七倍，即 27；这样得到：

双倍数：(1)，$\frac{4}{3}$，$\frac{3}{2}$，(2)，$\frac{8}{3}$，3，(4)，$\frac{16}{3}$，6，(8)……

其中，$1:\frac{4}{3}=\frac{3}{2}:2=2:\frac{8}{3}=3:4=4:\frac{16}{3}=6:8$，它们的比都是 3∶4。

---

① 〔古希腊〕柏拉图：《蒂迈欧篇》，谢文郁译，上海人民出版社 2005 年版，第 40—41 页。

② 〔古希腊〕柏拉图：《柏拉图全集（第三卷）》，王晓朝译，人民出版社 2003 年版，第 288 页。

③ 〔古希腊〕柏拉图：《蒂迈欧篇》，谢文郁译，上海人民出版社 2005 年版，第 23—24 页。

三倍数：（1），$\frac{3}{2}$，2，（3），$\frac{9}{2}$，6，（9），$\frac{27}{2}$，18，（27）……

其中，$1:\frac{3}{2}=2:3=3:\frac{9}{2}=6:9=9:\frac{27}{2}=18:27$，它们的比数都是 2∶3。

在双倍数的两个中间项之间的比例是：$\frac{4}{3}:\frac{3}{2}=\frac{8}{3}:3=\frac{16}{3}:6$，它们的比数都是 8∶9；三倍数两个中间项的比数是 3∶4；所以，柏拉图说 8∶9 填补 3∶4 的空隙。康福德将这两个系列链接起来成为：

1，$\frac{4}{3}$，$\frac{3}{2}$，2，$\frac{8}{3}$，3，4，$\frac{9}{2}$，$\frac{16}{3}$，6，8，9，$\frac{27}{2}$，18，27……

并且用音调表示如下①

这样看来，柏拉图关于灵魂的划分是按照音乐的和谐旋律般的数学规律来划分的，灵魂是一个拥有和谐结构的复杂而有序的多元体，不过其多元性依靠有规律的划分或切割，这种多元性虽然体现出音的轻重缓急的不均衡性，从而体现出灵魂的运动，但这种不均衡性最终还只是“数量”上的不均衡性，而不是质上的不均衡性，或者说“差异性”。前面说过，一切运动发生在非均衡状态，这样看来灵魂运动还应该有更为原始的形态，即“无序运动”阶段。我们把按照数学规律而有序运动的灵魂称为理性的灵魂，而把无序运动的灵魂称为非理性的灵魂。

于是，有彼此既不相似、也不相等的能力不均匀地分布在各处。这种不平衡导致它的晃动；而它的晃动反过来又推动更大的不平衡。这样的运动使拥有各种形式和性质的部分彼此分离，就像用簸箕或其他筛选谷物工具筛物一样，密者重者一边，疏者轻者另一边。此时，这四种东西就是以这种方式被载体摇晃不已；而它自己则像簸箕一样也在摇晃中。不相似者彼此分开越来越遥远，相似者则相聚越来越紧凑。如此看来，在这四种东西被整合

① 汪子嵩等：《希腊哲学史 2》，人民出版社 1997 年版，第 1036 页。

成宇宙之前，它们已经各占一处。不过，它们都没有比例和尺度。这里的火、水、土、气都只是有点像而已。在造物者尚未参与之前，它们的样子就是这样。造物者后来赋予了它们以形式和数，让它们拥有独立的结构：最重要的是，我们谈到，造物者让它们尽可能完善起来，摆脱它们的混乱状态。[①]

当然，这种无序运动状态，柏拉图并没有把它与灵魂的运动相对应，它们似乎是水、土、火、气这些物质质料最初的运动。但既然灵魂是所有运动最初的起始因，那么灵魂运动最初的形态也应该是无序运动，或者是差异化运动。不过，灵魂的差异化运动并没有与差异化的滞留结构的时间相关联，时间在柏拉图那里还是永恒者的影像，它最多具有数学上量的差异，这种量上的差异体现在星体永恒运动的循环周期的比例的不同上。所以，在柏拉图那里，虽然出现了运动的差异性理论，但是与运动密切相关的时间只出现了量上的差异，而没有出现质上的差异。

第二节　绵延与运动——内时间与本义上运动之直接的关联

纵观柏拉图的十种运动，它们有一个共同特点，就是具有“变化”或“变异”的特征。如果我们考察绝大多数研究运动的学者都必须研究亚里士多德对于运动的定义，这也能体现出原始的运动概念所具备的这种“变化”的含义。亚里士多德的“运动”原初就是指两个“相反者”之间发生变化，即属性为非 a 的实体 x 获得了属性 a。[②]按照亚里士多德关于运动的定义，那些变化包括：要么实体经历了产生与消亡的变化，要么物体的质发生了变化，要么是体积和量发生了变化，要么是物体占据的位置发生了变化。[③]这个运动的定义实际上承接了柏拉图对运动的前八种分类思想。这种“变化”是“差异”或“变异”意义上的变化，因为即使那些变化中的“物体占据位置”的变化，也不是我们现在作为背景空间的那种同质均一化的空间位置的变化（亚里士多德所说的空间是指异质的等级秩序空间）。也就是说，那些变化并没有按照固定的规律来变化，它们在感觉质

---

① 〔古希腊〕柏拉图：《蒂迈欧篇》，谢文郁译，上海人民出版社 2005 年版，第 36—37 页。
② 张卜天：《质的量化与运动的量化》，北京大学出版社 2010 年版，第 61 页。
③ 张卜天：《质的量化与运动的量化》，北京大学出版社 2010 年版，第 62—63 页。

上只是一种质的变化。

另外，考虑到运动与思想或心灵的联系，在所有哲学家中，柏格森的论述是较为丰富的。柏格森只承认思想或心灵的运动。例如，柏格森非常明确地否认空间运动，只承认思想中的运动（相当于绵延），他说：“运动是一种心理上的综合，是一种心理的，因而不占空间的过程。”[①]柏格森思想中的运动相当于他所说的“绵延”，是指一种与胡塞尔内时间相似的差异化的延续流。与胡塞尔对那种变异的滞留结构的细致的现象学描述和呈现不一样，柏格森所说的“绵延”的真正含义是建立在“广延量”和“内强量”的数学化区分基础上加以论述的。关于广延量和内强量的数学化的区分，本书已经在第一章做了较为详细的论证，且是在康德哲学的基础上论述广延量和内强量的，虽然论及了广延量和内强量的数学化的一般特征，但并没有论述强度量与时间的关系。下文将详细地阐述时间与强度量的关系，以及绵延与内时间的相关性。

在强度意义上，时间被柏格森称为“绵延”，绵延是柏格森生命哲学体系中的核心概念，是真正意义上的时间。绵延的定义最初源于柏格森对芝诺提出的著名的悖论的分析。芝诺为了维护其导师巴曼尼德所主张的存在是“一”，而不是毕达哥拉斯所主张的“多”，但使用了毕达哥拉斯所使用的方法，即把空间无限分割而得出违反人的常识的结论：长跑健将阿基里斯追不上一只在他前面跑的乌龟。例如，我们在每一个瞬间看到一支正在飞的箭处于空间中的某一个位置，并且在每一个位置都让箭凝固，就像电影胶片中的一组照片一样。这里每一个瞬间箭都是处于静止状态的，因为如果箭在这一瞬间移动，那么它就需要移动的时间，这就意味着这一瞬间还可分割为更小的时间单元，从而与瞬间的不可分割性相矛盾，因此箭在每个位置都处于静止状态。这样，芝诺运用了毕达哥拉斯本人的数学化方法而得出了与毕达哥拉斯的主张相矛盾的结论，即运动和变化是不可能的。柏格森利用芝诺悖论发现了真实的时间（即绵延）和不能用数学来分割的运动的结论。柏格森认为，运动在直观中表现为某种物理空间的可分割性和间断性，但是实际上，我们每个人在我们的经验中又可以明白地直观到运动是某种连续的、单一的和不可分割的过程。

通常认为，柏格森的绵延理论主要体现在《时间与自由意志》一书中，然而柏格森在该书中并没有对“绵延”加以明确的定义，而是多次以音乐

---

① 〔法〕亨利·柏格森：《时间与自由意志》，冯怀信译，安徽人民出版社2013年版，第90页。

的旋律加以比喻性的说明，这一点与胡塞尔经常拿音乐的旋律来说明内时间意识一样。胡塞尔在论述滞留的变异时几乎总是拿音乐来说明。例如，A、B、C 三个连续的音序，当声音 C 响起时，前面的两个音序 A 和 B 并没有消失，而是被意识保留了下来。只是它们不再是原来的 A 和 B，而是它们的变异，如 A→A_B→A_C，B→B_C，但是 C、A_C、B_C 三者同时呈现[①]。胡塞尔说："切身的声音—现在（即以意识的方式、在意识'之中'）不断地变化为一个过去，一再地有新的声音—现在（Ton-Jetzt）来接替那个过渡到变异之中的声音。"[②]胡塞尔还特意画了图 2.1 加以示意[③]。

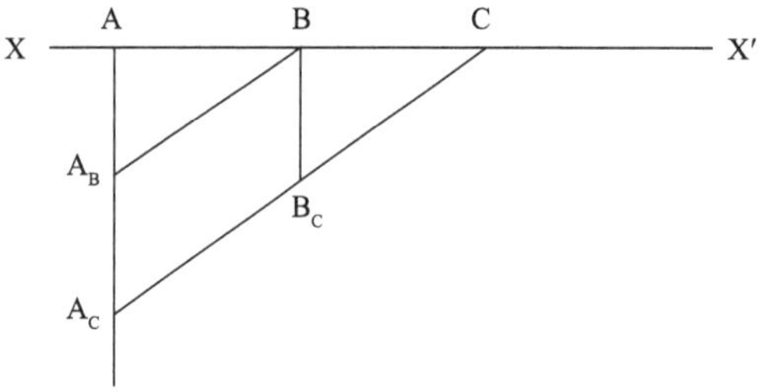

图 2.1　胡塞尔的内时间图示

与此相似的还有："过去的存在必须在这个现在本身之中再现自身，而它是通过那个限定在感觉点中的、在其他方面变得模糊不明的映射连续性来再现自身的。但这个映射连续性显然并不是一个感觉点的连续性。与声音的现在相位相符合的感觉相位，乃是这个现在的唯一感觉相位。过去的感觉并不是作为感觉而被保留下来的。只有感觉的余声、本质上改变着声音素材的印象特征的特殊变异，才作为统一的连续性而在现在中是当下的。而在其中，每个相位又都在特征上有别于另一个相位，连续性是作为连续性而站立于此的；作为减弱的系列、映射的系列。"[④]

与胡塞尔一样，柏格森也大量地借音乐旋律来比拟绵延。

但在事实上，刺激的每次增加都被接纳到了以前各次的刺激

① 〔德〕埃德蒙德·胡塞尔：《内时间意识现象学》，倪梁康译，商务印书馆 2009 年版，第 230 页。

② 〔德〕埃德蒙德·胡塞尔：《内时间意识现象学》，倪梁康译，商务印书馆 2009 年版，第 230 页。

③ 〔德〕埃德蒙德·胡塞尔：《内时间意识现象学》，倪梁康译，商务印书馆 2009 年版，第 230 页。

④ 〔德〕埃德蒙德·胡塞尔：《内时间意识现象学》，倪梁康译，商务印书馆 2009 年版，第 333 页。

中，并且一系列的刺激整体上对我们产生了一种音乐曲调所产生的效果，这种曲调时刻都会结束，但因为增加了新的声音把它延长，整个曲调又不断地改变着它的整体。如果我们断定这种感觉始终相同，是由于我们没有想着感觉本身，而是想着这种感觉位于空间中的客观原因。我们于是把感觉循序放到空间，我们所看到的就不是一个发展着的有机体，不是一系列互相渗透的变化，而是一种始终未变的感觉，如它把自己向两头纵向伸张并把自己无限地并置在自己旁边。[①]

柏格森用音乐的曲调给予人纯粹的连续印象来说明绵延犹如活的有机体，各个部分相互渗透、不可分割，正如音乐旋律的断裂或停滞无法成为和谐的曲调一样，各音符之间彼此连接并且组织起来就成了一个整体的作品。因此，绵延既是恒常同一的整体，也是不断变化的结果。联系到胡塞尔的内时间意识理论，我们看到，他们说的实际上是同一个意思，因为胡塞尔的滞留是在现在感知中就滞留着刚刚过去的感知，当声音 C 响起时，前面的两个音序 A 和 B 并没有消失，而是被意识保留了下来。也就是说，过去的音调实际上渗透在现在的音调之中，而且渗透中呈现出变异，渗透中出现连续和不可分割。

可以发现，胡塞尔和柏格森这里对声音的描述与前面柏拉图用数字对音乐的描述不一样，柏拉图的音乐音调虽然有数字上的差异，但它们是按照数字的比例加以变化的。也就是说，那些音调之间具有一个最小公约数，这个最小公约数又保证了所有其他的音调都是它的倍数，因此使得音调只不过是对那个最小公约数的重复而已。而胡塞尔和柏格森的声音是差异化的滞留的集合体，是不可公约的强度量，它们是不能用数字来加以表征的。这一点柏格森论述得特别清晰。

柏格森一直反对用数字来表征运动和时间。因为数字本身就是空间的，所有关于数字都隐含着一个在空间中的视觉图像，如果没有空间的介入，人们将不会有任何关于数目的明确观念。关于这一点，有必要搞清楚柏格森的论证。首先，柏格森从古代关于数目的定义开始：“一个数目可以被界定为许多单位的集合”[②]。当然，这些单元应该是同样的，否则我

---

① 〔法〕亨利·柏格森:《时间与自由意志》，冯怀信译，安徽人民出版社 2013 年版，第 86 页。

② 〔法〕亨利·柏格森:《时间与自由意志》，冯怀信译，安徽人民出版社 2013 年版，第 61 页。原译为“一个数目可以被界定为许多单位的集合”，我认为“单位”改为“单元”更好。因为“单位”容易与现有的计量单位如米、公斤等相混淆。

们就难以抽象出一个一般的数来，也就是说，当我们说我们有 10 个手指头的时候，实际上是说我们两双手的手指头的一个集合，但这个集合并不是我们那双手的具体的手指头的集合，而是我们先把那一个一个的具体的手指头抽象成一个一个的抽象单元，组成一个由 10 个一模一样的单元组成的集合，然后把这些抽象单元集合成一个数。然而，那些同样的单元又是不同的，其不同并不在于那些抽象单元的不同，而在于它们占据着不同的空间，而且这样同时占据着不同的空间的单元是我们计数的先决条件。例如，数一群绵羊的数目，我们说有 50 只，那是因为那群绵羊在我们的视觉空间中占据 50 个位置，而且这些位置彼此分开，并同时并列在一起。而如果没有空间这个条件，计数几乎是不可能的。柏格森详细地论证如下：

> 可是它们以必定某种方式彼此不同，否则它们就会融合成为一个单一的单元。让我们假定羊群里的所有羊只都是一模一样的，但是它们至少在空间中所占的位置上存在着差别，否则它们就不能构成一个群。再让我们甚至连 50 只羊本身也暂时放在一边，而只保留它们的观念。或者我们把它们通通包括在同样的影像中，从而必然把它们并置在一个想象的空间里；或者，我们把单独一只羊的影像接连重复 50 次，在这样的情况下，好像这一系列的影像确实是在绵延之中而不在空间之内。但是我们很快就会看出，好像不是这么回事。因为如果我们依次并单独在心中想着羊群里的每一只羊，则我们所涉及的羊永远不会超过一只。为了让数目在依次被想象的过程中可以继续相应地增加，我们必须保留那些先后出现的影像，并把这些影像放在我们所想象的每一个新单元旁边。然而，数目的这种并置正是发生在空间之中，而不是发生在纯绵延之中。事实上，大家不难想到：对物质实体进行计算就是对所有物质实体进行思考并进而把它们放到空间里的意思。①

既然谈到数目必然要谈及空间，当我们断定一个数目比另一个数目大一些，我们实际上所提及的是两个不等的空间，我们把包含另一个空间的

① 〔法〕亨利·柏格森：《时间与自由意志》，冯怀信译，安徽人民出版社 2013 年版，第 62—63 页。

那个空间称为较大空间。然而，作为强度量的运动和时间并没有这种空间上的包含关系，当我们把数字强加到时间和运动上去的时候，我们已经把时间和运动空间化了，本书第一章论述内强量的数学化的时候已经论述了这一点。那么，绵延和运动那种强度变化的多样性是什么意义上的多样性呢？绵延作为真实的时间是一个持续涌进的异质之流，在人的意识中，没有两个性质完全同一的瞬间，内在意识生活具有的多样性是质的多样性，不是同质性的量的多样性。

真正本义上的运动就是变异，是质的潜在的多样性，就像阿基里斯的路程被分为一步一步，它每一次被分割时都改变了性质。这种本义上的运动得以感知的前提条件就是人所具备的以人的意识活动为基础的内时间，这种内时间甚至可以等同于创生它的那些本源地以连续统方式出现的意识活动，进而成为我们直观变异化运动的先验条件，本书将在第三章第一节详细论证它们之间的关系。本义上运动的差异性结构与胡塞尔内时间意识中差异化的滞留结构或柏格森的差异化绵延暗合，即差异化的滞留结构是我们对外在运动中“变化”之观察的内时间基础。因此，胡塞尔的内时间结构是本义上运动的一个直观的结构，与对本义上的运动的感知直接相关联。

当然，这种以内时间为基础所直观到的运动不是物理学中那种量化的运动，量化的运动还需要一个条件，那就是内时间的量化，内时间的量化还需要一个条件，那就是“等时性”的建立。这就涉及“器具化”时间的建构问题，下文将会讨论这一问题。

第二节 运动的几何学化致使运动的时间性被忽略

现在大家都知道自由落体运动的规律是“恒定的加速度使速度与时间成正比，距离与时间平方成正比”，其中“时间”是一个重要的物理参数，但是，通过柯瓦雷详尽的历史考察研究发现，笛卡儿、早期的伽利略等很多研究者都忽略了落体运动中的时间的研究。柯瓦雷说：

> 彻底的几何化、空间化、时间的取消（在这里时间是无法取消的），对物理学方面、因果方面和对过程的忽略等等，这些因素最终导致了笛卡尔（就像过去的伽利略，以及伽利略之前的贝内代蒂和米歇尔·瓦龙那样）将匀加速运动设想为一种其速度的增

加与通过的路程成正比、而不是与经过的时间成正比的运动。[①]

这样的结论在柯瓦雷的《伽利略研究》中曾反复出现，我认为，柯瓦雷对伽利略的研究最为重要的就是把“时间”在落体运动中的失而复得做了一种精细的描述。后期的伽利略之所以能够正确地得出落体运动规律，最为重要的是他正确地纳入了“时间”这一重要参数。这让人思考，本来与“运动的感知”不可分离的“时间”为何在落体运动中被那些研究者忽视？伽利略后期研究落体运动时为何又能够纳入“时间”这一参数？可以称这两个问题为落体运动中的时间之谜。虽然柯瓦雷反复强调是对运动的“因果性”研究的忽视以及运动的几何学化造成学者忽略了时间要素，但他并未给出一个清晰的说明，更未从哲学上对其加以论证。下面，本书将从时间哲学来对这一问题加以考察。

事实上，柏格森在论述绵延的特性的时候有很多关于运动本身的论述。与胡塞尔一样，与柏格森的绵延理论相关的是柏格森关于记忆的理论。

柏格森区分两种记忆，即“习惯记忆”和“物象记忆”[②]。例如，我们背诵一篇课文，先逐行朗读，然后又重复读几遍，每次重复都比上次有所进步，语词越来越紧密地联系在一起，最后成为一个整体。到了这时，我们已经把这篇课文了然于心，它被深深印在记忆里了。这种记忆是靠重复、习惯而获得的记忆，可以称为“习惯记忆”，它重复的是同一的语词所标记的语义，不要求甚至无关于对时间的自觉。另外一种记忆是“物象记忆”，如这篇课文的背诵过程在我们脑海里会形成一个连续阶段的图画，我们可以依序为自己重新展现我们学习过程的每一个阶段和每次阅读的那些场景，即使我们不记得我们读书的内容了，但是我们读书的情景还历历在目。这种记忆是有时间自觉的记忆，人能够有自觉意识地重温自己曾经经历过的往事，也可称为历时记忆。柏格森认为只有具有历时特征的物象记忆才是具有绵延特征的记忆，它指向活生生的原初行动过程，在每一部分都充满着绵延。习惯记忆与物象记忆并不总是相伴而生，当习惯记忆成为主导记忆时，物象记忆甚至可以被忽视掉。例如，柏格森曾这样描述一位患精神性失忆症的妇女，她能够正确地描述自己居住过的小镇，也就

① 〔法〕亚历山大·柯瓦雷：《伽利略研究》，刘胜利译，北京大学出版社 2008 年版，第 128 页。

② 〔法〕亨利·柏格森：《物质与记忆》，姚晶晶译，安徽人民出版社 2013 年版，第 75—79 页。

是她过去习惯的记忆完好无损，但是当她真正来到那个地方，却完全像陌生人一样，什么都认不出来，这主要是因为她回忆不出她过去在小镇上生活的经历，也就是说她的物象记忆丧失了，或者说那种时间经历的记忆丧失了。[①]

如果把习惯记忆比作用于标记同一语义的可朗读的文字，那么物象记忆则相当于把文字谱成的曲调。音乐的曲调是先天异质性的聚合体，所以胡塞尔常用音乐来说明其内时间意识。他说：“这个声音可以在质性或强度方面有偏差，或者可以作为在完全不变的内确定性中持续的而在我面前响起，无论如何我发现一条河流，而唯有在此河流中才可能有这样一个个体的对象性被给予我……这条河流并不是我用钟表或瞬时计来规定的客观时间的河流，不是我在与地球和太阳的关联中所确定的世界时间的河流。因为这些都已被现象学还原所扫除。我们宁可将这条河流称之为前经验的或现象学的时间。它提供了对客观时间谓词之再现的原初代表，用类似的话来说就是：时间感觉。”[②]我们知道，依靠对文字的习惯性重复是很难记住一篇文章的，但如果把它谱成曲就好记忆了，因为曲的异质性是与内时间的异质性先验相合的。

伽利略和笛卡儿等研究者在面对“运动”的几何学表征的时候，主导他们记忆的只是关于运动的习惯记忆，而关于运动本身的物象记忆（或者时间经历的历时记忆）则因对运动感知的几何学化暂时与运动感知先验相关的内时间意识失去了联系，从而近乎忽视“时间”这一维度。

在科学史上，运动虽然很早就被人们所观察和研究，但对运动加以数学化研究却经历了比静力学和光学更长的历程。像静力学和光学的几何学化自从古希腊就开始了，其进展一直都很顺利，而运动的几何学化是从中世纪奥雷姆用几何学图形表征运动的强度开始的。奥雷姆斯用水平基线代表时间，用竖直线代表某个时间点上的运动强度（速度），如图 2.2 所示，并且用直线或曲线来对各种运动进行几何学表示[③]。

---

① 〔法〕亨利·柏格森：《物质与记忆》，姚晶晶译，安徽人民出版社 2013 年版，第 98 页。

② 〔德〕埃德蒙德·胡塞尔：《内时间意识现象学》，倪梁康译，商务印书馆 2009 年版，第 165 页。

③ 张卜天：《质的量化与运动的量化》，北京大学出版社 2010 年版，第 188 页。

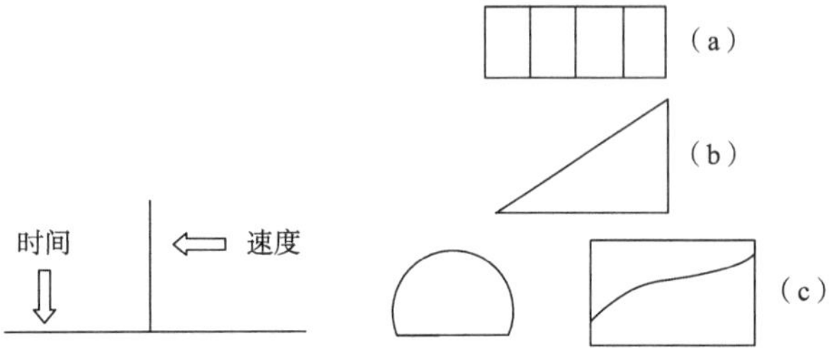

奥雷姆对运动速度的几何表示示意图

奥雷姆对各种运动的几何表示
（a）匀速运动；（b）均匀地非均匀运动
（c）非均匀地非均匀运动

图 2.2　奥雷姆对运动几何学化的图示

伽利略曾受奥雷姆证明的启发，“伽利略的证明与奥雷姆的极为相似，甚至所用的几何图形都一样，只是伽利略作了一个 90 度的转向”[1]，如图 2.3 所示。然而，这是伽利略后来才做到的事情，他早期并没有以时间为基线考察运动的强度，而是以运动经过的距离为基线考察运动的强度（例如在图 2.3 中，伽利略把 AB 线当作下落的距离），导致早期的伽利略对落体运动做了一种错误的考察[2]。柯瓦雷评论早期的伽利略说：“伽利略再一次走向彻底几何化，并且把需要用时间来描述的问题转换成了用空间来处理。”[3]把 AB 线当作下落的距离似乎是当时学者普遍容易犯的错误，不仅早期的伽利略犯过这样的错误，笛卡儿研究运动时也是把 AB 线当作距离线，从而与落体运动规律的发现失之交臂[4]。对于笛卡儿，柯瓦雷评论说：“它是几何学家的运动，或者说，是一些几何学实体的运动：是一个点描绘出一条直线的运动，是一条直线画出一个圆的运动……但是，与物理运动相反，这些运动没有速度，也不在时间中发生。彻底几何化（笛卡尔思想的这种原罪）导致了非时间化：它保留了空间，但取消了时间。”[5]柯瓦雷的结论是正确的，但是其中的哲学道理还有待阐明。

---

① 张卜天：《质的量化与运动的量化》，北京大学出版社 2010 年版，第 191 页。

② 〔法〕亚历山大 · 柯瓦雷：《伽利略研究》，刘胜利译，北京大学出版社 2008 年版，第 116 页。

③ 〔法〕亚历山大 · 柯瓦雷：《伽利略研究》，刘胜利译，北京大学出版社 2008 年版，第 116 页。

④ 〔法〕亚历山大 · 柯瓦雷：《伽利略研究》，刘胜利译，北京大学出版社 2008 年版，第 153 页。

⑤ 〔法〕亚历山大 · 柯瓦雷：《伽利略研究》，刘胜利译，北京大学出版社 2008 年版，第 148 页。

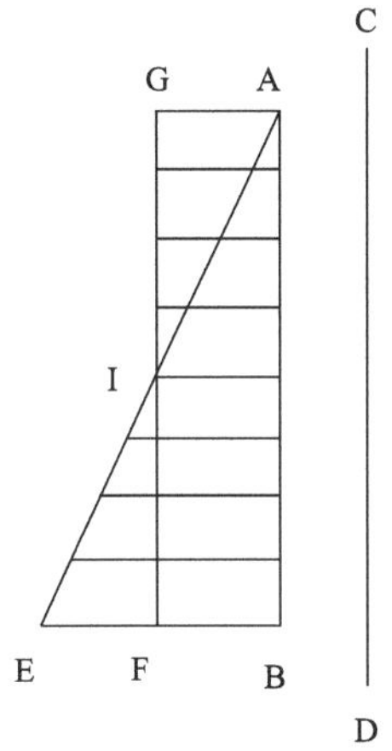

图 2.3　伽利略证明平均速度所使用的图形

为什么与胡塞尔的滞留或柏格森的绵延密切关联的对运动的感知反而在运动的几何学研究中失去了时间这一重要的维度呢？事实上，结论在前面已经说过了，即当学者用几何学图形符号表征对运动的感知的时候，这种记忆是柏格森所说的习惯记忆。例如图 2.2，即奥雷姆用一条直线表征时间，此时的时间是以“线”的意义来延伸的，那个时间只是直线上诸相同点的重复，相当于用空间上相同的点做记号的习惯记忆，而胡塞尔的滞留或柏格森的绵延是变异的、不可重复的延续，只有不可重复的“变异”或“变化”才符合我们关于运动的本义上的感受。同理，奥雷姆在图 2.2 中对各种运动的几何表示所使用的时间线都是一种同质点的重复，而非异质的“变化”，它们同样不符合关于运动本义上的直觉。那些同质点的重复与其说是“时间”的，还不如说是“空间”的，因此，研究者很容易在考察落体运动的强度的时候用空间距离来替换时间，因为在空间直观上，随着物体下落距离的不同而速度不同这一点也是可直观的。关于这一点柯瓦雷也曾提到过：“毕竟，在空间中去看，也就是说，去想象，比在时间中去思考要更为容易，也更为自然。”①但是，用空间来表征运动，最后观察到或更准确地说记忆到的只是运动的结果、运动的过程，或者说关于运动的物象记忆完全被消除了。这样，运动的几何学化取消了内时间与关于运动感知的先验联系。柏格森说：“运动是这种貌似同质绵延的生动逼真的象征……运动物体的先后位置确实占有着空间。但是这个物体由一个位

① 〔法〕亚历山大·柯瓦雷：《伽利略研究》，刘胜利译，北京大学出版社 2008 年版，第 105 页。

置过往到另一个位置的过程却是空间难以容纳的，它是一种在绵延中展开的过程，只有对一位有意识的观察者而言，它才是实在的。”[①]更为难得的是，柏格森在分析完匀速运动和变速运动后说，它们“所涉及的只是空间中曾经过的种种间隔……保留的是不动性”[②]。因此，笛卡儿和早期的伽利略以及其他学者用几何学研究落体运动时，忽视本身与运动感知密切相关的时间应该是情理中之事。从这里也可以看出，几何学处理静力学有它的优势，处理动力学却难以捕捉运动的过程。

第四节　伽利略斜面实验中时间的测量让“时间”失而复得

伽利略后来在落体运动中终于引入时间参数，也就是把第三节图 2.3 中的 AB 线当作时间线[③]，最终得出“如果一个物体从静止出发并以匀加速运动下落，它在任意时间中通过的距离正比于时间的平方，即距离之比等于时间平方之比”这一结论。伽利略后来是如何把图 2.3 中的 AB 线由空间距离轴换成时间轴的呢？柯瓦雷认为是“运动所涉及的是某种在时间中产生的现象”这一直觉才使得伽利略能够避免笛卡儿和他自己的错误。[④]这个解释很勉强，难道说伽利略以前就没有这样的直觉吗？我认为它与伽利略在斜面实验中对时间的测量有关系，与落体运动的时间的量化也有关系。

伽利略曾在其做斜面实验中对于物体滚落斜面的距离与时间的关系进行了一百多次测量。通过这个实验，他相信他已经确立了自然加速运动的科学原理。他写下实验过程及实验所用仪器[⑤]，但伽利略没有为我们提供他的数据样例，以至于伽利略的实验被后人质疑。早在伽利略时代，梅森神父就曾怀疑伽利略是否真的做了斜面实验，因为伽利略从未谈起过它们，而且给出的比例往往与实验证据相矛盾。柯瓦雷认为伽利略的落体运动定律完全是一个理论上的数学推论，伽利略所构想的斜面实验只是对其理论的猜想性的验证，而且其实验根本就是不可能的，因为伽利略根本不

① 〔法〕亨利 · 柏格森：《时间与自由意志》，冯怀信译，安徽人民出版社 2013 年版，第 89 页。
② 〔法〕亨利 · 柏格森：《时间与自由意志》，冯怀信译，安徽人民出版社 2013 年版，第 96 页。
③ 〔法〕亚历山大 · 柯瓦雷：《伽利略研究》，刘胜利译，北京大学出版社 2008 年版，第 168—172 页。
④ 〔法〕亚历山大 · 柯瓦雷：《伽利略研究》，刘胜利译，北京大学出版社 2008 年版，第 178 页。
⑤ 〔意〕伽利略：《关于两门新科学的对话》，武际可译，北京大学出版社 2006 年版，第 164—165 页。

能对时间进行精确的测量。这样，在柯瓦雷看来，伽利略完全是一个理论分析家，而不是将问题直接诉诸实验经验的人。

> 在《对话》发表之前，马兰·梅森已经看过该实验的依据，但是该依据缺少实验细节。据此他尝试进行该实验；也许是一些概念上和实验上的一些失误的结合导致他最后断定：“那些对伽利略先生的关于斜面上下滑运动的探索经验的质疑……经验并不能成为一种科学”。也许是从梅森的线索中受到了启发，亚历山大·柯瓦雷不久前就对“伽利略在实验方法上那惊人却可笑的匮乏”进行了评论：“一个在光滑无摩擦木槽上滚动的铜球！一个装满了水的容器开了个小孔，水通过小孔流出来，并且被收集到一个小玻璃杯里面以便之后估量从而测量出铜球滚下的时间（克特西比乌斯的罗马水钟，早已成为一个好得多的仪器工具）：简直是错误和失准之源的累积啊！”①

如今，对这个问题的看法已经发生了彻底变化。1961 年，塞特尔设计并做了一个实验，它几乎就是伽利略在《关于两门新科学的对话》中所描述的实验的精确复制。在报告中，塞特尔认为，正如伽利略所说，时间测量的结果很容易准确到脉搏跳动的 1/10。其他人也证实了塞特尔的结果，因此伽利略落体运动的理论具有坚实的实验基础。如果确如塞特尔所考证的，那么，柯瓦雷把伽利略看成一个完全的理论分析家的结论就会被颠覆。更为重要的是，我们从伽利略的时间测量的实验中可以找到他对运动的考察与时间的必然遭遇，此为他重新把第三节图 2.3 中的 AB 线当作时间线奠定了一个坚实的基础（需要注意的是，此时的 AB 时间线与奥雷姆的时间线一样，同样也不是与本义上的运动直接相关联的时间）。因此，看上去伽利略在《关于两门新科学的对话》中关于落体运动的分析是一个完全理论上的分析，实际上其中已经隐藏了伽利略对落体运动的时间测量的经验，其中的哲学蕴含还有待阐明。

时间的测量没有直接的办法，只能通过工具加以间接地测量。这种工具在早期必须满足如下两个条件之一。①一个稳定且均一的过程。例如，天体稳定地运行或者均匀的水流，但天体的运行不能测度落体运动那样短

---

① Thomas B，Settle: An Experiment in the History of Science，*Science*，*New Series*，Vol. 133，No. 3445，1961，p. 20.

的时间间隔。②一个其本身虽不均一，但是能自动重复的过程。例如单摆，伽利略在钟摆运动中发现，虽然一个钟摆会在摩擦和空气阻力的作用下最终停止，但它仍然会完美地重复相同的摆动过程，即使在空气中它的振幅会衰减，它的振动周期还是一样的。不过，伽利略并没有用他发现的单摆来测量落体运动的时间而是用传统的水钟测定时间，后来是惠更斯制造出来精确的摆钟来测定斜面实验中铜球滚动的时间[①]。

前文已多次说明，内时间意识因为是变异性的滞留聚合体，所以是不能被测量而使之量化的。现在，滞留的器具化，使得内时间意识中差异化的、不可重复的"滞留"成为一种可重复的、可反复加以认同的"记忆"，从而为时间的测量和量化奠定了基础。因此，无论是伽利略斜面实验中通过水钟来测定时间，还是后来惠更斯使用单摆测定时间，他们都完成了相同的对于时间的滞留的器具化过程。滞留被器具化之后，器具化的滞留与"滞留"本身十分不同，当我们习惯于器具化的滞留之后，我们甚至忘记了原初的滞留。但是，器具化滞留生成了一种新的异化了的客观时间，这种客观时间是可以被量化的。也就是说，通过器具把流变的内时间意识凝固后，时间成了一个可以量化的对象，从而生成一系列的"数"。此时才为康德对算术做先验演绎时把时间当作"数"的图形奠定基础。因为对于任何自然数而言，实际上就是对"1"的多次重复。康德说："一般量的概念无人能做别的解释，只能解释为：量是一物的这种规定，它使我们能思考物中被设定了一（Eine）的多少倍。只是这个'多少倍'是建立在相继而来的重复之上，因而是建立在时间和时间中（同质东西）的综合之上的。"[②]如此，我们才能以一种形式化的时间对现代物理学意义上的运动加以直观，才能彻底回到把时间与运动密切地联系在一起的亚里士多德对时间的定义：时间是运动的数目。对落体运动感知上滞留的器具化重构使得时间可以无限次地同质重复，此时使得图 2.3 中的由无限重复的点组成的时间线具备了物理学上客观时间的意义，为伽利略后来对落体运动的数学理论分析奠定了基础。当然时间与数的联系绝不是在伽利略的单摆或克特西比乌斯的水钟发明出来以后才有的，只是单摆发明出来之后对像落体运动那样很短的时间段能够得到精确地测量，很短的时间段出来之后为人们重构落体运动的时间奠定了基础。可以说，伽利略的单摆或水钟制造出来了一

---

① Koyre A，An Experiment in Measurement，*Proceedings of the American Philosophical Society*，Vol. 97，No. 2，1953，pp. 233-234.

② 〔德〕康德：《纯粹理性批判》，邓晓芒译，人民出版社 2004 年版，第 220 页。

种均质的可重复的时间，这种时间为科学家做出预言奠定了基础。胡塞尔评价伽利略时说：“借助于纯数学和实践的测量技艺，我们能够对一切在形体世界中以这种方式伸展的东西作出一种完全新的归纳的预言，即能够根据已知的、被测定的、涉及形状的事件，以绝对的必然性对未知的、用直接的测量手段所达不到的事件作出‘计算’。于是，这个与世界相疏远的观念的几何学变成了‘应用的’几何学，并且，在某种程度上可以说，变成了认知实在的东西的一般方法。”①

伽利略对落体运动加以测量所涉及的意识综合过程，按照斯蒂格勒的器具化滞留的综合理论，器具化滞留（第三记忆）在康德“概念中认定的综合”中起了非常重要的作用。

康德在其《纯粹理性批判》中实现了认识论中的哥白尼革命，即从“我们的认识符合外在的对象”转换为“让外在对象符合我们的认识”，这就提出了一个知识的主观演绎的问题。我们要有知识，必须先有三种东西，一是所与的杂多，二是想象力的一种综合，三是知性把这个综合带到概念中去的活动。这三种综合活动分别称为“直观中领会的综合”“想象中再生的综合”“概念中认定的综合”，即康德著名的“三重综合”理论。康德说：“假如每一个单独的表象都与另一个表象相疏离，仿佛是孤立的和与之相分离的，那就任何时候也不会有像作为各种相比较和相结合的表象之整体而存在的知识这样的东西产生出来。因此如果我由于感官在其直观中包含杂多性，就把一种概观赋予感官，那就任何时候都有某种综合与这个概观相应，而接受性只有与自发性相联结才能使知识成为可能。于是这种自发性就是在一切知识中必然出现的某种三重综合的基础，这就是：作为在直观中内心的各种变状的诸表象的领会的综合，这些表象在想像中的再生的综合，以及它们在概念中的认定的综合。于是这三重综合就对知识的三种主观的来源提供了一个指导，而这三个来源本身就使知性、并通过知性而使作为知性的一个经验性的产物的所有经验成为可能。”②

第一种综合称为“直观中领会的综合”，在知识的形成过程中，我们首先获得的是直观的杂多。按照康德的看法，现象是能够被直接给予我们的唯一的对象，凡是在现象中直接与对象相关的就叫作直观，而每一种直观中都包含有某一种杂多，领会的综合就是提供杂多之为杂多的综合。他

---

① 〔德〕埃德蒙德·胡塞尔：《欧洲科学危机和超验现象学》，张庆熊译，上海译文出版社 2005 年版，第 44—45 页。

② 〔德〕康德：《纯粹理性批判》，邓晓芒译，人民出版社 2004 版，第 113—114 页。

说："每一个直观里面都包含一种杂多，但如果内心没有在诸印象的一个接一个的次序中对时间加以区分的话，这种杂多却并不会被表象为杂多：因为每个表象作为包含在一瞬间中的东西，永远不能是别的东西，只能是绝对的统一性……（如在空间的表象中那样），就有必要首先将这杂多性贯通起来，然后对之加以总括，我把这种行动称之为领会的综合。"[①]也就是说，我们之所以产生一种杂多表象，就在于这里首先有一种领会的综合。如果没有这种综合，每一个被给予我们的表象都"被包含在一个瞬间的"、互相没有任何关系的时间关系之中。因此，在杂多之为杂多中，我们发现了一种纯粹的把握的综合构成了这种杂多表象的先天条件。例如，假想我们正在观察在一张纸上画出的线，线的各个部分既是时间的也是空间的，被一个接一个和孤立地给予我们，因此，如果我们的心灵不把它们集中在一起，我们就不会感知到一条线。因此，领会的综合是一个时间的问题：直观的杂多之所以需要被整理，是因为我们的所有表象都受制于内感官中时间的支配："我们的一切知识作为这样一种变状，最终毕竟都是服从内感官的形式条件即时间的，如它们全都必须在时间中得到整理、结合和发生关系。"[②]康德的直观中领会的综合的时间相当于胡塞尔的内时间意识中的当下感知、滞留和前摄组成的一个彗核结构，不过康德并没有这样的时间意识，他的时间意识还是机械化的时间或绝对的时间。这样，在康德那里的直观中领会的综合就会与他的第二种综合相纠缠。

第二种综合是"想象中再生的综合"："那些经常相继或伴随着的表象最终互相结为团体，并由此而进入某种联结，按照这种联结，即使没有对象的在场，这些表象中的一个也根据某种持久的规则而造成了内心向另一个的过渡。"[③]领会所包含的不只是把所给予出来的东西在其被给予的那个瞬间呈现出来，还得让它持续一段时间，成为一个过程。也就是说，我们必须把所曾给予的东西保留或再现在我们心灵之前。这就得依靠我们通常所说的记忆："假如我总是把先行的那个表象（直线的前一部分，时间的先前部分，或是相继表象出来的那些单位）从思想中丢失了，并且我在进到继起的表象时没有把先行的表象再生出来，那就永远不会产生出一个完整的表象，也不会产生上述思想中的任何一个，甚至就连空间和时间这两个最纯粹和最初的基本表象也不可能产生出来了。"[④]这里的记忆不是胡塞

① 〔德〕康德：《纯粹理性批判》，邓晓芒译，人民出版社 2004 版，第 115 页。

② 〔德〕康德：《纯粹理性批判》，邓晓芒译，人民出版社 2004 版，第 114—115 页。

③ 〔德〕康德：《纯粹理性批判》，邓晓芒译，人民出版社 2004 年版，第 115 页。

④ 〔德〕康德：《纯粹理性批判》，邓晓芒译，人民出版社 2004 年版，第 116 页。

尔内时间意识中的“第一记忆”，而是“第二记忆”，即已经有了“过去”时间意识之后得到定义的“回忆”，是次生的回忆，而不是原生的新鲜的回忆；它的功能是使过去发生的事情再当下化，而不直接的是当下，而原生回忆直接的就是当下。但是，如果我们的心灵活动依赖于时间，或受时间控制，那么就会失却心灵活动的主动性。显然，康德的想象中再生的综合是含有心灵活动的主动性的含义的。因此，这里康德很容易把“再生”这一能力与第一记忆或滞留的能力混为一谈。例如，康德说：“所以，领会的综合是与再生的综合不可分割地联结着的。”[①]正是在这里，斯蒂格勒对康德予以批判：“确切地说，康德没有能够将第一持留从第二持留中区分出来……在谈论‘领会’，即第一持留的现象的篇幅里，康德认为他是在描述再现的综合，而第一持留显然不应当与构成‘再现的综合’之精要的第二持留相互混淆。”[②]

第三种综合是“概念中认定的综合”。在德文中“概念”（begriff）的字面含义是“抓住”“把握”的意思，“就是这样的一个意识，把杂多逐步地，先是把直观到的东西，然后把再生出来的东西，都结合在一个表象中”[③]。这样，“概念中认定的综合”实际上是通过意识的统一性实现的。在康德看来，在我们直观的和再生的表象之间，如果没有一种“惟有意识才能给它带来的那种统一性”，那么，这种直观和再生将是转瞬即逝的，我们把握不到同一个东西，“假如不意识到我们在思的东西恰好正是我们在前一瞬间前所思的东西，那么一切在表象系列中的再生就都会是白费力气了”[④]。因为，在我们的思维中会出现一个完全不同的新的表象，由此杂多表象就无法构成一个整体。例如，“如果我在数数时忘记了，现在浮现在我面前的那些单位曾是被我一个挨一个地加上去的，那么我就不会认识到和数是通过一个一个的连续相加而产生的，也就认识不到数目；因为数目这个概念只在于对这种综合统一的意识”[⑤]。因此，概念中认定的综合实际上要由先验的概念来保留那些稍纵即逝的直观和再现，使之得以保留同一性。虽然康德没有明说概念乃是由器具性的“文字”来表征的，但他明显有器具性的文字在形成同一个对象中起了非常重要的作用这个意思，

---

① 〔德〕康德：《纯粹理性批判》，邓晓芒译，人民出版社2004年版，第116页。

② 〔法〕贝尔纳·斯蒂格勒：《技术与时间3——电影的时间与存在之痛的问题》，方尔平译，译林出版社2012年版，第56页。

③ 〔德〕康德：《纯粹理性批判》，邓晓芒译，人民出版社2004年版，第117页。

④ 〔德〕康德：《纯粹理性批判》，邓晓芒译，人民出版社2004年版，第117页。

⑤ 〔德〕康德：《纯粹理性批判》，邓晓芒译，人民出版社2004年版，第117页。

所以“概念中认定的综合”必然要涉及器具化文字这样的“第三记忆”。

可见，康德的三种综合实际上是三种滞留的另一种表述方式。“直观中领会的综合”和“想象中再生的综合”只有在第三种综合，也即“概念中认定的综合”里才能铸就它们的统一性：“认定的综合”将前两种形式的综合（也即两种形式的滞留）融合进统一化了的意识流之中。康德将这种意识流的统一性命名为“统觉的统一性”。换言之，“第三种综合的功用在于使构成某一意识的所有第一持留和第二持留变得可以相互兼容，而且无论这些第一持留和第二持留具有怎样的多样性，该意识总是同一种意识。通过这些第一持留和第二持留，该意识得以构建，并处于流变之中。第三种综合对前两种综合进行配置和剪辑（从某种意义上说，前两种综合是一些样本和模板），使二者成为同一个独一的时间流——这一切在某种程度上就使‘意识犹如电影’，投映到它的未来时刻”①。

伽利略对落体运动加以测量，按照斯蒂格勒的器具化滞留的综合理论，我按照他在论述器具化滞留（第三记忆）在康德认定的综合所起作用时说过的一段话来仿写如下：

> 落体运动意识若要成为伽利略所拥有的意识，其前提条件必须是与落体运动密切相关的时间能够以水流的形式外在化和客观化。显而易见，伽利略关于落体运动意识流的时间测量的数字记录是对落体运动意识活动进行分析的首要条件。这一数字记录导致了伽利略的时间转向。他的测量与记录也就是他对运动的剪辑，将剪辑后的运动展现在他面前，也就是承载着他思想的数字之上，那是真正意义上的“知性的拐杖”。

这样，“落体运动”由内在的私下体验变成了可数量化的认知对象。

值得说明的是，通过时间的量化而把握到的落体运动的含义并非就是原初直观的落体运动的含义，所以现代物理学中的“加速度”是一个远离直观的概念，一些高中生无法理解加速度概念，只能记住加速度公式机械性地做一些计算题。

① 〔法〕贝尔纳·斯蒂格勒：《技术与时间 3——电影的时间与存在之痛的问题》，方尔平译，译林出版社 2012 年版，第 59 页。

第三章　动力学中“力”的技术介入研究

伽利略关于落体运动规律的发现为牛顿正确地建立他的动力学理论奠定了非常好的基础，因为牛顿第二定律就是说：运动的变化正比于所施加的推动力，变化的方向沿着所施加的力的直线方向。牛顿第二定律写成公式即 $f = m\frac{d^2s}{dt^2}$。从这个公式可以看出，作为过程量的时间是“力”的科学定义的一个基本的因子。也就是说，在“力”的科学定义中，它变成了一个与时间的流逝有关的“过程量”。作为过程量的“力”远离了我们的直觉感知，是一个非常抽象的概念。如何还原出作为过程量的“力”的心理感受状态由此就变成一个非常重要的问题。本章就从牛顿第一定律（即惯性定律）的心理还原开始。

第一节　笛卡儿惯性定律的现象学证明

笛卡儿在其《哲学原理》中论述过物理学中的惯性定律，它把现代物理学中的惯性定律（每个物体都保持其静止或匀速直线运动状态，除非有外力作用于它，迫使其改变那个状态）分两部分来加以叙述，即第一自然定律和第二自然定律。第一自然定律是说：“凡物就其为简单的和未分化的事物而言，如果按其自身来考察，则将永远处在同一状态中，这种状态取决于该事物。”[①]第二条自然定律是说：“任何运动着的物体本身都力求按直线运动，而不按曲线运动。”[②]通常学习物理学的人都会把惯性定律当作公理，也就是不证自明的道理，但斯宾诺莎在《笛卡尔哲学原理（依几何学方式证明）》一书中还是做了证明。这个证明虽然引入了神秘因素，如上帝（上帝是笛卡儿由纯粹主体到客观世界的必要桥梁）[③]，但作为一

① 〔荷〕斯宾诺莎：《笛卡尔哲学原理》，王荫庭、洪汉鼎译，商务印书馆 1980 年版，第 101 页。

② 〔荷〕斯宾诺莎：《笛卡尔哲学原理》，王荫庭、洪汉鼎译，商务印书馆 1980 年版，第 102 页

③ 斯宾诺莎对笛卡儿第一自然定律的证明如下：“既然一切事物只有借神的助力才能在一定的状态中存在，而神在自己的事业中是绝对不变的，则如果不注意任何外部的即特殊的原因，而按事物本身来考察事物，则应当肯定，它将永远处在现今的状态中。”（斯宾诺莎：《笛卡尔哲学原理》，王荫庭、洪汉鼎译，商务印书馆 1980 年版，第 101 页。）

个证明它仍然是有意义的，因为他至少是试图为惯性定律寻找一个基础，就像数学家为大家都认为清清楚楚的自然数寻找基础一样，哪怕这种寻找是如早期胡塞尔一样在心理学领域中寻找。不过，我认为，整个笛卡儿的惯性定理可以建立在笛卡儿的"心物二分"的论证基础上的。如果笛卡儿的"我思故我在"的论证是确定无疑的，那么其派生结论（笛卡儿惯性定律）论证也就是确定无疑的。另外，笛卡儿惯性定律的证明中的神秘因素，本书试图把它在对笛卡儿论证的现象学的改造上消解。这里，只能对笛卡儿第一自然定律进行考察。

笛卡儿通过其普遍怀疑的方法，即感觉的东西都是值得怀疑的，观念领域中的东西也是值得怀疑的（如"2+3=5"这种观念规律是不是由于某个天才的魔鬼让我相信这样），而唯有"我在怀疑"这一怀疑的活动是没有办法怀疑掉的，由此他得出了著名的"我思故我在"的结论，并进一步得到了心物二分的结论，这也奠定了科学化的主体哲学的地位。笛卡儿的"我存在"或"我"仅仅是就动词意义上的"思想"而言的。因此，我们可以进一步说，思想中的"我"构成所有知识确定性的前提。我对于我自身以外的事物绝对没有做判断，它所谈论的只是在我们自身之中发现的东西。因为"我"的本质就是在于思维，所以，严格说来，我们所能清晰地认识的东西只是在我自己的思维之中。笛卡儿说："不论在任何场合，我们知道一种事物时，同时必须更确乎知道我们自己的心。例如，我如果因为触着地球，看到地球，因而判断地球是存在的，则我更可以本着同样的根据和更大的理由，相信我的心灵是存在的。因为我虽然以为自己触着地球，可是它也许是不存在的；但是我既然如此判断，则这样判断的心，当然不能不存在。关于呈现于我们心灵的一切物象，我们都可以如此说。"①

我对于我自身以外的事物绝对没有做判断，它所谈论的只是在我们自身之中发现的东西。因为"我"的本质就是在于思维，所以，严格说来，我们所能清晰地认识的东西只是在我自己的思维之中。那么，"思"到底是什么呢？笛卡儿说："所谓思想，就是在我们身上发生而为我们所直接意识到的一切，因此，不只是理解、意欲、想象、就是知觉也和思想无异。"②由此看来，"思"比较确定的就是理解、意欲和想象。笛卡儿进一步确定，我们只有两种思想方式，一是理解，二是意志，此二者也是我们做判断的必备条件。理解诉诸人的知性和理性，而意志则是人的自由的本性，也是

---

① 〔法〕笛卡尔：《笛卡尔思辨哲学》，尚新建等译，九州出版社 2004 年版，第 64—65 页。
② 〔法〕笛卡尔：《笛卡尔思辨哲学》，尚新建等译，九州出版社 2004 年版，第 63 页。

人自由活动的根本源泉。笛卡儿说：“人的主要的完美之点，就在于他能借助意志自由行动，他之所以应受赞美，或应受惩罚，其原因也在于此。……自动的机器虽然可以精确地进行其所适宜的运动，可是它们并不因此为人称赞，因为它们运动的进行，乃是必然的。”[①]可见，只有能动的我思主体有自由意志，可以自我驱使、自我决定。即使是我的身体（最好是说“躯体”）也没有自我驱使和自我决定的能力。它们仅仅依靠器官的相互配置及精气的推动来执行的“无意志”的行为，是人不得不接受、不得不去做的生理动作，如心脏的跳动、呼吸、脉搏、痉挛等种种的肢体、器官的动作。这些动作是否被做出，都不是人能够主动选择的，而且，这些动作的进行也是不需要人的自由意志主动参与的，人在这些动作中完全遵循着既定的体现人的生命体征的机械定律。

人身体之外的“物”的被动性就更是纯机械性的了。笛卡儿说：“至于物体，我决不怀疑它的性质；因为我曾以为我把它认识得非常清楚了，并且如果我要按照我那时具有的概念来解释它的话，我就会这样来描述它：物体，我是指一切能为某种形状所限定的东西；它能包含在某个地方，能充满一个空间，从那里把其他任何物体都排挤出去；它能由于触觉，或者由于视觉，或者由于听觉，或者由于味觉，或者由于嗅觉而被感觉到；它能以若干方式被移动，不是被它自己，而是被在它以外的什么东西，它受到那个东西的接触和压力，从而被它所推动。因为像本身具有自动、感觉和思维等能力的这样一些优越性，我以前决不认为应该把它们归之于物体的性质，相反看到像这样一些功能出现在某些物体之中，我倒是非常奇怪的。”[②]

这样，笛卡儿的第一自然定律的证明就呼之欲出了：“凡物就其为简单的和未分化的事物而言，如果按其自身来考察，则将永远处在同一状态中，这种状态取决于该事物。”[③]因为物的本性就是不思维，无自由意志与自我驱使能力的纯粹“惰性”的、望着使人感到“恶心”（萨特）的东西。可见，笛卡儿的第一自然定律直接就是笛卡儿所证明过的最让人无可怀疑的“我思故我在”的直接推论。这一推论是建立在将“自动性”或“能动性”完全划归为“我思”主体范围之内间接的基础上的，是笛卡儿为灵魂划界，从而也是为物体划界的基础上的第一推论。这一划界与康德的“经

---

① 〔法〕笛卡尔：《笛卡尔思辨哲学》，尚新建等译，九州出版社 2004 年版，第 76 页。

② 〔法〕笛卡尔：《第一哲学沉思集：反驳和答辩》，庞景仁译，商务印书馆 2009 年版，第 24—25 页。

③ 〔法〕笛卡尔：《笛卡尔思辨哲学》，尚新建等译，九州出版社 2004 年版，第 76 页。

验的界限是我们知识的界限”、维特根斯坦的“语言的界限是我们知识的界限”的划界一样。

如果把笛卡儿的第一自然定律建立在笛卡儿的心物二分的基础之上，那么，还有一些关键的问题有待解决。首先，灵魂的能动性的“动”与物体“运动”的“动”是一个意思吗？其次，这里的论证跳过了“上帝”这个中介因素对客观物体世界运动规律的保证，笛卡儿在奠定科学化主体哲学地位的同时，是否越位地奠定了科学化客体哲学（物体哲学）的地位？解决这两个问题，都要放到下面的现象学改造上来。

胡塞尔在其《笛卡尔沉思与巴黎讲演》中指出，笛卡儿通过其努力得出“我思故我在”这一结论，本来笛卡儿可以进入现象学的领域，但是由于笛卡儿像看待外界物体一样来看待主体的“我”，这样他就把一扇刚刚打开的门给关上了。又由于笛卡儿的“我”等同于“我思”，所以最终的问题是笛卡儿将“我思”像看待外界对象一样来看待。这样，笛卡儿把他从主体领域排斥掉的机械论拉回来重新看待自己本身。胡塞尔说：“很遗憾，笛卡尔抱有这样的偏见。由此，通过虽然不起眼但却是后果严重的转向，自我成了一个实体性的思维者，一个具有思维或者灵魂的人。”[①]也就是说，“我思”作为“能思”或者“行思”的主体的“能动性”笛卡儿不但没有充分地揭示，反而在他的自然的目光中给固定住了。胡塞尔对笛卡儿“我思”的现象学的改造就是让“我思”更为本源地“动”起来，这种“动”是一种真正的“主动”或者“能动”，其体现就是“内时间意识”。

胡塞尔的“内时间意识”是建立在对客观时间进行批判的基础上的。胡塞尔的批判最为核心的部分就是我们对客观时间的“过去”、“现在”和“将来”的机械划分过于粗糙，甚至这种划分本身就是以一个不以主观意志为基础的客观时间为标度进行划分的。例如，“过去”就是对于过去时间发生事件的“记忆”或“回忆”；“现在”就是对现在当下发生的事件的“感知”；“将来”就是对未来时间中发生事件的一种“展望”。这样，就是拿客观时间来定义我们自己的意识活动：“回忆”“感知”“想象”等，这对于时间构造而言就是本末倒置。胡塞尔的意思是我们要在本源性的意识活动中“直观”到时间，这就要通过人先验所具有的感知能力和想象能力（“回忆”能力实际上就是想象能力，在康德那里是“再生性想象”，另

① 〔德〕埃德蒙德·胡塞尔：《笛卡尔沉思与巴黎讲演》，张宪译，人民出版社 2008 年版，第 61 页。

外还有一种“创生性想象”可以构成对将来的展望能力），而且要求它们“同时”发生（本来不能用“同时”这个词，但做现象学描述时不得不用），只有这样我们才能当下直观到时间。那么，感知与想象如何能够同时发生呢？

胡塞尔时间意识现象学的关键点在于：我们不必借助于派生性的“想象”（“感知”是原生的，“想象”是建立在“感知”基础上，因此是派生的），仅仅凭借对“现在”的“感知”就能够明见地意指到刚刚发生的过去。这样“现在”就从对客观时间进行机械划分的一个抽象的点，拉伸成为主体创生性的一个具有延伸性的“域”。在这个“域”内“同时”发生着“新鲜回忆”或“原本性回忆”（后来胡塞尔改为现在学术界所称的“滞留”）、“当下感知”和“前摄”这三种意识活动。正是这三种本源性的意识活动构造出来了，甚至可以更为恰当地说是创造出来了内时间。这种“创生性”我们通过对比“滞留”与“回忆”的区别可以更为明确。“滞留”或“新鲜回忆”是出于“现在”这一原初时间域之中的刚刚过去的意识，是直接与当下感知相衔接的，这种对过去的意识也是“原初的”，而不是派生的，因此仍然保持某种程度上的活力，“其目的在于构造连续性，乃至意识流的统一”[①]。“回忆”则是在想象中对过去感知之物在当下这一时刻重新回想一遍。例如，我昨天逛过书城，今天我可以再现当时购书的情景。所以，“‘回忆’所涉及的是一个被构造了的时间客体”[②]，“回忆”是以客观时间中的“过去”为基础的，而“滞留”或“新鲜回忆”却在创生着时间中的“过去”。内时间意识现象学是整个胡塞尔时间现象学的核心，其主要成就在于找到了创生时间的意识活动的连续统，可以把它称为“内时间”，然后意识活动的对象化则被称为“内在时间”[③]。总之，胡塞尔将客观时间还原到了以人的本源活动为基础的内时间，这种内时间甚至可以等同于创生它的那些本源的以连续统方式出现的意识活动，因此也称为“内时间意识”。这样，我们就可以在“时间”层面上来看“动”内外内涵。内在的层面已经论述清楚，下文再看外在的层面，即物体运动的“动”。

---

① 倪梁康：《胡塞尔时间意识分析中的“滞留”概念：兼论心智与语言的关系》，《现代哲学》2007年第6期，第77页。

② 倪梁康：《胡塞尔时间意识分析中的“滞留”概念：兼论心智与语言的关系》，《现代哲学》2007年第6期，第77页。

③ 倪梁康：《胡塞尔早期内时间意识分析的基本进路》，《中山大学学报（社会科学版）》2008年第1期，第106页。

外在物体运动的“动”所涉及的是客观的时间。胡塞尔本人并没有像内时间意识构造那样遵从一个严格的现象学描述把客观时间给构造出来，胡塞尔所说的客观时间还是一种内在的客观时间，是每一个主体都能反思把握到的一个时间流，它还不是自然科学所要研究和讨论的客观时间。虽然内在的客观时间不是自然科学中的客观时间，但主体间能够共同把握的客观时间是自然科学所研究和讨论的客观时间的基础。因为自然科学中研究的客观时间是以视觉空间中物体的运动为参照的，如水流的流动、太阳延续的运动、手表指针延续的跑动等，然而，按照康德的说法，你如果没有先验时间这一感性范畴，你甚至都不能感知到物体的运动，只是胡塞尔把康德的时间范畴用现象学的方法给重新构造出来了。当然，自然科学所研究的时间是依据视觉空间中物体的运动，反过来对通过现象学方法所构造出来的客观时间流加以精确刻画的产物。例如，太阳东升西落的周期为一天、分针转一圈为一小时等。也可以这样说，自然科学的时间只是现象学时间精确化的结果。

现在终于可以回答第一个问题了：灵魂的能动性的“动”与物体“运动”的“动”是一个意思吗？从时间的构造来看，能动的意识活动构成能够等同于其本身的内时间，内时间继续构造出内在的客观时间，这种内在客观时间成为感知外在物体运动的条件，我们甚至可以用科学的办法设定一个可以精确计算的外在客观的时间，然后用这种外在的客观时间衡量外在物体运动的快与慢。因此，从时间的绝对来源上说，我们能够在相同的意义上使用那两个“动”。由此，为笛卡儿第一自然定律的证明创造了一个基本条件。

但是，上面的结论还是留给人一种怀疑，总感觉那是一个非常内在的论证。如果反过来，像后现代主义哲学家解构主体那样，从外在物体的位置移动入手建立时间和运动的概念，他们还可以反过来说，胡塞尔的意识活动的“动”反而是对位置移动的“动”的一种误用。胡塞尔的现象学确实有其不够严密的地方，至少他没有在文字上对意识活动的“动”含义做出现象学还原的澄清。胡塞尔只是说，只要你是一个人，你就可以反思到这种活动。如你看一个东西的时候，你可以反思到你看的活动；你做出一个判断的时候，你可以反思到你判断的活动；你怀疑的时候，你可以反思到正在怀疑的活动等。所以，在胡塞尔那里总是有意识活动的优先性。意识活动指向的对象是通过意识活动对被动给予的感觉材料加以“立义”而“设定”的。如打电话时，我把电话里传过来的声音立义成我熟悉的一个人。因此，在内时间意识现象学的描述中，胡塞尔首先要声明，创生内时间的意识活动的连续统并不是这些意识活动所意向的感觉材料(如听到的一段旋律)延续的连续统，胡塞尔在强调自己与经验主义心理学时间的界限时就经常说到“感觉的延续”与“对延续的感觉”是极为不同的两回事，而且“对延续的感觉”是“感觉的延续”的前提。[①]自然科学所言的精确的客观时间，其建立则依赖的是“感觉的延续”，而且依赖的是对具有存在设定的外在对象的感知的延续，如果真的像自然科学那样从外在对象的感知入手，即倒果为因，会给我们的论证带来一定的困难，但这里还是要加以澄清。

如果我们以外界物体的位置的移动来讨论“动”或者“运动”，我们不会有绝对的运动的概念。我们甚至可以否定运动，从而消解时间。古代伟大的芝诺就做过这种事情，他认为“运动”是不可能的。笛卡儿在论述物质广延世界的运动规律的时候也曾消解过时间这一因素。由于本书论述的笛卡儿的惯性定律，加之笛卡儿对时间的消解也与之相关，这里对这个问题就稍做解释。

笛卡儿的“运动”一概念具有特殊的含义。虽然笛卡儿相对于亚里士多德而言在很窄的含义上理解物质世界的“运动”，即在位置的变化意义上理解运动，但是笛卡儿的“位置”是与“广延物”联系在一起的，其“位置”一定是物所占据的空间位置，而不是相对于绝对空间中的一个指定位置。因为笛卡儿认为“位置”是相对的。例如，一只船行驶在河上，一个人坐在船尾，我们如果注意船的各部分，则那个人可以说是永远停留在一个位置，因为他相对于这些部分来说，是保持其同一位置的。另外，如果我们注意邻近的两边的河岸，则那个人又似乎在不断移动其位置，因为他是不断远离这一岸而趋近于那一岸的。所以，笛卡儿说：“位置和空间这两个词用‘占场所的物体’这个词所指示的并非真正相异。”[②]既然“运动”不是绝对空间中位置的变动，而是与广延物纠缠在一起，那么“运动”到底是什么呢?

笛卡儿对“运动”的定义是这样的：“我们可以说，所谓运动，乃是一个物质部分(或物体)由其紧相邻接的物体(或我们认为静止的物体)，移近于别的物体的意思。”[③]需要注意的是，笛卡儿的定义完全是从一个结果性的“状态”上来描述“运动”，它是空间物体位置结构变更的状态。

---

① 〔德〕埃德蒙德·胡塞尔：《内时间意识现象学》，倪梁康译，商务印书馆 2009 年版，第 54 页。

② 〔法〕笛卡尔：《笛卡尔思辨哲学》，尚新建等译，九州出版社 2004 年版，第 106 页。

③ 〔法〕笛卡尔：《笛卡尔思辨哲学》，尚新建等译，九州出版社 2004 年版，第 113—114 页。

运动作为状态量，最终的体现是在物体位置的交换之中。考虑到“位置”是与广延物联系在一起的，这样“由其紧相邻接的物体”来确定“位置”就是极具相对性的。这里说的“极具相对性的”是相对于日常我们理解的相对运动而言的。因为日常我们所理解的相对运动，如我坐在船上相对于船静止，相对于岸运动，这种运动还有个延续的过程，其参照物与运动物体可以离得很开。而笛卡儿的“极具相对性的”则根本没有这个延续的过程，因为“紧相邻接的物体”本身，根据笛卡儿的空间与广延同一的理论，其由广延物所充斥的空间是极具异质性的，与运动物体紧相邻接的物体随处都在变动，这样的运动只能是瞬时相对的。这种瞬时相对的运动实际上与“静止”无异。最终，笛卡儿的物体的运动是没有时间性的。对于笛卡儿本人来说，他确实不重视物体世界的“时间”这个因素，时间也没有成为他的运动规律的一个内在的因素。这使得他在研究自由落体运动规律的时候虽然与伽利略使用了一模一样的图解，但是未能成功地推导出正确的落体定律，柯瓦雷在《伽利略研究》一书中不无惋惜地好几次说：“因此，就在他已经完全阐明了运动的观念，已经成功表述出了惯性原理这一近代科学的基本原理的同时，他竟然放弃了落体问题！我们已经说过，原因就在他不懂得保持平衡：通过将广延与物质相等同，他已经用几何学取代了物理学。再强调一次，彻底几何化，时间的取消，正是由于这些原因，关于清楚观念的物理学，一种向柏拉图回归的物理学，最终导致了失败。”①

笛卡儿对客观世界物体运动的时间的消解可以看出，以外界客体为参照不可能绝对地建立起延续性的时间，甚至连延续性都建立不起来。然而，胡塞尔的内时间现象学则不同，他是从对“延续的感知”的内在体验入手建立起时间，然后用建立起来的时间去捕获“感觉的延续”，这样就可以避免芝诺悖论对运动的否论和前文笛卡儿对时间的消解。

现在回到第二个问题：笛卡儿在奠定科学化主体哲学地位的同时，是否越位地奠定了科学化的客体哲学（物体哲学）的地位？也就是说，笛卡儿对我思的能动性的证明如何能够保证对客观物体被动性的证明以科学性，因为我们最终能够澄清的是我们意识领域中的事情，这里直接把它推及外界物体，又不像笛卡儿那样至少还拿上帝做中介越出意识领域而至客观世界之中，所以确实给人以越位论证的感觉。这里有必要通过现象学的悬置的办法修正一下笛卡儿的论证，使它内化并达到合法化。当然，另外

---

① 〔法〕亚历山大·柯瓦雷：《伽利略研究》，刘胜利译，北京大学出版社 2008 年版，第 153 页。

一种途径是用彻底外化的办法进行证明，它也是合法的，但是所有纯粹外在科学的论证不足以证明惯性定律，否则后人不会把它当作公理。因此，下文试图通过现象学的修正来为笛卡儿证明加以辩护。

“认识如何能够确信自己与自在的事物一致，如何能够切中这些事物？”[①]这是一个哲学千古难题，胡塞尔在《现象学的观念》一书中一开篇就如此发问，而且他设置了一系列的现象学方法试图解决这一问题，甚至毕生的努力都在围绕解决这一问题展开。针对这一问题，胡塞尔在《现象学的观念》的第一讲中进行了对自然的思维态度的批判，然后对所有自然思维态度中的东西加以悬置，把所有的认识局限在与我能动的意识活动相关的领域内加以研究。这就涉及对与意识活动相关的“物”的概念的澄清。

胡塞尔的早期现象学并没有涉及对通常意义上的“物”的构造，在《逻辑研究》中他主要是对“范畴对象”加以构造，但是通过范畴对象的构造，胡塞尔澄清了意识意向性活动的基本结构。这里不妨简要叙述一下这一过程。胡塞尔最初是对自然数加以构造，例如“2”，我可以接受很多被动给予的成双成对的感觉材料，如“一双筷子”“一双手”“一双眼睛”“一对夫妻”等，我可以形成“2”的意义，但在《算术哲学》中胡塞尔把这样的“2”的意义内涵于意识活动之中，结果被弗雷格指责为对数进行了心理学的还原，必不能保证数学真理的必然性。于是，胡塞尔对心理主义进行批判，在《逻辑研究（第二卷）》中他迈出重要的一步，就是把意识活动的“实项的”内容（对感觉材料予以立义的意义）与其所指向的对象区分开来[②]，这样，作为观念对象的“2”以一种立于意识活动的对立面的方式呈现给意识，从而让人直观到。如此，算术演算的“必然性”使得数学对象展现出具有意识无法操控的“受迫性”，因此我们可以确信数学对象可以外在于精神活动而持存。然后，这一意指观念对象的模式也可以用来意指我们通常意义上的“物”。因此，通过现象学的悬置方法对物的实在性加以悬置后的“物”是与意向活动相对而立的被意指的东西。反过来说，这种东西通过一种对意识的对抗让意识对它有所意向。其因为与意识活动本身相分离而失去意识活动所具有的能动性，而成为一种被动的，不再具有自驱力的僵死对象，惰性或

① 〔德〕埃德蒙德·胡塞尔：《现象学的观念》，倪梁康译，人民出版社2007年版，第3页。

② 〔德〕埃德蒙德·胡塞尔：《逻辑研究（第二卷）》，倪梁康译，上海译文出版社2006年版，第463—468页。

惯性是这种对象的基本属性。

笛卡儿在《第一哲学沉思集：反驳和答辩》中实际上已经出现与胡塞尔的“物”的相似的思想。只是笛卡儿没有用胡塞尔的现象学方法来保证其物的纯粹内在性，他只能用物的本质属性——广延——来通过一种几何学的方法内化物，所以，对于实在的物，笛卡儿不得不引入“上帝”作为中介。尽管如此，笛卡儿还是有些论述是接近胡塞尔的思想的。例如，笛卡儿说：“在我心里有某一种受动的感觉功能，也就是说，接受和认识可感知的东西的观念的功能”[①]。这里，笛卡儿是要用感觉的受迫性来论证物体的存在。笛卡儿认为感觉呈现的受迫性可以让我们确信产生感觉的“能动的功能”不可能在我心里，因为，一切以“受迫性”为特点形成的观念都具有使得我们相信此观念不依赖于灵魂的理由。那么，笛卡儿进一步断定，这个“能动的功能”，这个“不同于我们的思维的某物”或者是上帝本身，或者是物体。在接下来的段落他又引入“上帝”这一中介，此处不予赘述。

因此，在进行彻底的内在论的论证过程中，笛卡儿第一自然定律中的“物”不可以理解成自然界中自在的物，这样也可以得出第一自然定律的结论。当然笛卡儿在做心物二分的论证的时候，那个物就是客观世界中自在的物，但这是一个本体论意义上的划分，不是认识论意义上的，认识论意义上的“物”只能是通过悬置自在之物之后与意识活动相对而立的东西。按照笛卡儿的说法，这种东西可以把它抽象成“广延”和“不可入性”，即成为一种刚性的几何学对象，因为笛卡儿的机械论哲学认为，物体的本质在于它们的几何学性质，物体的运动能够完全按照形状、大小和位置这些几何性质来加以说明，自然规律都能够用推导几何公理的方式给推导出来。此时的几何学图形之间的组合与物体的惯性运动无异，几何学图形本身就是惰性的，相当于莱布尼茨的“初级物质”，后面会加以论述。至于问到内在认识论论证中的惯性定律为什么在现实的客观世界中那么准确地刻画其运动规律，我想这也超出了认识论论证的范围，最终只能用实用主义的观点来加以解释，但这是胡塞尔在加括号（悬置）之后再去括号拟重新认识括号之内的东西以后的事情。

前文是试图在意识领域之内来论证一个自然定律的一次尝试，就像早期的胡塞尔在意识领域内为自然数和逻辑寻找基础一样，只是这个论证直

---

① 〔法〕笛卡尔：《第一哲学沉思集：反驳和答辩》，庞景仁译，商务印书馆 2009 年版，第 83 页。

接借用了胡塞尔用现象学描述方法得出的一些结论，而未能完全用描述的方法澄清笛卡儿的第一自然定律。另外，本书尽管努力想说明意识的能动性的“动”与物体“运动”的“动”的贯通性，以及悬置物的客观自在性之后认识论领域之内的“物”性，但还是难以抵挡自然思维中的“运动”和“物体”概念的入侵，如意识的“能动性”与物体的“运动”性的殊异。其实，在把“内时间”意识活动的创生性含义澄清之后，我们可以在超出比空间物体的位置移动的意义更为一般意义上来理解“动”，这样，笛卡儿的第一自然定律就会有一个比物理学中做自然理解的惯性定律更为一般性的意义，我们不仅可以把它当作物理学中的第一定律，也可以把它当作生物学甚至社会学中的第一定律。

第二节　“能动”与“力”——内时间意识中“力”的意志形态

胡塞尔的内在认识论方法与笛卡儿主要的差异在于胡塞尔的意向性理论。意向性理论看上去是一个关于意向活动过程的理论，就是通过直观的充实过程，意向活动将被意指的对象或者事态带到直观表象之中，我们就这样获得了关于此对象或者事态的知识。正是笛卡儿的普遍怀疑保证了“我思”或“我意向”的无可怀疑性，使得继承笛卡儿思想的胡塞尔围绕彻底自明性的“我意向”的“我思”活动展开描述，但是与胡塞尔的具有“我思”特征的意向性活动相连的还有被指向的意向对象，此对象在笛卡儿那里是不存在的。在胡塞尔的现象学中，意向性不仅是指意识指向、关于或涉及世界上的对象或事态的特征，而且是指意识主动构造意义和对象的先验功能。意向活动也因此成为获得知识的一个主动性环节，相对于康德把感性范畴与知性范畴当作人类主动摄取知识的先验必备条件而言，胡塞尔则把意识的意向性活动当作人类主动摄取知识的先验必备条件。

既然意向活动是人的先验活动能力，也就是说，我们在运用这种能力的时候是不自觉的，它似乎在我们的潜意识中，正如在康德那里我们先验地运用感性范畴和知性范畴而不自觉一样。但是，只要我们意指一个东西，如一个数学公式、一栋房屋等，意向活动就在起作用，正如我们在感性地感知一张桌子或一个红色的斑块时，我们的先验时空范畴就在发挥作用一样。另外，意向活动的特征仅凭对意向活动的反思并不能做详尽的描述，因为在意向活动构造意向对象时，并不是由意向活动单一地指向意向对象，而是常常由意向对象回指到意向活动，这样就得到一种从对象到意向活动，然后从意向活动模式回到被构造的对象的一种往返式互动。因此，意向性活动与意向活动所指向的对象之间具有不可割裂的联系。如果我们从意向对象反过来看意向活动，那么面对意向对象的意向活动可以大致分为两种，一种是被动接受性的意向活动，另一种是能动授动性的意向活动。这两种意向活动分别与人的理性能力和意志能力相关，下文将会给出理由。

意向对象大致可以分为三类：感性对象（如屋前的树、屋里的桌子），范畴对象（如概念、数学公式、物理定律、化学定律等），虚构对象（如半人半马的怪物）。如果我们严格控制在胡塞尔的内在的现象学范围内，可能觉得胡塞尔的所有“对象”都指具有形式化含义的范畴对象。包括我意向中的一棵具体的树，它也绝不是现实世界中的那棵树本身，而是一棵已经观念化的树，所以他说现实中的树本身可以被烧掉，但是意向中的那棵观念的树却不能烧去。胡塞尔说：“这个树本身可烧光，可分解为其化学成分，如此等等。但此意义——此知觉的意义，即必然属于其本质的某种东西——不可能烧光；它没有化学成分，没有力，没有实在的属性。”[①]然而，后期的胡塞尔毕竟还是论及非本质概念意义上的物理实在对象，并且是用“视域”的现象学概念来描述感性对象。

描述每一个感性对象都面对两重视域，一重是外视域，另一重是内视域，这里先看一下内视域。当我们感知一个空间物体时，我们“不仅指向那个物，那种在最初的一瞥中被给予的、并根据那原来自身被给予的东西来逐步加以摆明的物，而且指向从这自身被给予的东西中经验地获得不断更新的规定的物”[②]。用我们对一张桌子的感知来讲，我感觉到的东西永远只是这张桌子的这个面或那个面，而那张桌子的背面、下面和里面我是感觉不到的。也就是说，如果我把“X1、X2、X3、X4、X5…”当作桌子的各个性质，那么，“X1 并且 X2 并且 X3 并且 X4 并且 X5 并且……”我是描述不完的，它们只是构成我视域范围内的东西。当我们判断说“这是一张桌子”的时候，这个判断所断言的东西总是多于我们感知的东西。最后，我们只能靠我们的意志武断地说：“这是一张桌子。”因此，我们说“这是一张桌子”的时候，实际上是由我们的意志能力做出来的判断，它

① 〔德〕胡塞尔：《纯粹现象学通论》，李幼蒸译，商务印书馆 1992 年版，第 226 页。

② 〔德〕埃德蒙德·胡塞尔：《经验与判断》，邓晓芒、张廷国译，生活·读书·新知三联书店 1999 年版，第 48 页。

总是有让感性感觉甚至理性妥协的部分，带有一种强行施予的味道。因为意志总是在感性和理性之外来干一些事情的，当然更为恰当地说，应该是在超出感性和理性之外来干一些事情。也就是说，当我的感性和理性能够完全做出判断的时候，我的意志是参与不进来的。我的意志是当我的理性不能独立地做出判断的时候，它就要出面来做判断。这种意志的参与甚至可以在语言层面上体现出来。如果我们把我们的判断仅仅陈述为"这是一张桌子"，这样的判断是体现不出我的主动的构造能力的。如果我做一下改造，把它改成"我认为这是一张桌子"，也就是说加了一个"我认为……"，它就把我意识活动的主动性体现出来了。实际上，对于类似桌子的东西，我同时也可以判断说"我认为这是一张床"或"我认为这是一个屋子"等，这些判断总是体现着人的主动的构造能力的。对于外视域也是如此。例如，"一只杯子在桌子上面"这句话所揭示的是"杯子"与其外视域"桌子"的关系，事实上，这个判断中给予我的只有"杯子"和"桌子"这两种感觉材料，而"在……上面"则是我赋予杯子和桌子的一种关系，但是这种关系不仅仅只是"在……上面"这种关系，还可以说"桌子托着杯子""杯子靠着桌子""杯子在桌子上睡觉"等。

然而，当我意指一个数学命题的时候就不是这样的。例如，我说"三角形内角之和等于 180°"，而不是"我认为三角形内角之和等于 180°"。也就是说，"三角形内角之和等于 180°"在我看来完全是一个客观的判断。在我做出这个判断的时候，这个判断似乎囊括了我所有的知觉和理性，我觉得在这个判断之外没有剩下什么东西，没有什么东西是要由我的意志来补充和完善的。像这种命题属于胡塞尔称之为"纯粹本质科学"的范围，胡塞尔说："存在有纯粹本质科学，如纯逻辑、纯数学、纯时间学、空间学、运动学等等。在每一思想阶段上它们都摆脱了各种事实设定；或者仍然是同样的意思：在它们之中无作为经验的经验、即作为现实、作为一种把握着或设定着事实存在意识的经验，可承担奠定基础的功能。"①胡塞尔这段话中的"作为经验的经验"实际上就是起奠基作用的经验。胡塞尔的意思可能是，当我意指那些本质性的命题的时候，是不涉及任何与意识活动的经验质料有关的东西的，似乎那种主动的经验活动停止了，剩下来的东西就是我的理性不得不接受的纯粹的知识，体现出我意识活动的被动性的方面。例如，代数学中代数式的等价变换过程，就是非得让你做某某样的变换不可；几何学中的"三角形内角之和等于 180°"也是这样，因为

---

①〔德〕胡塞尔：《纯粹现象学通论》，李幼蒸译，商务印书馆 1992 年版，第 57—58 页。

它们是纯粹观念的东西；经验性特征较强的物理学定理也是这样，如牛顿的三大运动定理、自由落体运动规律等。对于这些本质科学，你很难把“我认为……”这种略具一点自我意志能力的语言加进去，好像完全是一个客观的理性判断。一般而言，理智能力是心灵中相对来说比较被动的能力。当理智占优势的时候，心灵往往会有一种受迫性的感觉，即我不得不这样想，从而会失却心灵的主动性的一面。例如，在我的理智能力中，我清楚分明地理解“三角形内角之和等于 180°”，我为什么相信三角形所具有的这个特性是可以独立于我的心灵的呢？或者借用胡塞尔的话来说就是，为什么三角形的这个特性会从我的“意向相关项”或者从我的意向活动的质料中独立出来成为我的“意向对象”的呢？这个至关重要的因素，便是此特性在我的意识活动中现身时，我的意识活动所体会到的“受迫性”，它是一种完全要离开你的意识活动的一个东西。不是你在召唤它，而是它完全地抵抗你。特别是当我们面对一个由本质命题构成的一个网络时，这种客观的抵抗性会更加明显，因为很多本质科学的命题不是孤立的，它们常常与别的本质科学命题连成一个网络体系。如“三角形的内角之和等于 180°”就是由欧几里得的平行公理及其他一些几何学定理构成的一个命题网络体系证明出来的，自由落体运动规律就是由牛顿的三大力学定律及其他力学定律的网络体系推导出来的。

因此，如果我们从意向对象来反观意向活动，对于感性对象的构造往往体现着意识活动的主动性，感性质料总是伴随我的意识活动而动，其构造的对象也成了一个无限开放的视域，我获取的东西在理论上总是未定之物或开放之物，最后凭借意志来终结这种开放之预期；而形式化范畴对象的构造，特别是数学化的形式化范畴，使得数学化的物理学规律的本质成为相连横的，迫使你不得不承认它们的那种本质关系，往往体现着意识活动的被动性。从更为宏观的层面来说，前者更多地体现出人的意志，而后者更多地体现出人的理性。所以，文学家描述的“物”是很自由的，想怎样描述就怎样描述，而科学家描述的物之规律就不是自由的，其不自由主要在于所指向的意义的勾连不让你觉得自由。这一点德勒兹在论述尼采哲学时有过类似的论述。

德勒兹对尼采的哲学做了概括，他认为尼采的哲学是围绕力（force）和权力（power）两个核心展开的。尼采提出，每种力有着不同的力矢量，或“意愿”。这些矢量和意愿促使力与其他力相遇，并使其他力相斥，尼采由此假设了力相互联系的两种基本方式，即能动力和反动力两种模式。德勒兹用两个略为不同的公式对尼采的力的交战进行了总结，详细说明了能动力及反动力是如何互相交战的：“我善良，因而你邪恶”以及“你邪恶，因此我善良”。[①]在第一个公式中，能动力从自我肯定的角度表达了观点，这就是说，首先确定自己的特性，然后降低其他与其不同类力的特性，它是直接得到的，而不是通过间接推理得到的。相反，在第二个公式中，通过对其他力做否定的判断，能动力本身的特性才得以体现，如果没有相反的或敌对的力与之比较的话，能动力就不能做出自己的判断，它不是直接得到的，而是通过间接推理得到的。因此，当力拥有自己的表达方式并单独存在时，力在此范围内得到肯定，而且不由任何方式从其他地方推出，这种力就是能动力；但是，当力不拥有自己的表达方式而由其他方面才能得到肯定时，力是起反作用的，称为反动力。所以，对于科学，特别是机械论的科学，因为强调的是因果关系，即或者把一个原理从一个更为基本的原理推理出来，或者找出一个事实与其他事实或原理之间的关系，从而都属于反动力的范围，所以德勒兹说：“我们找到的答案是科学喜欢从反动力的角度来理解和诠释现象。物理学与生物学一样反动，它们总是从细微之处、从反动的一面来领会事物。反动力一旦获得胜利，就成为虚无主义思想有力的工具。这也是虚无主义各种表现形式背后隐藏的一个原则：反动的物理学、生物学是怨恨的物理学、生物学。”[②]尼采的能动力相当于构造对象的意识活动，体现出那种活生生的生存意志，不受任何规则约束；而反动力则相当于受迫性的意识活动，体现出一种理性和规则并受其规约。

哲学史上真正对能动力进行哲学反思的哲学家要算是洛克，在《人类理解论》中，洛克用了很大的篇幅来论述“能力”这个观念。在日常语言中，关于能力我们有多种表达方式，如“火能熔化蜡”“盐能溶解于水”“我能吃饭”“他是一个得力的领导”等。当我们说火可以熔化蜡，或者水能溶解盐，我们的意思是如果蜡被加热到一定的温度和作用足够长的时间就会熔化，而盐与适当量的水混合时就会溶解。但是，当我说我能够吃东西或能够骑马，当然我的意思不是说如果食物放在我面前，我就应该立即开始吃；我的意思也不是说如果一匹马被带到我这里，我就应该立即爬上马去骑它。所以，我们说“火能熔化蜡”时，是有关无意向的能力；而说“我能吃饭”时是有关有意向的能力的。洛克所罗列的能力中，有些他

---

① 〔法〕吉尔·德勒兹：《尼采与哲学》，周颖、刘玉宇译，社会科学文献出版社 2001 年版，第 176 页。

② 〔法〕吉尔·德勒兹：《尼采与哲学》，周颖、刘玉宇译，社会科学文献出版社 2001 年版，第 68 页。

认为是主动意愿的，有些他认为不是。大概地说，他会认为消化能力是非主动的而运动能力大部分是主动意愿的。洛克给出了四种力作为例子：火熔化金的力，金被火熔化的力，太阳漂白蜡的力，蜡被太阳漂白的力。显然不是所有这些力都算是主动意愿的，它们都属于潜能。这些相应的力不是推动力、动机或者努力；它们是等着被激活的能力。主动意愿和非主动偶然的力都可以适度地称为意向。非主动的力只要处于适当的环境就能够被激活，而主动的力在那些环境还需要有意愿的存在。

洛克认为最明白的自动能力的观念是由精神得来的，因为一切可感物似乎只能供给我们以一个被动能力的观念，如“火能熔化蜡”只是有关无意向的能力的。我们说“火能熔化蜡”，其中的“能”似乎是我们心中自动“能力”的投射，而且一旦我们把它投射到感性事物上，这种“能力”总是没有我们反思我们心中的那种自动的能力来得清楚。洛克说：“因为一切能力既然都和动作相关，而且我们亦只能观念到两种动作——思想和运动——因此，我们可以考究，我们对能产生这些动作的那些能力所有的最明白的观念是从哪里来的。……那种事物如果受了外力，发生运动，则那种运动只可以说是它底被动，不能说是它底自动。因为球虽然跟着球杆底打击来运动，可是那种运动不是球底自动，乃是纯粹一种被动。如果它借着冲击力使它所遇的另一个球运动起来，则它不过把它由别的物体所受的运动传递过去，在这种情形下，另一个球所得的力量正等于这个球所失的力量。照这样，则我们对物体运动的自动能力，只能得到一个很含糊的观念，因为我们只见它把运动传递过去，却不见它产生出运动来。因为我们如果看不到‘自动作用’底产生，而只看到‘被动作用’底继续，则我们所得的亦只是一个很含糊的能力观念。一个物体中的运动如果是被另一个物体所推进的，则正有这种情形。止把物体由静止到运动的那种变化继续下去，那并不算一种自动，正如只把物体受了打击后形相中所发生的变化继续下去一样。因此我们所以得到运动起点底观念，只是因为我们反省自己心中的经验，因为在那里，我们看到，只要我们自己愿意动，只要我们心中有那种思想，我们就能运动以前静止着的身体中的各部分。因此，我想，我们如果借感官来观察外界物体底作用，则我们只能得到一种很含糊，很不完全的自动能力底观念，因为它们并不能使我们观念到任何能开始动作的一种能力——不论是运动或思想。”[①]因此，洛克认为自动的能动力相对于物体被作用的力而言具有范畴上的优先性，或者说要我们对自动

① 〔英〕洛克：《人类理解论（上册）》，关文运译，商务印书馆 1997 年版，第 205—206 页。

能力的反思要先于对自然物“能力”方面的言说。这样，“能力”实际上是纯粹精神活动的体现。前文讲过，意识活动在内时间中的体现是差异化的滞留的聚合体，而能力是意识活动的表现，因此能力本身也是差异化的滞留聚合体，只有这种差异性的滞留聚合体才是生生不息的创造动力源。莱布尼茨对此有过系统的述说：

> 如果能力（puissance）相当于拉丁文的 potentia 一词，它是和 acte 一词相对立的，而从能力到活动（acte）的过渡就是变化。当亚里士多德说运动就是在潜能（puissance）中的东西的活动（acte），或者可以说实现（actuation），他对运动这个词就是这样理解的。因此可以说能力一般就是变化的可能性。而这种可能性的变化或实现，在一个主体中是主动的而在另一个是被动的，因此能力也有两种：一种是被动的，另一种是主动的。主动的能力可以叫做功能（faculté），而被动的能力也许可以叫做容受力（capacité）或接受力（réceptivité）。的确，主动的能力有时是在一种更完全的意义下来看的，这时它除了简单的功能之外还有倾向（tendance）；而我在我的关于动力论（dynamiques）的考虑中就是用这个意义的。力（Force）这个词可能特殊地适用于它；而力或者是隐德来希（Entéléchie），或者是努力（Effort）；因为隐德来希（虽然亚里士多德把它看作如此概括的意义，以致它还包括一切现实活动和一切努力）在我看来毋宁适合于原始的能动的力（Forces agissantes primitives），而那努力则适合于派生的（dérivatives）力。甚至还有一种更特殊的、并且更赋有实在性的被动能力；这就是那在物质中的被动能力，在其中不仅有可动性，即容受或接受运动的能力，而且还有抵抗力，它包括不可入性和惯性。那些隐德来希，就是说那些原始的或实体性的倾向，当它们伴随着知觉时，就是灵魂。①

莱布尼茨赋予“力”相当广泛的含义：包括努力、意志、实际的活动及隐德来希。换而言之，这个力的概念既包含物理学的意义，又包含哲学的意义。这种努力、意志或者说是欲望，实际上可以看作对古代人们所持的机体论的力学观念的延续。按照机体论的运动定律，没有一个物体能够

---

① 〔德〕莱布尼茨：《人类理智新论》，陈修斋译，商务印书馆 1996 年版，第 156—157 页。

自己运动，它总是由别的东西来制动，只有像我们的欲望、意志才能具有自动性。也就是说，只有精神性的东西才能自己运动。对于有机体而言，其身体的运动（实际上是被运动）是由精神的能动来推动的。换句话说，精神或欲望被认为对身体的作用，就像风吹在船帆上所产生的力的作用一样。此处，"风"的无形体而随处飘荡的特性象征我们的自由意志，有形体的船帆象征我们的身体。当我们说"风以一种'力'作用在帆上的时候"，此处的"力"这种词使我们联想到我们的意志，联想到精神上的力。于是，"力"的精神概念进入工程力学中。"这样就发生了'机体论运动定律'向近代力学某种渗透。在每一个讲授或者使用运动定律的教室和车间里，这是很显著的。'机体论'科学的这些残余，在牛顿力学时代以及后来都被认为是正当的，它们被用来作为'理解'物体运动的一种手段。以为要是没有力学的'力'同'意志力'的这种类比，我们固然可以算出机械装置的作用，但却不能'理解'它们。'理解'这个词对比起'仅仅算出'，表示了一个特殊的心理上的满足，解除了某种痛苦的不安。显然，只有当我们理所当然地认为，我们'理解'我们的'意志'对我们的腿的作用，要超过机器对缆索的作用，那么，把'力'这概念引进力学里才能产生这种满足。"①一旦"力"成为一种精神化的活动，而精神活动的模型是由差异化的内时间意识构成的，所以"力"也显示为差异化的活动，即"力动"。"力动"体现为活动的趋势，是不可固定化的。只有此时，"力"与差异化的内时间才先验地结合为一体。

本书把上述内容绘制了一个图（图 3.1）来示意，其中有些概念的详述后文会展示出来。

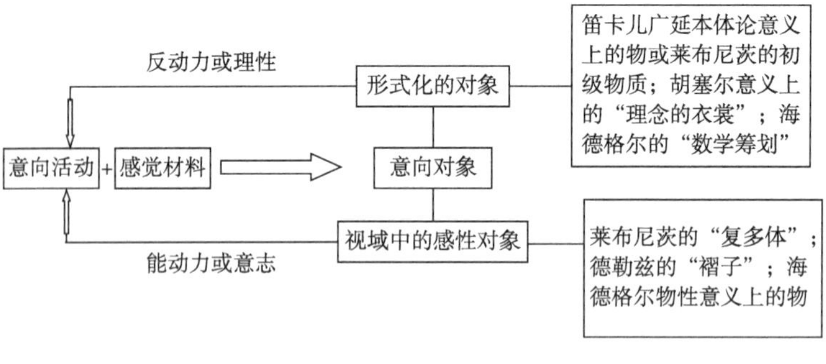

图 3.1　意向性活动中的力与意向对象性质之间的关系

① 〔德〕菲利普·弗兰克：《科学的哲学》，许良英译，上海人民出版社 1985 年版，第 120 页。

第三节　机械论的“力学”使得能动力滞留为“实体”

力学是一门古老的学科，也是一门经验性很强的学科，不过我们通常看到的力发生在物体与物体的相互作用过程中，所以现在我们还把力定义为物体与物体的作用，显然这也是古代大量力学实践的结果。古人对力的研究主要表现为一些力学器具的制造和人们使用的一系列工具，这种工具在世界各地都有。人类通过制造力学器具来延伸人的能力，同时把人的内在的能动力固化为一个外在的器具化表征之上（我的手用杠杆撬起一块石头，是我想撬石头的意愿——能力——作用于我的手，我的手又作用于杠杆，杠杆再作用于石头，结果石头被我撬起来了），这种表征突出地体现在我们通过身体或物件作用于一个外在对象的时候，往往因为对象的不可入性而受到抵抗，像我们使用“杠杆”时所感受到的那样。前文反复地讲过，内时间意识中的能动力的体现是由意识能动活动体现的，而意识的能动活动是以差异化的滞留为模型的，但是一旦我们使用起器具化滞留的工具，如使用杠杆[①]这种力学工具来介入差异化滞留中那种能力，那么，我们关于“力”就会有一种迥别于那种延时性“心理力”的一种经验性直观形式。下文将重点考察笛卡儿对力的表征所得到的关于力的直观形式——这种形式使得力呈现一种非时间性的形式，即力学的空间化。

虽然力学是一门古老的学科，但对其加以哲学上的反思方面最为著名的学者是笛卡儿，他通过哲学的反思创立的机械论（Mechanics，也可翻译为“力学”）影响了许多科学家，如牛顿、波义尔等。笛卡儿对力学的哲学反思最大的特点就是通过方法论上的普遍怀疑得到“我思故我在”，从而把思维或灵魂与物质严格分开，思维是无广延的、不可分的，而物质是有广延的、可分的；思维是能动的，有自我驱动能力的，而物质则是被动的、无自我驱动能力的。这样可以把笛卡儿之前的思想家赋予自然的情感投射（如目的论、亲和力等）统统排斥出物质世界的本质之外，物质世界的本质就只剩下广延、大小、运动等第一性质。

笛卡儿认为广延是物质实体的基本属性，这一点在他的蜡烛论证中已做过充分的证明。对于一块刚从蜂窝里取出来的蜂蜡而言，蜂蜡还带有蜜甜味，花的香气，又凉又硬，敲上去发出一种声音，具有特定的颜色、形

---

① 古希腊科学家希罗（Hero）曾提出一种机械理论，认为所有机械都可以归结为杠杆，所以杠杆可以被看作一种最为典型的器械，也是人类最早使用的力学器械。

状和大小。然而，把它拿到火炉边，所有这些性质都变了：甜味和香气消失了，颜色改变了，由固体变成了液体，形状和大小与原来的都不一样了，它融化成了一小坨蜡油。最后剩下没有变的东西只有广延，笛卡儿说："让我们对这件事仔细考虑一下，把凡是不属于蜡的东西都去掉，看一看还剩些什么。当然剩下的只有有广延的、有伸缩性的、可以变动的东西。"①另外，大小、形状、位置、运动也是广延的样态或变体。这里面说大小、形状和位置是广延的变体是较容易理解的，因为这种变体之所以产生，在于它们是划定广延的范围而产生的部分。但是，说运动是广延的变体就不是那么好理解，如在亚里士多德那里，"运动"是最为本质的，它包括性质的变化（如由冷变热）、无机过程（磁力吸引）、生物和心理过程（身体的生长和知识的获得），而单纯的广延，因为不包括活动概念，也不包括生长变化的本源，它就不能作为实体的本质形式。然而，笛卡儿认为，尽管没有运动我们照样也可以思考广延，更为重要的是，假如没有供运动穿越的广延区域，我们便无法思考运动。

笛卡儿的广延本体论在《笛卡儿思辩哲学》有更为彻底的表达，他说："如果我们细想一想我们对于任何物体的观念，而排除一切与物体的本性无关重要的性质，我们就可以看到这一点。就以一块石头为例，我们首先可以排除它的硬度，因为那块石头如果液化了，或者化为粉末，它就不再有硬度，不过它仍系一种物体。颜色也可以照样不加考虑，因为我们常见有许多石头透明得并无颜色。其次，我们也可以排除重量，因为就以火焰为例，它虽然很轻，仍系物体。最后，我们还可以排除冷、热以及所有这一类的性质，一则因为我们并不以为这些性质是在石头内的，二则因为这些性质纵然变了，我们也并不认为石头就失掉其物体的本性。在这样考察之后，我们将看到，物体观念中并没有剩下别的，只剩下一种在长、宽、高三方面延伸展开来的东西。"②

既然物质实体的本性是广延，那么，物质实体所组成的世界的运动规律就都可以通过广延来刻画，它详尽地体现在斯宾诺莎于《笛卡尔哲学原理》中对笛卡儿科学的极其完美的呈现之中。下文将详细论述斯宾诺莎按照笛卡儿的思路，仅凭广延的属性推演出的命题七、命题八及其绎理。

---

① 〔法〕笛卡尔：《第一哲学沉思集：反驳和答辩》，庞景仁译，商务印书馆 2009 年版，第 30 页。

② 〔法〕笛卡尔：《笛卡尔思辨哲学》，尚新建等译，九州出版社 2004 年版，第 105—106 页。

命题七：任何一物不能进入他物的位置，如果这他物不同时进入第三物的位置的话。

证明：（参看图 3.2）假如谁要否认此说，试设想一下：物 A 占据与本身相等的物 B 的位置而物 B 又不离开自己的位置是否可能。因此，以前只包含物 B 的空间现在（根据假设）要包含物 A 和物 B，即包含两倍于前的有形实体，但这（据第二篇命题四，即物体的同一部分不会此一时比彼一时占据更大的空间；反之，同一空间也不会在此一时比彼一时包含更多的物体）是荒谬的。故任何一物不能进入他物的位置，如果这他物不同时进入第三物的位置的话。此证。

命题八：如果一物进入他物的位置，则此物留下来的位置同时为和它紧相邻接的第三物占据。

证明：如果物 B 向 D 运动，则物 A 和物 C 或者同时互相接近，并且互相接触，或者并不接近和碰触。如果是第一种情况，则因此我们的命题就是正确的。如果它们不互相接近，而物 B 留下来的全部空间仍在物 A 和物 C 之间，则（据第二篇命题二绎理和命题四绎理）它们之间就有一个等于 B 的物体。但此物（根据假定）并非 B，则必另有一物在同一瞬间占据它的位置。因为这是在同一瞬间发生的，故此物只能是与物 B 毗邻的物体；在第二篇命题六的附释中我们曾经证明，从一个位置向另一位置运动，如果没有一小段时间，即使是不能设想得更短的时间，这样的运动也是不存在的。由此可以推出，物 B 占据的位置不能在同一时刻又为他物所占据，因为他物在占据此位置以前应当通过某一空间。故只有与物 B 紧相邻接的物体才能同时占据物 B 的位置。此证。

绎理：在每一运动中，同时运动的物体形成一个完整的环。

证明：（图 3.3）当物 1 占据物 2 的位置时，物 2 应当进入另一物体比如物 3 的位置，等等。其次，在物 1 占据物 2 的位置那一瞬间，物 1 留下来的位置应当为另一物体比如物 8 或与物 1 紧相邻接的其他物体所占据（根据命题八：如果一物进入他物的位置，则此物留下来的位置同时为和它紧相邻接的第三物占据）。但是，既然这种情况只能由于另一物体（这里假定为物 1）的推动才能发生，则这些共同运动的物体不能存在于一条直线上，而是形成一个完整的环。此证。①

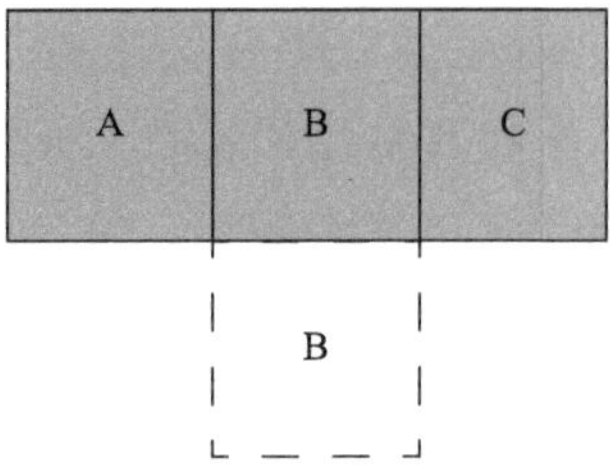

图 3.2　斯宾诺莎证明命题七的图示

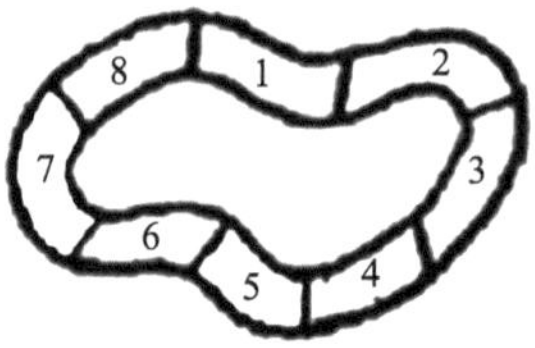

图 3.3　斯宾诺莎证明命题八的图示

显然，斯宾诺莎的笛卡儿式论证是一个标准的思想领域中的先天论证，它非常清晰地展现了笛卡儿的机械论运动观。也就是说，限于形状、尺寸、量与运动这些概念来解释所有的现象，借此提出一种严格的，只有通过接触作用才可能设想的相互作用，把自然界的运作类比于机械，所有的变化都是由于物体间的啮合或者一个物体撞击另一个物体而传递运动。这种证明之所以是直观的，就是因为所设想的所有东西中只有物质的广延和不可入性，正是广延和不可入性使得物与物之间的力可以从我们的经验，即“物体与物体的相互作用”直接地呈现出来，而且这种呈现的力只能以“斥力”的形式呈现。通过物体与物体相互作用所呈现出来的斥力最终表现为力的“实体”形式，从而与原初那种“过程”的概念失去联系。

一旦我们用图 3.2 或图 3.3 来表征外界物体的相互作用和运动，那种力已经不是内时间意识中的差异化的能动力，而是用工具对能动力的器具化滞留，这种器具化滞留甚至可以用弹簧的同样的形变来加以度量而成为可重复的、可量化的、均质的“力”，也可以称它为“死力”。从笛卡儿的推导也可以看出，他的“物体”也都是一些同质化的刚性几何体，所以物

① 〔荷〕斯宾诺莎：《笛卡尔哲学原理》，王荫庭、洪汉鼎译，商务印书馆 1980 年版，第 98 页。

体的运动仅仅来源于一种处处相同的接触作用，而且这种同质作用是可以被量化的，因此一切物体运动都可以通过数学来描述。“死力”事实上也是笛卡儿通过“我思故我在”理应得到的一个关于物体世界本来应有的作用状态，其对应的时间模型是客观的、可重复的机械化的时间，这种时间很容易取消对“力”作为过程量的先验的直觉。因为“死力”很容易在人的感知上与人的那种先验的对变化的时间感知失去联系，正如第二章伽利略与笛卡儿研究落体运动时用几何学图像来表征差异化运动的时候使得他们的研究忽视时间这一要素一样。

事实上，笛卡儿的动力学就是取消了时间这一要素的力学。需要说明的是，笛卡儿时代，关于动力学中的“力”的概念不同于我们现代的力的概念，笛卡儿当时是用“动量”来代表力的。所谓“动量”，笛卡儿是用一个物体的“体积”与它速度的乘积来衡量的，这一衡量方式与我们现在的动量概念相似，所不同的是笛卡儿用物体的“体积”，而我们现在用的物体的“质量”，并且笛卡儿对速度的处理也不是按照一个矢量对待的。下文主要阐述笛卡儿从广延本体论所推演出来的“动量守恒定律”。

> 命题十八：假设物体比如 A 向静止物体 B 运动，而 B 尽管受到 A 的推动并未失去静止状态，则物 A 不会从自己的运动中失去任何东西，而是完全保持它以前所有的那种运动量。
>
> 证明。假如否认此说，则必须承认物 A 从自己的运动中失去某种东西却不把所失去的运动给予别的物体如物 B。这样一来，自然界原来所有的运动量就会减少，这是荒谬的（据第二篇命题十三，即“神借其助力仍保存它过去给予物质的同样数量的运动和静止。”）。此证明对于静止的物 B 来说同样适用。故两物中一物体如果都不把任何东西给予另一物，则物 B 就会保持自己的全部静止，物 A 也会保持自己的全部运动。此证。①

类似的证明还有很多，如“如果物 A 比物 B 大一倍，两物又以同样的速度运动，则物 A 的运动比物 B 的运动大一倍，换言之，物 A 需要比物 B 大一倍的力量才能保持与物 B 相等的速度”②。这些定律的推理过程

① 〔荷〕斯宾诺莎：《笛卡尔哲学原理（依几何学方式证明）》，王荫庭、洪汉鼎译，商务印书馆 1997 年版，第 105—196 页。

② 〔荷〕斯宾诺莎：《笛卡尔哲学原理（依几何学方式证明）》，王荫庭、洪汉鼎译，商务印书馆 1997 年版，第 107 页。

都是很严格的，它们构成了笛卡儿的“动量守恒定律”。也就是说，运动是上帝在每一瞬间注入物体之中的，即上帝使得物体在两个相邻的瞬间从一个位置绝对地转移到另一个位置。这样，运动就具有了一种异于广延的根源，它成了一种绝对物、一种力。此时，我们把力当作某种对象性的物，只不过我们说它是一种不可见的对象，它必须通过物体的不可入性，以及物体与物体之间的作用才能够显示出来。另外，显示出力的物体本身也是一个或多个对象化的实体。也就是说，机械论中的力首先是预设了实体概念的。对实体概念的预设本身所显示的时间是持续不变的时间，是有规律的不断重复的时间，也是均匀无差别的时间。

总之，机械性的力因为有刚性几何学实体的预设，促使其时间成了一种器具化滞留的时间，这种器具就是笛卡儿图示的那些具有广延性的几何学实体。此时，与力相关的时间是持存的可重复发生的时间，并非那种与变异性的内时间相关。所以，这种力表征出来之后是“死力”，而不是与变异性内时间相关的“活力”或“能动力”。“死力”对于单个物体而言就是物体的惯性状态：静止或匀速直线运动状态。“死力”对于多个相互作用的物体而言，甚至是共时间性或同时性的交互作用。笛卡儿的广延本体论使得“力”在笛卡儿那里是一个同时性的概念，正如静力学中的力一样。那么，为什么这么说呢？因为笛卡儿的力就是物体与物体之间的相互作用，这种作用在同时瞬间完成，体现不出一个作用过程来。如果用康德在《纯粹理性批判》中的范畴论来研究，它符合的是康德的十二范畴中的关系范畴，但这种关系不是单纯的因果关系，而是交互关系。牛顿第三定律，即作用力与反作用力大小相等方向相反，就是交互关系范畴应用在感性事物之上的具体体现。交互作用的原理要求我们对杂多的领会的综合中不讲究先后次序，既可以从 A 的方向看它对 B 的作用，也可以从 B 的方向看它对 A 的作用。从一个方面来看，同时性必定要以持存性的时间为基础，但从另外一个方面而言，同时性又是无时间性的。所以，笛卡儿的“死力”学，与其说是动力学，还不如说是静力学。这一点鲜明地表现在笛卡儿对落体运动这种动力学问题的静力学处理上。

笛卡儿在他年轻时（1619—1629）曾研究过自由落体运动的问题，贝克曼曾提出了一个关于自由落体的数学问题（如图 3.4 所示，如果一个物体在 1 小时内从 *A* 点落到 *B* 点，并且地球的引力恒定地持续增加物体的速度，那么物体所穿越的距离如何与时间相关呢？）给笛卡儿，在他的私人日记里，笛卡儿描绘了解决办法。

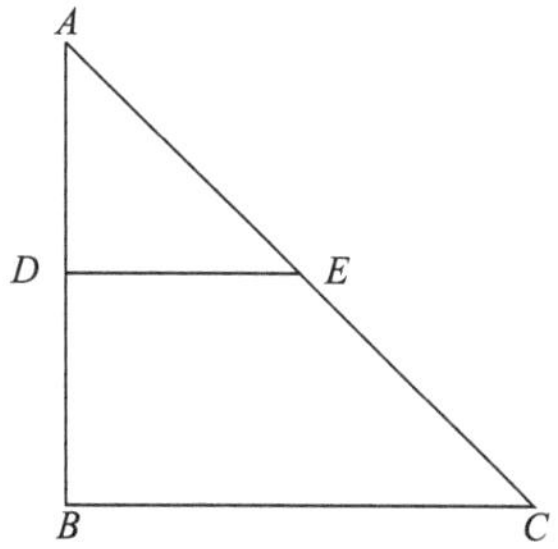

图 3.4　贝克曼落体问题图

笛卡儿相信这个问题可以通过对一个三角形的分析来加以解决，如图 3.4 所示，垂直边 *AB* 的长代表石头所穿越的距离，相应的三角形 *ADE* 和梯形 *DEBC* 的面积代表落体下落时消失的时间的倒数，即大的面积意味着较少的时间。因此，从 *A* 点落到 *D* 点时下落的时间与 *ADE* 面积的倒数成比例，同样从 *A* 点落到 *B* 点的时间与 *ABC* 面积的倒数成比例，从 *D* 点落到 *B* 点的时间与 *DBCE* 面积的倒数成比例。笛卡儿从面积的比较得出的结论是：假设 *D* 点是 *AB* 的中点，石头穿越 *AD* 所花的时间将是它穿越 *DB* 所花时间的三倍。由于后者三倍于前者，他推断物体通过第二个间隔距离的速度也是三倍。这样的推论导致他假设在像自由落体的匀加速运动中速度等比增加于距离而不是时间。这样贝克曼的问题就隐含地加以解决了。这是 16 世纪末和 17 世纪初普遍的错误，但是笛卡儿后来在 1629 年对该问题的抨击和对伽利略连续的批判表明他从来没有看到将时间作为重要参数而不是距离的至关重要的不同①。柯瓦雷不无惋惜地说：“结果他还是犯了错误，这是因为他用轨迹代替了运动，因为他用轨迹（而不是用时间）作为他的函数的变量。”②

笛卡儿的这种处理是与他的广延本体论及物质世界的几何学化的观念结合在一起的，关于这一点，前文已经述及。由其广延本体论，他接下来所进行的就是让这种具有广延性质的物质世界，哪怕是它们的运动也用彻底的几何学方法来加以研究。也就是说，把本来具有时间特点的运动也最后还原成与空间同质的“位移”（在笛卡儿那里可能还没有位移概念）之上。笛卡儿希望能够设计出一门物理学，除了使用纯粹数学的原理外，这门物理学不需要任何其他的原理。对运动来说，笛卡儿已经能够以一种

① 〔法〕亚历山大·柯瓦雷：《伽利略研究》，刘胜利译，北京大学出版社 2008 年版，第 137 页。

② 〔法〕亚历山大·柯瓦雷：《伽利略研究》，刘胜利译，北京大学出版社 2008 年版，第 133—134 页。

他相当满意的方式来说明它；上帝在一开始就启动了具有广延的东西，而且用他那“协同”来维持宇宙中同样数量的运动。这样，自创生之日起，具有广延的物体的世界就只是一部巨大的机器。在任何时刻都没有自发性；一切物体都精确地按照广延和运动的原理连续不断地运动。这意味着要把宇宙设想为一个具有广延的充实空间，意味着它的几个部分的运动是靠直接接触相互交流的。为了说明特殊类型的运动，没有必要引入伽利略的力或吸引力，更不用说引入开普勒的“活力”了；一切都是按照一部平稳地运作的机器的规律性、精确性和必然性发生的。

所以，柯瓦雷说：“笛卡尔的运动是最清楚和最容易认识的事物。他曾经对我们说过，这种运动不是哲学家的运动。但是，它也不再是物理学家的运动，甚至也不是物体（corps physique）的运动。它是几何学家的运动，或者说，是一些几何学实体的运动：是一个点描绘出一条直线的运动，是一条直线画出一个圆的运动……但是，与物理运动相反，这些运动没有速度，也不在时间中发生。彻底几何化（笛卡尔思想的这种原罪）导致了非时间化：它保留了空间，但取消了时间。它将实在消融在几何学之中。但是，实在进行了报复。”①

第四节　莱布尼茨的活力理论把“力”从实体变成时间性的过程

其实，亚里士多德很早就提出“力是维持物体运动的原因”这个命题，这个命题中“力”与时间还没有直接的关系，它仅仅是从原因的角度追索运动的物体需要有力的作用。这个命题后来遇到一个非常重要的障碍就是对于抛体运动没有办法加以解释。一个物体向前抛出去后，在竖直方向有重力的作用使它加速运动是可以解释的，但是在水平方向上它继续往前运动就没有办法给出解释，因为在水平方向上已经没有力的作用了。因此，这里要涉及科学史上很长一段关于惯性运动的研究历史。

惯性定律就是牛顿的第一定律，其表述为“每个物体都保持其静止或匀速直线运动状态，除非有外力作用于它迫使其改变那个状态”。也就是说，当一个物体处于匀速直线运动状态的时候，它其实是跟静止状态一样的。例如，我们坐在时速 300 千米的高铁上匀速行驶，看上去是运动的，

---

①〔法〕亚历山大·柯瓦雷：《伽利略研究》，刘胜利译，北京大学出版社 2008 年版，第 147—148 页。

实际上和静止没有两样，而且我们坐在上面的身体感觉和静止时也是一样的，此时说我们运动或静止只是从不同角度来说而已，相对于地面而言我们在运动，相对于高铁车厢而言我们是静止的。这样，对于匀速直线运动而言，它和静止一样，不需要力的作用。由此，亚里士多德的抛体运动的水平方向的持续运动即可以得到解释。不过在匀速运动中“力”与“时间”基本上没有关系，因为匀速运动的运动状态等同于静止状态，而静止状态与作用力没有关系。

那么，在垂直方向上的重力是如何引起重物在垂直方向做加速变化的运动的呢？关于这个问题，一开始也并没有把重力与时间联系起来，重力也从来没有被当成过程量。亚里士多德最早用“重性”和“轻性”来赋予物体相对于地球的垂直运动，也就是说，重物下落是物体本身天然的属性，是“重性”物质起作用的缘故，就如同“燃素”在燃烧中起作用一样。显然，亚里士多德是把重力看作一个实体化的东西。后来笛卡儿所设想的机械论的力只是物体相互作用的一种手段，“这种相互作用的本质是碰撞，在这个意义上，‘力’不是一个核心的、必不可少的、物理上独立的概念，而是对碰撞的描述中的一种说法，其本质是相关物体在空间中在机械论意义上的实际接触，就像台球比赛中母球击中了彩球，引起了彩球的运动那么简单和直观。当然，笛卡尔同意说这种碰撞可以是‘一连串的’，即 A 击中 B，B 击中 C，C 击中 D……于是作用可以传递到很远：于是有关于充满空间的以太假定，于是有涡旋理论”[①]。通过第三节的论述也可以看到，笛卡儿的整个论证是选择水平惯性运动作为力的基本模型的。其实只有像落体运动这种变化的运动才能代表力的作用的一般情况，据此给予力一个新的量度。因此，“力”真正变成一个核心的、必不可少的概念是把其与运动的变化关联起来。因为前文说过，真正的运动是运动的变化，而不是相对运动，只有运动的变化才与“力”发生作用。力与时间的关系是当力去改变物体的运动状态的时候发生的，即 $f = m\dfrac{d^2s}{dt^2}$。此时，力变成了一个与时间有关的过程量，成了一个非常抽象的概念。这个转变是把“力”当作运动的变化的原因来实现的，牛顿说：“由于手工工艺习惯用于移动物体，致使通常物体的大小从属于几何学，运动从属于力学。在这种意义上理性的力学是运动的科学，它精确地提出并证明来自无论任何种

① 吴以义：《从哥白尼到牛顿：日心学说的确立》，上海人民出版社 2013 年版，第 420 页。

类的力的结果，以及产生任意运动所需要的力。”[①]

于是，牛顿提出第二定律，即“运动的变化正比于所施加的推动力，变化的方向沿着所施加的力的直线方向”。然而，到底是牛顿还是伽利略提出来这个定律的，我们目前无从考察。克莱因在《西方文化中的数学》一书中说是伽利略提出来的，他说：“一个运动着的物体，如果给它施加一个力，将会出现什么样的情况呢？在这里，伽利略做出了第二个重要发现。连续不断地施加一个力，将会使物体的速度增加或减少。我们称单位时间内增加或减少的速度为物体的加速度……这个定律用一个公式表示就是 F=ma。”[②]不过克莱因是数学史家，而不是物理学史家，其言说并不可信。物理学史家科恩说：“无论伽利略在多大程度上‘真的’拥有了惯性定律或牛顿第一定律，说他对第二定律同样有贡献是很难的。”[③]然而，本书在所有能够找到的科学史书籍中都没有找到牛顿提出其力学第二定律的过程，包括科恩本人的两本书，即《新物理学的诞生》和《牛顿革命》。也许追问第二定律的发现非常重要，但限于本人的学识和所拥有的资料难以把握住其中的细节。不过，本书认为牛顿第二定律的发现主要归功于莱布尼茨的活力理论，是在莱布尼茨的活力理论基础上重新引入了时间这一要素。

与笛卡儿相较，莱布尼茨认为“广延”本身不能作为物体的本质性的东西。笛卡儿认为物质的本质是有广延性的几何体积，莱布尼茨极力反对这种说法。因为最简单地看，假如物体的本质真的像笛卡儿所说的是几何体积，那么这就没有办法说明相同体积的物体之间的差别，如一立方的水与一立方的铁之间的差别就无法分辨（从这里也可以看出，笛卡儿是从普遍性和共同性方面来言说物体的本质特征的，而莱布尼茨是从物体的差异性来言说物体的）。另外，笛卡儿认为，所有物质的多样性取决于物体的运动，事实上，这后来也成了现代科学的观点，如丰富多彩的物质世界就是由原子、电子、夸克的不同运动形式组合而成的，这样，完全是物体的部分之间的相对运动方式的不同造成了物体的质的差异，像冰、水、云彩之间的质上的差异完全是水分子相对运动速度大小的差异所致，而这些水分子是没有质的差异的。然而，莱布尼茨认为物体的真正本质不可能是广

---

① 〔英〕牛顿：《自然哲学的数学原理》，赵振江译，商务印书馆 2006 年版，第 6—7 页。

② 〔美〕M. 克莱因：《西方文化中的数学》，张祖贵译，复旦大学出版社 2004 年版，第 191 页。

③ 〔美〕I. 伯纳德·科恩：《新物理学的诞生》，张卜天译，湖南科学技术出版社 2010 年版，第 131 页。

延，广延概念并非一个原初概念，而是可以分解的。因为一个有广延的存在者蕴含有一个连续整体的观念，在这一连续整体中同时存在着许多事物。例如，在牛奶中有“白”的扩散，金刚石中有“硬”的扩散[①]。

广延性的几何体不是别的东西，只是一种重复，线是点的重复，面是线的重复，体是面的重复，正方形是两个可重复的全等的等腰直角三角形的组合。而真正的物体是由不可重复性的东西组成的复多体。在一系列关于动力学的论文中，莱布尼茨论述了广延对于定义物体是不充分的，他说：“除广延外，必定还存在有一个主项，这个主项是广延的；也就是说，必定存在有一个实体，广延是属于这一被重复或持续着的实体的。因为广延仅仅表示广延的东西的一种重复和连续的增殖，表示一种复多、连续性和诸多部分的共存。因此，用广延来解释广延的或被重复的实体自身的本性，理由便不充分；实体的概念是先于它的重复的概念的。”[②]广延性的几何体是人的精神活动的构造，我们用这种精神活动的构造物去替代实体本身，显然是不充分的。物质性的实体必定具有一些非几何学属性，它不会仅仅由具有广延性的事物组成。物质的非几何学属性通过连续性地叠覆而把空间填满。可见，广延不是一个简单的不可分析的特征；相反，只有相对于某个延展的东西、某个由广延来指示其扩展或者连续重合的东西，广延才变得可理解。

事实上，物体的本质在于其广延性这一论题使笛卡儿对运动的论证必须求助于上帝，第三节我们已经看到这一点，笛卡儿一方面坚持认为运动规律基于广延的本性，另一方面又坚持认为是上帝的直接行为产生了我们在世界上所观察到的物体运动的规则性[③]。在莱布尼茨看来，笛卡儿的上帝接近斯宾诺莎的上帝，上帝是事物的原则，是使每一个东西运动起来并且继续维持其运动的那种至高无上的力量或原初的本质。但是，斯宾诺莎的上帝概念是危险的，因为对他来说，使一切事物从这种至高无上的力量产生出来的那种必然性，完全等同于“三角形内角之和等于 180°”的那种必然性。对斯宾诺莎来说，宇宙中没有什么东西是偶然的，任何已经存

---

① 〔英〕罗素：《对莱布尼茨哲学的批评性解释》，段德智、张传有、陈家琪译，商务印书馆 2010 年版，第 126 页。

② 〔英〕罗素：《对莱布尼茨哲学的批评性解释》，段德智、张传有、陈家琪译，商务印书馆 2010 年版，第 125 页。

③ 斯宾诺莎论述笛卡尔哲学原理时，其命题十二和命题十三都有神的参与。如命题十二：“神是运动的根本原因。”命题十三：“神凭借其助力仍保存它过去给予物质同样数量的运动和静止。”［〔荷〕斯宾诺莎：《笛卡尔哲学原理（依几何学方式证明）》，王荫庭、洪汉鼎译，商务印书馆 1997 年版，第 100 页。］

在的东西不可能是别的样子。莱布尼茨认为，斯宾诺莎的上帝和笛卡儿的上帝，都只是创造了一切这样的东西：那些东西能够被制作出来，并且按照一个必然的、命定的秩序相继通过一切可能的组合。因此，这样一个上帝既没有意志也没有知性，因为他既无须将善看作意志的对象，又无须将真理看作知性的对象。这样一个上帝创造出来的世界既不会反映他的智慧又不会反映他的善良。莱布尼茨认为，笛卡儿正是用这种方式把对终极原因的寻求从哲学中消除出去，在这个“聪明的”借口下，我们也就无法知道上帝的目的了。然而，对莱布尼茨来说，真正的物理学恰好就在于知道事物的目的和用途，也就是说，知道造物主将事物创造出来的理由，而对这些理由的知识也就是对造物主的终极原因或计划的知识。[①]

既然广延这种属性只是一种次生属性，而且在运用它解释物体的运动时使上帝陷于不自由的境地，它就不是物体的最根本性的本质。另外，从笛卡儿的广延本体论推出的动量守恒定律也是有问题的。如果物体的本质只不过是广延，运动就是位置的改变，而且万物的运动仅仅从其几何必然性推断出来，那么，物体将整个地在本质上是被动的。莱布尼茨认为，如果物体本质上是被动的，那么，它们将遵从与我们实际上观察到的运动规律完全不同的规律。因此，莱布尼茨反对笛卡儿用物体的大小来衡量力，改用质量来衡量力。他提出必须有一个和物体的质量乘以物体运动的速度的平方的积成正比的量，莱布尼茨把这个量称为“力”，它使静止的物体开始运动并且改变物体的运动状态。

莱布尼茨以他扎实的物理学功底和深刻的逻辑洞察力做了一个思想实验，运用归谬法，发现在落体运动中，笛卡儿的动量守恒与伽利略的落体定律二者存在明显的矛盾，以此证明笛卡儿的动量守恒原理及其动量定义存在不严密性，在逻辑上不能成立。莱布尼茨提出，力应该用它产生的效果来量度。“因此，像我们想要证明的一样，在动力和动量之间有着很大的不同，其中一个不能通过另一个计算得到。从这点上看，似乎力可以从它产生的作用的量来估计；例如，从它将给定大小和种类的重物提升到的高度，而不是从它加给物体的速度来估算。”[②]按照莱布尼茨的看法，把1千克物体举高4米和把4千克物体举高1米，需要同样大小的“力”；反过来，由4米高处落下的1千克的物体与1米高处落下的4千克的物体，

---

① 徐向东：《莱布尼茨的动力学与神性的宇宙》，《云南大学学报（社会科学版）》2007年第3期，第18页。

② 〔美〕理查德·S. 韦斯特福尔：《近代科学的建构：机械论与力学》，彭万华译，复旦大学出版社2000年版，第144页。

他们获得的“力”也是相同的。需要注意的是，莱布尼茨这里所说的力实际上是“能力的量”或简称是“能量”①，指的是重力与高度的乘积 Gh，实际上是力所做的功。这种“能力的量”可以保存在物体中，既可以获得也可以失去。根据这一点，莱布尼茨证明笛卡儿的“力”或“动量”是不守恒的，只有能量是守恒的。其证明可用图来加以例证。

根据莱布尼茨的观点，把一个 1 千克重的物体提升 4 米相当于把 4 千克重的物体提升 1 米（图 3.5）。另外，根据伽利略的落体运动的规律揭示，自由落体运动的规律是 $h=\frac{1}{2}gt^2$，可以转化为速度和位移之间的关系：$2gh=v_t^2-v_0^2$。这样，重 1 千克的 A 物体从 C 点落到 D 点（4 米）的速度，将 2 倍于 4 千克的 B 物体从 E 点落到 F 点（1 米）时的速度，即 $v_A=2v_B$。又因为 $m_A=\frac{1}{4}m_B$，所以，$m_Av_A=\frac{1}{2}m_Bv_B$，因此，它们的动量是不守恒的，然而，$m_Av_A^2=m_Bv_B^2$。这样，笛卡儿用“动量”来表征力就是错误的，正确的应该是像莱布尼茨那样用“能动量”即“能量”来表征力，即由质量与速度的平方的乘积来得到。

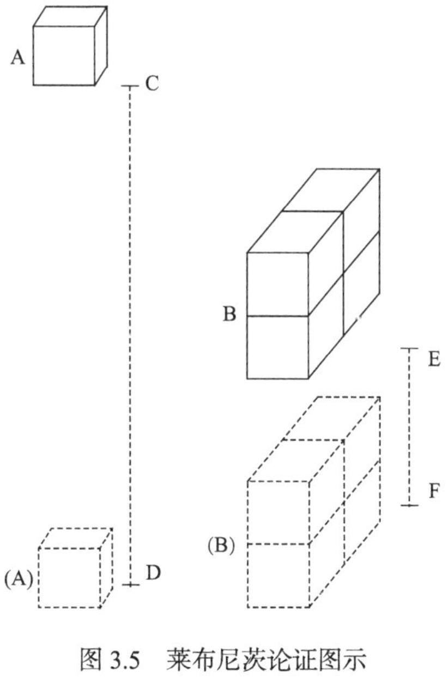

图 3.5　莱布尼茨论证图示

在莱布尼茨的物理思想中，活力（vis viva）表示莱布尼茨对物质实

① 相比较而言，笛卡儿所谓的“力”实际上是“运动的量”（mv）或“动量”，它们都不同于牛顿的力。

体借助其运动而产生效能的能力的一种测量。例如，它把一个运动物体提升到一个给定的高度或者把运动传递给一个慢些的物体。一个物体在将自身上升到一个给定的高度所耗费的活力，由此必定与该物体从相同高度下落所获得的活力相等。一个物体通过碰撞传递给另外一个物体的活力必定等于该物体在撞击过程中丢失的活力。当莱布尼茨发现笛卡儿的动量守恒定律为假之后，就主张应以“能量守恒”或“活力守恒”代替笛卡儿的“动量守恒”，而且莱布尼茨对活力守恒是深信不疑的，因为在物体内不变的不是由笛卡儿机械论得到的动量，而是“能力的量”或“能量”。这种关于“能力的量”感觉似乎投射到人的意识的活动能力，或者应该说是人的活动能力模式的一种外在对应项。既然在感知上与人的意识活动能力相关，而意识活动能力又与内时间意识相关，所以“活力感”应该是在内时间意识中产生的，最终活力应该与时间有密切的联系。

然而，就莱布尼茨上面的一个数学化的推导，并不能表明莱布尼茨已经把活力或能力与时间结合在一起加以考虑了。这一点康德在其早年的论文《活力的真正测算》中已经指出来了。康德通过与笛卡儿的非时间性的“运动”加以比较，首先得出结论说：“据此，在运动中用掉的时间是活力真正的和唯一的特征；惟有它才是活力相对于惰力借以获得一种特殊尺度的东西。”[①]但是，经过一个简单的推理，康德说：“据此，一个在时间流逝的条件下具有活力的物体，并不是在任何可能任意短暂的时间中都拥有一种活力的；不是的，这个时间必须是确定无疑的；因为如果它更为短暂，物体就不再具有这种活力。因此，莱布尼茨关于力的测算的规律就不能成立；因为它不加区别地把一种活力赋予一般有一段长度的时间运动（这无非就是说现实地运动）的物体，这段时间可以任意地短或长。”[②]当然，康德所说的时间并不是内时间意识意义上的时间，而是牛顿意义上的绝对时间，也即可量化的同质的时间。但是，莱布尼茨通过其力学本体论的思想透入，再通过引用伽利略的自由落体运动的规律 $h=\frac{1}{2}gt^2$ 得到活力的表达为 mv^2，可以在数学上与 $f=m\frac{d^2s}{dt^2}$ 相互推导（在自由落体运动中，

① 〔德〕康德：《康德著作全集（第一卷）》，李秋零等译，中国人民大学出版社 2003 年版，第 33 页。

② 〔德〕康德：《康德著作全集（第一卷）》，李秋零等译，中国人民大学出版社 2003 年版，第 34—35 页。

由 $F \cdot h = \frac{1}{2}mv^2$ 和 $h = \frac{1}{2}gt^2$ 推出 $F = m \cdot \frac{v^2}{gt^2}$，由于 $g = \frac{v}{t}$，所以 $F = mg$)。这样使得牛顿第二定律中“力”与时间的关系变得可以理解，否则第二定律似乎是个纯粹的数学推导，它没有与之相对应的心理感受。现在，关键是要说明这种心理感受与差异化的内时间之间的联系，要找到它们之间的联系，必须回到莱布尼茨的力本论、物质论和单子论的思想。

既然广延不是物体的本质，那么，物体最根本性的本质是什么呢？莱布尼茨认为应该是“力”，是力构成了物体最内在的本质。当然，这是从“力”在意识领域内呈现的意义上来说的。在意识领域，莱布尼茨对“能动力”做了形而上的哲学解读，甚至把它看作区别于笛卡儿广延本体论的另外一种本体论。其基本推理可做如下解释：因为能量表示产生某一效果的可能性，如举起一个重物，它包含一个行动，也就是产生的行为，这是笛卡儿的运动说中所没有的，因为笛卡儿的“动”只是空间上的移动而已。而作为具有空间特征的“广延”在莱布尼茨看来是“初级物质”。关于莱布尼茨的物质含义，罗素一共区分出五种，第一种就是由广延所预设的初级物质[①]；初级物质由广延所预设，由莱布尼茨称为“阻力”的东西所规定。物质的阻力包含着两个东西：不可入性（或抗变形性）和阻力（或惯性）。之所以把惯性和阻力相等同，主要是因为对意向性活动造成阻力的东西完全是惰性的或者惯性的（参见本章第一节对惯性定律的证明）。并且，由于不可入性和阻力在一个构造出来的刚性几何体中到处相等，并与该物体的广延成比例，这样就可以用数学的办法来加以数学化处理，也是笛卡儿的理想，即把所有的物体抽象成“广延”和“不可入性”，使它们成为刚性的几何学对象，物体的运动能够完全按照形状、大小和位置这些几何性质来加以说明，自然规律都能够用推导几何公理的那种方式给推导出来。例如，阿基米德证明杠杆原理的时候就是这样做的。在阿基米德的证明过程中，杠杆被简化成一条几何学线条，物体本身成了重心，也就是线上的那个点，这些物体占据的空间变得毫不相干，这样，把所有的物理因素简化成几何因素，最终使之成了一种几何学的证明。

---

① 莱布尼茨:《莱布尼茨著作选录》，载罗素著《对莱布尼茨哲学的批评性解释》，段德智等译，商务印书馆 2010 年版，第 93—94 页。后四种与单子论有关：①出现在动力学中的次级物质，亦即赋予了“力”的物质；②构成每个被创造的单子的本性之要素的初级物质，在这个意义上，它相当于被动性或知觉的混乱；③有作为单子堆集或“团块”的次级物质，这仅仅是一种具有偶然性的统一体的堆集；④有属于某一单子的有机体，也就是为这个单子所支配的诸单子的集合体，它并不仅限于为这些单子提供偶然的统一性。

此时的几何学图形之间的组合与物体的惯性运动无异，几何学图形本身就是惰性的。莱布尼茨在《新系统及其说明》中说过一段意味深长的话："如果我们愿意加以正确的理解，形体本身是'惰性的'。这就是说，一个形体一经假定为在静止中，就不能自己开始运动，而且别的东西使它运动时，也不会只接受而不抵抗；而一旦加以某种方向或速度，它也就更不能自动地予以改变，或者说它不能没有抵抗地容易接受别的东西改变它的某种东西。因此，就得承认广延，或几何学上的形体中的东西，绝对地看，其中没有什么可从之而产生行为或运动的东西，毋宁说是物质由于刻卜勒所称的自然的'惰性'的东西抵抗着运动；以致它不是像通常所相信的对运动和静止守中立的态度，而是它本身有多大，就要求有多大的力量来推动它。"[①]所以，在莱布尼茨看来，几何学形体之间的组合实际上是初级物质的被动运动或惯性运动。在运动中，那些几何学形体是刚性的、死的、被搬弄的、必然的组合。从这个意义上来说，整个几何学推理的实质，就是莱布尼茨的初级物质（几何学形体）的被动的、必然的组合。所以，推理对于人的意识活动而言体现出来的就是"阻力"感。当然，人会发现许多"阻力"与"阻力"有规律地对抗，就是几何学中的诸定理。

由于广延性的几何体是均质的，它们只是某种几何元素的重复性的组合，如两个等腰直角三角形组合成一个正方形，所以"初级物质，就其相互一样和不可辨别而言，不是别的东西只是诸多事物的某种无定限的重复"[②]。这种无限的重复是没有内生的"能力"的发生的，它们有的只是外在的阻力。所以，莱布尼茨把"能力"看得比"广延"更为实在。相较于笛卡儿的广延本体论，莱布尼茨说："按照我的意见，自然中的一切都是机械地被造成的，而且要给某种特殊现象（例如重量或弹性）一个确切而充足的理由，只须用图形和运动就够了。但机械的原则本身以及运动的法则，我认为是由一种较高级的东西产生的，这种较高级的东西与其说依赖几何学，毋宁说依赖形而上学，虽然'心灵'很理解它，但却是想象力所不能达到的。因此我发现，在自然中除了广延这个概念之外，还得用'力'这个概念，这种力使物质能够活动并且能够抵抗。"[③]可见，要回到力本论，就必须回到心灵活动，只有心灵活动才是最原生的"能"。它也就是歌德在《浮士德》里说的"太初有为"中的那个"为"字。恰恰在这里，让莱

① 〔德〕莱布尼茨：《新系统及其说明》，陈修斋译，商务印书馆 2002 年版，第 168 页。

② 〔德〕莱布尼茨：《莱布尼茨著作选录》，罗素《对莱布尼茨哲学的批评性解释》，段德智等译，商务印书馆 2010 年版，第 306 页。

③ 〔德〕莱布尼茨：《新系统及其说明》，陈修斋译，商务印书馆 2002 年版，第 25 页。

布尼茨的另外几重物质的含义充满了内在精神的含义,与他的单子论思想联系在一起。这样使得莱布尼茨回到精神领域来探讨外在的自然科学问题。胡塞尔说：“莱布尼茨的单子论有一种对于数学自然科学，以及对于按照数学的精密理论在真理中，在自然科学的真理中，被规定的物质的自然，进行形而上学说明的风格……莱布尼茨在他的单子论中提供了一个天才的概观。他发现了通过对自然作精神性解释——这种解释将一种内在的单子论的意义通过说明而当作自然科学的意义的基础,并为此而搜集论据——而实现这种调和的可能性。”[①]莱布尼茨把自然界的力学做精神上的回归解释也刚好合乎我对力做内在说明的意图。

笛卡儿通过普遍怀疑提出“心物二分”，物体是有广延的，而心灵是没有广延的,无广延的心灵对有广延的物质世界的认识是通过松果腺为中介来达到彼此的。莱布尼茨消除了笛卡儿的广延本体论而提出力本论，力本论的载体是莱布尼茨的单子。单子是无广延的，它没有部分，因此不可分割，也不能以自然的方式加以结合，这样单子就相当于笛卡儿的心灵或灵魂。

单子除了没有广延外，单子还没有任何事物出入其中的窗户，使得单子之间有质的区别。心灵对世界的表征通过不同质的单子的类同而彼此同构。既然用力本论替代广延本体论，用无形消解有形，那么，对于不同质的单子就要根据“力”的不同而加以划分。于是，莱布尼茨的力本论分为两个基本层次，一种是“原生力”，它是能动力，它规定单子状态变化的法则，是最终的动力因；另一种是“次生力”，它是原生力的结果，或者相当于原生力的几何体的滞留，体现为物体世界中的作用力与反作用力，与机械论的运动法则相符。这样，在笛卡儿那儿用广延来抽象的物体以及不能用广延来加以抽象的心灵就分别是次生力与原生力及其之间的单子系列。如果把广延物与心灵都看成为实体，那么“实体就不再象笛卡尔认为的那样，只是具有广延的、僵死的、由外力推动的块体，而是在自身中就具有活动力，具有永不静止的活动原则的实体”[②]。单子系列中不同单子的区分显然是靠单子的不同的力来区分的,而这些力最终表现为我们心灵中的知觉和欲求。莱布尼茨说：“这种包容和代表单一或单纯实体中的繁多性的过渡形态，只不过就是通常称之为‘知觉’的状态……正是在这

---

① 〔德〕胡塞尔:《第一哲学》，王炳文译，商务印书馆 2006 年版，第 208 页。

② 〔德〕莱布尼茨:《莱布尼茨自然著作选》，祖庆年译，中国社会科学出版社 1985 年版，第 4 页。

一点上，是笛卡尔派所大为忽视的，他们把人所未察觉的知觉视为乌有。由此他们竟认为唯有心灵才是单子，既无所谓兽类的灵魂，也不存在其他的'隐德来希'。他们与俗世之辈一样，把长期昏迷与严格的死亡看成是一样的，因而使他们陷入经院哲学的偏见之中，以为灵魂完全分离于体外，他们甚至与心智有缺陷的人同调，持灵魂必死之说。……此一知觉向另一知觉变化或过渡，可称之为欲求。诚然，欲求永远不能完全达到所追求的十足的知觉，但总可以取得一些东西，并且达到一些新的知觉。"[①]这样，单子的变化和转换就表现为知觉的变化的转换，而知觉的变化和转换的动力来自欲求。

在知觉方面，每个单子具有全宇宙及其自身的表象，单子在表象一物时，在某一角度下连带地表象了宇宙中的一切，所以，单子相当于宇宙的一个缩影，或者宇宙全息于单子之中。这样，人与自然之间具有知觉上的相通性，为人认识自然的可能性提供了一个合理的说法。至于说欲求方面，是指单子具有一种倾向、一种动力，从而使单子从一种知觉状态推进到新的知觉状态。单子的这种倾向支配一切快乐与痛苦的感觉，同时它也是第一推动力，因为它体现了意志（意志就是理性光照下的欲望）。但是，欲望并不是一种独立的特征，它本身蕴含在知觉之内，所以分析到最后，单子主要是"欲望的知觉"，或者说是关于"能力"的知觉。

又由于存在由被动型的物到主动性的心灵的一个连续性的单子系列，所以知觉也分为不同的等级。最低等级的单子只有微知觉，这类单子根本没有清楚明晰的表象，无生命的东西就是由这类单子构成的；较高等级的单子具有较清晰的知觉和记忆，有感性灵魂，一般的动物就是由这些单子构成的；更高一级的单子不仅具有清晰的知觉和记忆，而且有理性灵魂，能运用概念进行判断、推理等思维活动，人就是由这类单子构成的；最高级的单子是上帝，它具有最完满的智慧。在莱布尼茨看来，世界上的一切事物都依据其单子的高低之分，形成一个不间断的系列，宇宙中没有也不可能有飞跃。

前面说莱布尼茨的初级物质相当于笛卡儿广延本体论的几何学形体，它所显示的是意识活动能力受阻的情况，相当于静力学中的机械性的死力；那么，莱布尼茨的"次级物质"则是出现在动力学中的，被赋予了"能

---

① 〔德〕莱布尼茨：《单子论》，《莱布尼茨读本》，陈乐民编著，江苏教育出版社 2006 年版，第 36—37 页。

动力”或“力”的物质[1]。此处我要根据本章第二节后面的结论做一个大胆的发挥。

> 如果我们从意向对象来反观意向活动，对于感性对象的构造往往体现出意识活动的主动性，感性质料总是伴随我的意识活动而动，其构造的对象也成为一个无限开放的视域，我获取的东西在理论上总是未定之物或开放之物，最后凭我的意志来终结这种开放之预期；而形式化范畴对象的构造，特别是数学化的形式化范畴，使得数学化的物理学规律的本质成为相连横的，迫使你不得不承认它们的那种本质关系，往往体现出来意识活动的被动性。从更为宏观的层面来说，前者更多的体现出人的意志，而后者更多的体现出人的理性。

莱布尼茨赋予了“力”的物不再是笛卡儿广延本体论所抽象出来的几何体，而是有无穷尽的物质属性集合而成的聚合体。这种聚合体提供给人的视域也是无穷尽的，也就是意识活动激活了物质的质料，但这种物因为视域的多样性，它呈现给意识活动的无穷的多，这些“多”之间具有质的差异，它不再是笛卡儿广延本体论所说的那种均质的“同”。这种聚合体具有感性物的特征，我上面的结论指出，对感性物的构造往往体现出意识活动的主动性，意识活动的主动性也就是“能动性”，也即“力”的特征。一个被灵魂或统治性单子所统一的物质团块中，必然具有这个灵魂所发出的主动的力；无论把这个团块分割成多小的团块，它依然是被另一个更弱的灵魂所统一起来，故依然具有主动的力。因此，在莱布尼茨的思想中，物质的本性不是被动的，而是主动的。这种主动的力本质上是灵魂或隐得来希的知觉，它是灵魂视角的体现，是独特的和具有内在差别的。于是，物质的每个微小部分都具有一种个别的力，这些力表现为每个物质点上的各不相同的运动趋势，它们是彼此异质的，同时，它们先于宏观物质团块中的笛卡儿式的可度量的、被视作同质的那种“派生的力”。

现在，笛卡儿的广延本体论中的几何学的平面世界就进入到了莱布尼茨的力本论的单子世界，如何进入呢？德勒兹给出了一个形象的说法，就是平面通过褶皱扭曲而塞入单子之中。这样，世界作为一个无限地向外延

---

① 〔德〕莱布尼茨：《莱布尼茨著作选录》，罗素《对莱布尼茨哲学的批评性解释》，段德智等译，商务印书馆2010年版，第93页。

扩的系列，当它内化到个体化的单子中时，就成为一个无限地向内收敛的系列，这个系列实际上是外延系列的褶曲。于是，德勒兹用“褶子”替代莱布尼茨的单子，世界被折叠进了单子之中，就像被扭入单子中一样，德勒兹说：“因为世界在单子之中，每一个单子包含了世界各个状态的全部级数……我们从世界到了主体，代价就是一种扭力。”①德勒兹画了一个形象的图（图 3.6）。②

图 3.6　德勒兹的褶子图示

德勒兹说：“正是这种扭力构成了世界和灵魂的褶子。也正是这种扭力表现了褶子的主要特点：灵魂是世界的表现（现实性），这是因为世界是灵魂的被表现（潜在性）。”③德勒兹创造了褶子的概念，在他看来，世界的一切包含有褶子，既有物质的褶子，也有精神的褶子。利用褶子可以阐发“一”与“多”的命题，单子中的“一”具有包裹（打褶）和展开（解褶）的潜能，而“多”则既与其被包裹时所形成的褶子不可分，又与它在被展开时所呈现的解褶不可分。每个单子的深处由无数个在各个方向不断自生又不断消亡的小褶子所构成，“褶子叠褶子，褶子生褶子，直至无穷”④。

无论是物质的褶子还是心灵的褶子，它们都要以“弯曲”作为其内在的核心，所以德勒兹非常强调“曲线”这种形状。在“灵魂中的褶子”

① 〔法〕吉尔·德勒兹：《福柯·褶子》，于奇智、杨洁译，湖南文艺出版社 2001 年版，第 185 页。

② 〔法〕吉尔·德勒兹：《福柯·褶子》，于奇智、杨洁译，湖南文艺出版社 2001 年版，第 185 页。

③ 〔法〕吉尔·德勒兹：《福柯·褶子》，于奇智、杨洁译，湖南文艺出版社 2001 年版，第 186 页。

④ 〔法〕吉尔·德勒兹：《福柯·褶子》，于奇智、杨洁译，湖南文艺出版社 2001 年版，第 149 页。

这一章中，德勒兹以画家克利展示的曲线[①]来展示褶子的灵活性、变异性和非重复性。这些曲线与直线、点、角完全不同，因为直线、点和角不具备变异性和非重复性的特点，它们是可以无限重复的图形，从而是“死”的图形（图 3.7），“角是坚硬的，点是坚硬的，是外来的力使它们得以运动”[②]。在数学中我们往往把曲线看作某个点的切线的近似（就像用多边形近似圆一样），这样好像“点”和“直线”是比曲线更为原初的元素，是更为理想的元素。实际上，弯曲或曲线更为原初，是一种更为理想的元素。德勒兹说：“弯曲是线或点的纯粹事变，是潜在的东西，是完美的理想性。”[③]

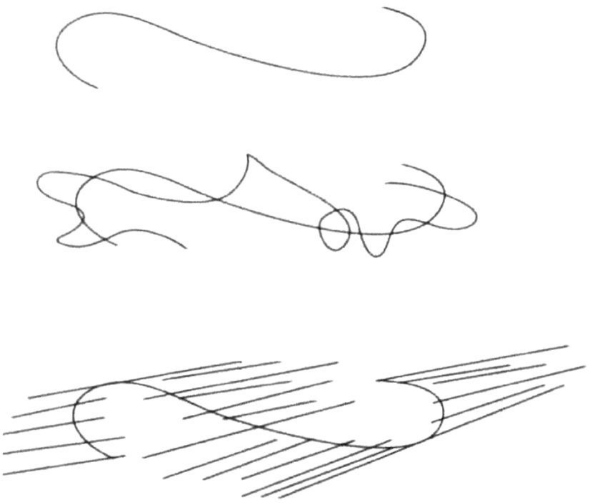

图 3.7　德勒兹所引克利画的图形

如果进一步构造灵魂中的褶子与内时间的关系，我认为德勒兹的“曲线”更能够表征内时间的特征，而胡塞尔的内时间图式用“点”和“直线”来表征的时候，虽然能够表征出时间的变异，但似乎给人以“线性”变化规律之嫌（如“滞留”按照一种线性减弱的规律减弱），而不是一种彻底的变异（图 3.8）。

① 〔法〕吉尔 · 德勒兹:《福柯 · 褶子》，于奇智、杨洁译，湖南文艺出版社 2001 年版，第 168 页。

② 〔法〕吉尔 · 德勒兹:《福柯 · 褶子》，于奇智、杨洁译，湖南文艺出版社 2001 年版，第 167 页。

③ 〔法〕吉尔 · 德勒兹:《福柯 · 褶子》，于奇智、杨洁译，湖南文艺出版社 2001 年版，第 169 页。

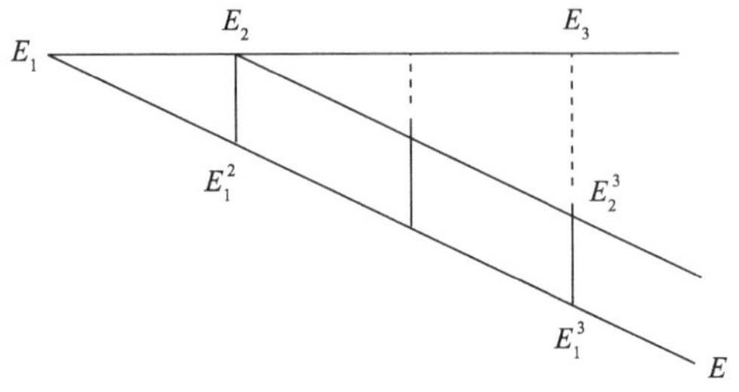

图 3.8 胡塞尔的内时间意识图示

这里再强调一下变异与变化的区分。按照康德的说法，变化必须以一个不变的东西为基础①。现在的问题是，变化一定要以一个不变的东西为基础才能知觉到吗？如我刚观察到一个桌子后又观察到一把椅子，但是桌子和椅子是两个不同的实体，此时，我知觉的变化是预设了不变的时间吗？假设我先预设一个不变的参照物，再来考察变化，此时的变化其意义已经发生了改变。正如“没有静止的河岸作参照系，我们也无法测定河水的流动”②，这里把河岸当作流水的参照物，且仔细看一看参照的情况。首先，河岸如一条静止不动的坐标线，在上面我们标出某水流经过的 A 点，然后再标出该水流经过的 B 点，B 点在坐标线上不同于 A 点，我们就说河水流动了。事实上，这里根本没有涉及流水的变动，而是一条静止不动的坐标线上位置的改变而已，位置的改变也仅仅是先把那些位置看作可重复的点的排列……，然后看 A 点和 B 点从左边起点开始分别重复了多少点，所以，位置的不同仅仅是抽象坐标线上的点数量的不同而已，并不是说由 A 点到 B 点有什么性质上的改变。因此，量上的差别或变化或许要靠一个固定不变的参照物来加以规定，但是，对于性质上的差别则不必靠一个固定不变的参照系来加以规定。退一步说，如果“变化”需要依赖于一个持存的实体，但是“变异”却不需要，“变更”也不需要，“变化”之所以依赖于持存的实体，是因为变化本身通过抽象的实体而抽象化，如由 1 变到 2、3、4、5 等，其中就假设了一个抽象的实体“1”，“2”由两个“1”变化而来，“3”则由三个“1”变化而来等。但是“变异”不是如此，它就是绝对的差异，而不是先确定一个不变的标准，然后再来参照标准怎样怎样云云。色彩由浓到淡是变化，光度由暗到明是变化，人由年轻到年老是变化，这些变化好像必须依附于一个不变的东西。像这种有序的变化似乎还可以给人一种预期，如“越来越红”“越来越老”之类，但变

① 〔德〕康德：《纯粹理性批判》，邓晓芒译，人民出版社 2004 年版，第 171 页。

② 杨祖陶、邓晓芒：《康德〈纯粹理性批判〉指要》，人民出版社 2001 年版，第 194 页。

异是不可预期的，是无规律可循的，因此也就不必是一定要依赖于某个实体的了。[①]所以，康德的变化理论有“抽象”的背景，是在“量”上的变化，而不是在“质”上的变化，即“变异”。可见，灵魂中褶子的差异是内时间中变异的滞留的涌动，同时也是灵魂中力的涌动，即“力动”。“力动”中的力并不是一个实体，因为实体是以持存的时间为依据的，也就是说它在持存的时间中保持不变。“力动”中的力是差异化的内时间之流。

因此，“力”在变为一个纯形式化的公式 $f = m\frac{d^2s}{dt^2}$ 的时候，它也是与人的内在时间感知相联系的，如果没有联系则很难设想“力”成为一个与时间相联系的过程量，而还是会把力当作一个实体来看待，从而不会有牛顿第二定律这一动力学公式。如果不在内时间意识中寻找“力”与“时间”的关系，而是单单注视牛顿第二定律这个公式的形式，就会觉得这个公式非常抽象，不好理解。

---

① 康德的论述构不成对胡塞尔内时间意识的威胁。胡塞尔内时间中由滞留、滞留的滞留构成的是一个差异化的聚合体，因此这种差异不需要进一步假定一个持存的参照物，只有那些有规律的变化才需要假定一个持存性的参照物。所以，胡塞尔的内时间中的那些差异化的滞留并不需要进一步假定一个持存的时间，否则就会出现无限循环。

第四章　时间多样性的动力学演化与延迟选择实验新释

前面章节中多次从变异来谈及内时间的变化，而且大多是相对于均匀同质的客观时间来加以谈论，没有从正面来论及时间的那种强度性质，似乎根本无法把握那种永恒的赫拉克利特之流。尽管如此，胡塞尔、柏格森和德勒兹，他们都用“多样性”（multiplicity）这个词来描绘那种强度化的变异特征。有趣的是，他们所用的“多样性”这个词都与数学中的“流形”有关，考虑到数学中“流形”的形式化特征，或许可以给出强度变异的时间的一种形式化的考量，特别是微分流形形式可能给予时间一种新的可设想的特征，借此，在现代力学（如量子力学）中可以考察那种技术介入的新的特征，即游牧性的不可预期的特征。

第一节　内时间意识图式的问题及其多样性特征

胡塞尔在其时间现象学著作中绘制了很多图式来阐释他的内时间意识现象学思想，这些图式在一定程度上帮助我们理解了内时间意识现象学，故在论述胡塞尔的时间现象学的著作或论文中，研究者也大量引用胡塞尔的图式来加以论证说明。然而，如果仔细考察他的那些图式，可以发现一些与胡塞尔本人关于内时间意识现象学的论述相矛盾的地方，这些矛盾的原因主要在于胡塞尔用来表征内时间意识图式的线条都是“直线”，其滞留线是以线性的方式渐变的，它反映出一种数学上可量化的特征，与胡塞尔内时间意识中差异化的滞留连续统是不可量化的描述相矛盾。差异化哲学大师德勒兹曾在“多样性”一文中对胡塞尔的内时间图式进行过批判。图 4.1 是德勒兹图示的胡塞尔的内时间①，该图德勒兹干脆把胡塞尔的滞留线 AA'A" 放在一个由水平线和垂直线组成的一个框架图中。对于

① 〔法〕吉尔·德勒兹：《哲学的客体——德勒兹读本》，陈永国等主编，北京大学出版社 2010 年版，第 221 页。

这样的框架图所构成的空间，德勒兹称之为“条纹空间”①。

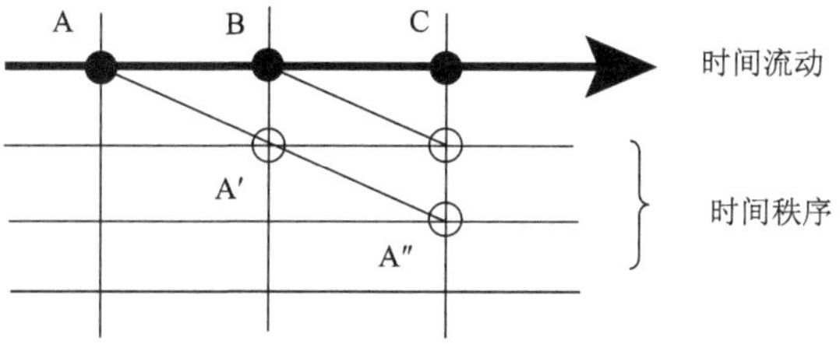

图 4.1 德勒兹图示的胡塞尔内时间

条纹空间中的那些网控的数点都已经被编码过，相当于笛卡儿坐标系的坐标编码，如此，数点之间的连线也是被编码过的数点（即坐标）控制的。如图 4.1 所示，时间变异的滞留线 AA'A" 是完全从属于坐标系中的数控点，受坐标系的控制，从而依赖于一种外在的框架。德勒兹说：

> 姑且总结一下数点系统的主要特点：（1）这种系统包括两条基本线：水平线和垂直线；它们都被看做分配点的坐标。（2）水平线可以垂直地重合，垂直线可以水平地运动，因此，在水平频率和垂直共鸣的条件下产生和繁殖新的点。从一点到另一点可以（或不可以）画出一条线；如果可以，这条线就是局部连接；因此，对角线在不同层面或时刻的点之间起到连接作用，反过来，这些层面或时刻又在这些水平或垂直、毗邻或相距的点的基础上产生频率和共鸣。这些系统是树状的，记忆的，克分子的，结构的；它们是分域或再分域系统。线和对角线完全从属于点，因为它们是点的坐标，或从一个点到另一个点的局部连接。②

正因为在坐标系中数控点优先于线，所以“线”可以用点的坐标来表达，如坐标系中直线的方程 $y=kx+b$，有了这个直线的方程，使得这个方程上的点都成为可计算、可预言的。德勒兹认为“线”应该优先于“点”，

---

① “条纹空间”是被等级化的、固定的、静止的、保守的、稳定的、封闭的、同质的空间，具有王权的、帝国的本质。与条纹空间相对的是“平滑空间”，它是灵活的、运动的、开放的、异质的、非度量的空间。详细解释见吉尔·德勒兹、菲利克斯·加塔利：《资本主义与精神分裂（卷 2）：千高原》第 519—538 页的论述。

② 〔法〕吉尔·德勒兹：《哲学的客体——德勒兹读本》，陈永国等主编，北京大学出版社 2010 年版，第 221 页。

或者点应该从属于线，而且这种线是“分子线”或“逃逸线”[①]。

在科学思考中，我们总是习惯于“点”优先于“线”的思考方式。我们甚至把“直线”还原到“点”，说“直线是由点组成的”，这实际上是说直线由点的重复组成，这些点在非常粗略的直观下是分立的。如果做精细的描述，我们会从连续性来描述直线上点的重复，更为复杂的描述就是从数的连续性来表征直线上点的连续性。那些分立的点我们可用整数加以标注，如 1、2、3、4…，这样数字 2 表示那个“单位点”重复了两次，数字 3 表示那个“单位点”重复了三次，数字 4 表示那个“单位点”重复了四次等。这里是以“1”为单位进行重复。当然，也可以以分数为单位进行重复（$\frac{1}{6}$，$\frac{1}{3}$，$\frac{1}{2}$，$\frac{2}{3}$…），这样的分数无论多么小（当然它是有理数），总是不能穷尽一条直线上所有的点（图 4.2）。因为上面还有无理数，由有理数和无理数组成的实数集合是不可数无穷集合，这个是康托用对角线方法巧妙地证明的。

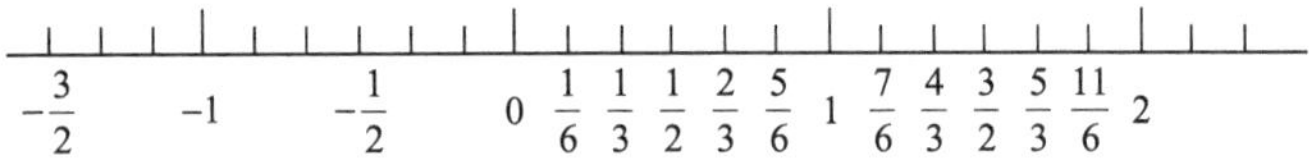

图 4.2　用数来标注直线上的点系列

像实数集，直线上点的个数，平面上点的个数，一个正方形里点的个数，或者简而言之，一切几何对象里的点的个数都有一个数学上的专有名称，叫“连续统”，属于不可数无穷集合（连续统更为专业的定义是“不可数无穷集合中那些和全体实数的集合等势的集合”）。关于连续统可得出一些有违直觉的结论，如一条直线上点的集合与一个正方形上点的集合等势（即集合中元素个数一样多），一段线段上点的集合与一条无限长直线上的点的集合等势。显然，对于连续统的几何对象我们无法用一种统一的度量来度量它们，也就是说它呈现出一种非可加性的性质。

胡塞尔经常用连续统来描述的时间，如“一个延续的客体的流逝连续性是一个连续统，它的各个相位就是客体延续的不同时间点的流逝样式的

---

① 在德勒兹差异哲学中，“分子”和“克分子”是两个非常重要的概念。克分子“moles”来自拉丁语，是一大团、一大块的意思，是表示物质量的单位，是一个数量刻画的单位，已经遭受过数量的刻画和框定，是结构化的；相比较而言，“分子”则是非量化的概念，也是一个自由的概念。于是，克分子与分子概念构成了流变论的问题框架：克分子意味着限定的、稳态的场域，具有辖域化的特征；分子则是流变不定的物质运动，具有动态的、不确定性的特征。

各个连续统”[①]。“每个滞留都已经是连续统”[②]，显然，具有连续统特征的内时间也呈现出非可加性性质，胡塞尔甚至在关于消退现象学的描述中非常明确地论述了滞留变异的非可加性，其描述如此清晰，以致不用做任何过多的阐释。

> 消退变异是连续的，并且就此而言我们具有间距与间距的比较。这是毫无疑问的，只要我们能够重复在再回忆中的生动流动的当下渐渐消逝（消退连续统一体），并且也许在此期间通过新开始的原当下之物能够设定分开的点。在此并未谈到一个“精确性”，但是，毕竟我们“察觉到”间距的区别，或者“察觉到”“较长”与“较短”的消退片段的区别。无论怎么不明确。如果一个消退连续性对我们分成两个部分 α 与 β，那么我们能够把它象征地称作 α+β，在这个地方 α 可以标明以（带着现在的）I 为出发点的消退连续性……每一个任意的片段 α 不可能是一个 α+α 的部分，我们不可能对每一个任意的 α 形成 2α、3α……并因此如果不同的片段 α、β、γ 有价值，我们不可能任意地形成 α+β+γ。[③]

胡塞尔关于内时间非可加性的描述与柏格森的绵延的强度性质是一致的，柏格森描述绵延性质的词是“多样性”。德勒兹在其著作《伯格森主义》的第二章“作为直接材料的绵延”拟的副标题就是“多样性理论”。在那里，他承接伯格森区分两种“多样性”的思想，即“多”和“多样性”。“多”即数量上的多，也就是“多少”的含义。这种“多”属于伯格森所指的空间上或数量上的多样性。因为数目上的多即“许多单元的集合”首先要求这些单元应该是同样的，这样才能抽象出一个一般的数来。然而，那些同样的单元又是不同的，其不同并不在于那些抽象单元的不同，而在于它们占据着不同的空间，而且这样同时占据不同的空间的单元是我们计数的先决条件，所以，数字本身就是空间的，所有数字都隐含着一个在空间中的视觉图像，只要我们用数字来计量某个东西，就一定是把这个东西

---

① 〔德〕埃德蒙德· 胡塞尔：《内时间意识现象学》，倪梁康译，商务印书馆 2009 年版，第 60 页。

② 〔德〕埃德蒙德· 胡塞尔：《内时间意识现象学》，倪梁康译，商务印书馆 2009 年版，第 61 页。

③ 〔德〕埃德蒙德· 胡塞尔：《关于时间意识的贝尔瑙手稿（1917—1918）》，肖德生译，商务印书馆 2016 年版，第 103—104 页。

先变成为了空间性的东西。伯格森认为，这种空间性的多不是真正连续的多，“是一种外在性、同时性、并置排列、秩序、数量差异的多样性，是一种数的、非连续性的和现实多样性”[①]。

另外一种多样性则是与空间相对的时间的性质，而且这种时间还不是日常生活中机械化的时间，而是伯格森意义上的绵延。绵延是一种不可分割的质料意义上的连续体，它不允许在差异性的质料之间存在裂隙，这种多样性“在纯粹绵延中呈现；这是一种连续、融合、构成、异质性、性质差异或本质差异的内在多样性，是一种潜在而连续的、不能还原为数目的多样性”[②]。绵延的多样性不能用空间化的广延量来加以描述，只能用强度量来加以描述。强度量像温度、浓度等不具备可加和性，浓度为 50%的盐水和浓度为 30%的盐水混合得到的不是浓度为 80%的盐水；但广延量像长度、体积则具备可加性。也就是说，多样性所展示出来的“多”并非重复许多的“1”得来的。

非常有意思的是，德勒兹断定伯格森关于“多”与“多样性”的区分源于数学家黎曼。他说：“这个问题可以追溯到一位天才的学者、物理学家和数学家黎曼那里。黎曼曾把物按照其大小或自变量来确定的‘多样性’。他区分了离散的多样性和连续的多样性，前一类多样性具有它们的度量的原则（它们的大小由它们所包含的要素的数目来表示），后一类多样性则在其它物中发现度量的原则，即使不是在它们所展现的种种现象中或作用于它们的力量中发现。”[③]“离散的多样性”指广延性的多样性，像长度、体积之类的多样性具有可加性，这种可加性由其本身长度或体积即可搞定，不需要转化成别的东西。而“连续的多样性”指强度量的多样性，则需要转化为广延量，如温度，需要通过温度计这样的广延性工具转化为广延量才能加以度量，所以这类多样性要在其他物中发现度量的原则。德勒兹还说：“柏格森因而提出了‘两种极为不同的多样性’，一种是性质的、融合的、连续的多样性，另一种则是度量的、同质的、离散的多样性……我们经常会发现两种多样性之间的种种差异：度量性的，非度量性的；广延的，性质的；中心化的，去中心的；树形的，根茎的；数字的，平面的；

① 〔法〕吉尔·德勒兹：《康德与伯格森解读》，张宇凌、关群德译，社会科学文献出版社 2002 年版，第 125 页。

② 〔法〕吉尔·德勒兹：《康德与伯格森解读》，张宇凌、关群德译，社会科学文献出版社 2002 年版，第 125—126 页。

③ 〔法〕吉尔·德勒兹：《康德与伯格森解读》，张宇凌、关群德译，社会科学文献出版社 2002 年版，第 126 页。

维度性的，方向性的；总量的，集群的；量值，间距；间断，频率；纹理化的，平滑的。”①

维基百科中的“德勒兹的‘多样性’”词条对这两种多样性做了一个辨析（表 4.1）。

表 4.1　两种多样性的比较

连续的多样性	离散的多样性
种类上的差异	程度上的差异
只能由种类上的改变来分割	无种类上的改变上的分割
非数目的——定性的	数目的——定量的
差异是潜在的	差异是实际的
连续的	不连续的
定性上的差异	定量上的差异
演替	同时
融合	并置

黎曼的多样性所用的词是 manifold，《差异与重复》的英译者在其前言中说，“多样性”（multiplicity）这个词已经在翻译德勒兹的著作时得到很好的解决，这个词来源于法语中的数学词“簇”（multiplicit é ），这个词在英语中通常指称的是黎曼数学中的词“流形”（manifold）。在黎曼时期，并没有现代数学中的流形的概念，黎曼用了 manifold 这个词，似乎是按其原意“多样性”来理解的②，意即空间的构造是十分丰富的，与我们经常提到的“三维空间”并不相同，数学家从日常生活中常见的物品形状抽象出几何学形体，像“直线”、“曲线”、“平面”、“球面”、“柱面”及一般的曲面，这些才是当代几何学中所谓的“空间”模式。称呼这些空间用一个专门的词，就是“流形”。因此，流形意义上的空间不是牛顿所理解的空空荡荡的箱子。就我掌握的伯格森的资料来查找，找不到伯格森对黎曼著作的引用。事实上，德勒兹也只是因为伯格森在《绵延与同时性》中对比了他本人和爱因斯坦的相对论的观点，“而相对论的观点与黎曼观点密切相关”，这才导致德勒兹对伯格森无法继续探究多样性理论的数学

① 〔法〕吉尔·德勒兹、菲利克斯·加塔利：《资本主义与精神分裂（卷 2）：千高原》，姜宇辉译，上海书店出版社 2012 年版，第 698 页。

② 齐民友：《数学与文化》，大连理工大学出版社 2016 年版，第 162 页。

意义的结果不满，他试图继续对“多样性”进行数学方面的探讨。德勒兹在其著作中多次提到黎曼，德勒兹思想的阐释者德兰达也曾对多样性的数学化研究做过深度的挖掘。

黎曼的“流形”是个曲面几何学概念，其先驱研究者是高斯。高斯在《关于曲面的一般研究》中发展出一种微分几何的雏形，其结果直接影响人们对传统空间观的理解，那就是“曲面自己就是一个空间，它有自己的几何学，为了研究这个几何，可以把曲面局部化——这就是微分几何的意思”①。这种局部的几何完全由两个十分接近的点之间的距离的性质来决定。这个空间是弯曲的，但是这种弯曲不是我们肉眼看到的那种弯曲，而是用曲率来表达的弯曲，也就是用曲线或曲面的弯曲程度来表达的弯曲，这样，“弯曲”成为曲面本身内在的性质，它并不依赖于包围此曲面的空间，从而不成为包围此曲面的空间外在强加的性质。这就是说，曲面本身就是一个空间，而不必是其他空间的一部分。黎曼进一步用流形这一概念发展了高斯的这种具有内蕴性的几何学。在用数学的方式去描述几何空间的研究进程里，流形是一个突破性的概念。在高斯之前，人们只用函数手段去描述带曲线的几何物体，弯曲物体上的每一个点被视为独立的空间坐标系上的函数。比如说，球的表面，是一种二维的弯曲物体，但它必须在封闭的三维空间中才能被描述。此外，只能用单一的数学函数去描述整个弯曲体。这样弯曲体整个的形状是由单一的笛卡儿坐标决定的，笛卡儿坐标相当于一个预先设置的框架。黎曼就是要除掉这一预置的框架，在《论奠定几何学基础之假设》一开篇就承接高斯的思想说：“众所周知，几何学把空间的概念以及在空间中作图的基本规则这二者都预设为某种给定了的东西。它给出它们的定义只是唯名论的，而其实质的规定则是以公理的形式出现。从而这些预设的关系仍然处于黑暗之中；人们既看不清楚，它们的联系是否和在何种程度上是必须的，也不能先验地知道它们是否可能。”②

流形从数学上和概念上改变了预设固定的空间坐标框架处理弯曲体的方式。高斯以及其后的黎曼提出了一种描述此类弯曲体的方法，而不用依赖额外的空间坐标。换句话说，多样性是根据弯曲体的维度，用固有的特定的空间坐标系去描述物体。用这种描述方法的话，球体可以视作二维

① 齐民友：《数学与文化》，大连理工大学出版社 2016 年版，第 155 页。

② 黎曼：《论奠定几何学基础之假设》，F. 克莱因《数学在 19 世纪的发展》，李培廉译，高等教育出版社 2011 年版，第 347 页。

的弯曲空间里的物体，而不是嵌入在三维空间里的物体。正因如此，流形又称为内蕴几何。流形的另一个重要的特征，是一个单独的弯曲空间可以通过一系列重叠的坐标系来描述，这些坐标系互相独立，甚至是不同维度数的。因此，一个流形可以通过大量的在各自坐标系中合理的方式来描述，而且这些坐标系相互重叠。这些坐标系中的任意一个，是不能够单独描述整个流形的，这与黎曼时期以前用一个完整的函数描述一个弯曲体的方式是相悖的。流形是局部的欧几里得空间，其整体则不然，所以黎曼空间有别于欧几里得空间。关于黎曼空间和欧氏空间的差别，外尔有一个比喻，非常清晰地展示了其差别："欧氏空间可以比作一个晶体，它是由均一的不变的原子放在格点上做规则的不可变的排列而成；黎曼空间比作液体，也是由同样的不可分辨的不变的原子构成，然而其排列和定向是活动的，受制于作用其上的力。"①所以，黎曼对空间的研究是局部化的，而且空间在每一点的性质是不同的。这样，流形上每一点的描述只能根据邻近点之间的关系特征来描述，外尔说："根据莱布尼茨的连续性原理，大自然的真正的规律性表现为近域作用定律（laws of nearby action），即这些定律都只把时空中的紧邻处的物理量的值联系起来，所以几何学的基本关系应该只涉及无限邻近的点（即为'近域几何'而非'远域几何'）。我们只能期望在无穷小中遇到基本的而且一致的规律，所以必须通过世界在无穷小中的性态来理解世界。"②内蕴几何的这些性质后来成为德勒兹提出的所谓"内在性平面"和"多样性"概念的思想来源。例如，德勒兹说："在所有情况下，'多'是内在地定义的，它并不外在地参照于或诉之于一种统一形式的空间。""统一性始终运作于被考察的系统的某个空的替补维度之中（超编码），准确地说，一个根茎或多元性不允许自身被超编码，不会拥有一个超越于它的线的数目（也即超越于与这些线联结在一起的数的多元体）之上的替补维度。"③

上面仅仅是从性质上介绍了黎曼的流形概念，实际上流形还有一个重要问题，就是度量问题，它也是流形作为一个形式化概念向前发展的基础问题。流形上的度量是黎曼题为《论奠定几何学基础之假设》讲座的最为

---

① 〔德〕赫尔曼·外尔：《数学与自然科学之哲学》，齐民友译，上海科技教育出版社 2007 年版，第 111 页。

② 〔德〕赫尔曼·外尔：《数学与自然科学之哲学》，齐民友译，上海科技教育出版社 2007 年版，第 109 页。

③ 〔法〕吉尔·德勒兹、菲利克斯·加塔利：《资本主义与精神分裂（卷 2）：千高原》，姜宇辉译，上海书店出版社 2012 年版，第 9 页。

重要的一部分，黎曼首先指出，传统的定义曲线长度的办法需要改正，因为它要先定义直线的长度，然后用积分的办法得到一般曲线的长度。当人们需要定义一般流形上曲线的长度的时候，并没有特殊的一类曲线可以选择作为优先考虑的对象。因此，应该有统一的方法给出所有曲线的长度。黎曼的办法就是先定义切向量的长度，然后利用积分来定义所有曲线的长度。各个点的切向量在整个空间上就形成一个向量空间，向量空间揭示出曲线或曲面的动态变化。当我们处理数学问题时，没有理由将几何的维数限制为三维。相反，我们可以使用黎曼几何来描述 n 维空间，其中 n 是任何整数。也许最重要的是，黎曼表明，如果我们移动到一个涉及一个没有恒定曲率的空间的几何，绝对的度量就不再持有。为了解释这一点，我们可以考虑在欧几里得空间中一个普通三角形的情况。直观上很清楚，无论这个三角形在空间中处于什么样的位置，这个三角形总是保持相同的形状。三角形由三条直线组成（直线是由两个点之间的最短距离来定义的），不管它们在平面上的位置如何，这些直线总是相同的。在球体的表面上也是如此，其中最短距离将总是遵循大圆的路径。在这两种情况下，空间具有恒定的曲率：欧氏空间在这种情况下提供了极限情况，其曲率为零。然而，如果曲率不恒定，则两个点之间的最短距离，高斯称之为测地线，将在空间中的不同点处不同，正如一旦我们考虑可能分离它们的任何山丘和山谷，在地图上的两个点之间的最短距离就不总是直线。此后，直线的性质也将在不同点变化。因此，如果我们向空间添加三角形，则三角形的大小和形状将根据其在空间中的位置而变化。

正是上面的特征导致爱因斯坦放弃绝对长度的概念，即“长度是空间–时间结构的一个函数”。这个特征也使非欧几里得几何在拓扑学上非常适合于描述非度量变换类型。也就是说，重要的不是系统的度量属性，而是可以通过诸如折叠的操作来创建形式的方式。这是从黎曼几何到拓扑领域的一个短暂的步骤。当我们观察欧几里得空间时，我们注意到它提供了一种定义物体的外在方法，如球体的表面。欧氏空间的外在结构被称为度量空间，在任何两个点之间的关系根据它们之间的距离来定义。正如我们已经看到的，对于非欧几里得几何，该距离不必是常数，因此点之间的关系不能根据距离来定义。然而，如果我们没有定义点之间的距离关系，那么空间可以被拉伸，改变点之间的距离，但不再改变它们的关系。这个想法被以下想法捕获：如果三角形在没有恒定曲率的空间中移动，则三角形将显示为“（扭曲）失真”。由于这些空间不是定量地定义的，它们被称为非度量或连续的空间。当然这种非度量性只是整体上的，而非微分局部意义上的。德勒兹说："实际上，他已经深刻地改变了黎曼的区分的意义。连续多样性对他来说本质上属于绵延的领域。这样，对于伯格森来说，绵延已不是简单地不可区分或无法度量，不如说是以改变本性来进行自我区分的东西，是在区分的每一阶段改变度量原则来自我测度的东西。"[①]揣摩引文中的最后一句话是很有意思的，德勒兹说这个规则可以不断地改变，就像维特根斯坦的极端约定论一样。维特根斯坦的极端约定论可以用一个简单的数学运算加以揭示。给定一个数列的前几位数 1、4、9、16，现在让你说出下一位数是多少。你很快就会说是 25，因为所给数列的前 4 位数符合 $y=x^2$ 这一公式。你也可能稍加思考发现：1+3=4，4+5=9，9+7=16，下一个数是 16+9=25，这个运算规则是"加奇数"规则。运算规则不一样，但结果一样。如果你更为细心，就会发现"加奇数"规则中的那些奇数 3、5、7 也都是"素数"，所以还应该有个"加素数"的运算规则，那么接下来的素数应该是 11，结果是 16+11=27。维特根斯坦就会说，实际上有很多规则，你如何保证运算规则的统一性呢？也就是说，我们想要得到一个结果，我们不仅要约定前一个规则，而且要约定后一个规则，两头都要约定我们才能抓住一点东西，不能用一个外在的规则强加于我一直让我做如此运算，体现了后现代哲学家在运用数学思考方面的共性。

总之，研究流形的多样性特征要注重其内蕴性和度量的差异性，度量的差异性是局部可微但整体上要靠拓扑动力学来给出一种动力学演化特征描述。德勒兹既然用流形的多样性特征来类比柏格森的绵延（也可暗指胡塞尔的内时间）的多样性特征，那么，柏格森的绵延或胡塞尔的内时间就同样可做拓扑动力学的探究。

第二节　多样性观念的动力学演化

第一节对多样性的内在特性做了一个数学上的描述，这种内在性主要是抛弃外在的框架内在地实现的。在抛弃外在框架之后也就脱离了那种固化、静态地看待问题的方式，反而转向一种内生演化地看待问题的方式。这种内生演化的方式在数学上也有相应的研究模式，就是当代数学的动力演化系统。下面就以德勒兹"观念"的动力学演化来介绍多样性观念的动力学演化方式。

---

① 〔法〕吉尔·德勒兹：《康德与柏格森解读》，张宇凌、关群德译，社会科学文献出版社 2002 年版，第 127 页。

非欧几里得几何学的出现对康德先验哲学的冲击是人们熟知的事情。康德曾把几何学当作先验综合判断，经验性的感觉材料需要寻找到一个外在于它的范畴框架才能得以形成一个规律性的东西，任何一个在经验世界中与我们照面的东西都是认识主体对通过时空感性形式进入主体内部的感觉材料进行塑形与构造的结果。康德哲学由此被称为“先验的观念论”，旨在探求一切可能经验的先验条件，时空和十二知性范畴就是支配感性材料的先验框架。然而，受非欧几里得几何学的影响，康德的那种外在先验框架赋予感性材料的方式也被质疑。德勒兹的处理方式是抛弃那种外在先验框架，正如黎曼抛弃那种外在统一的笛卡儿坐标，而从曲面的局部曲率来研究曲面一样，他认为感性存在的先验原理是内在于感性存在的发生条件，而不是认识主体从外部强加于感性存在之上的规定性形式。德勒兹说：“我们必须直接在可感觉的东西中去理解那只能被感觉的东西，领会那可感觉的东西的存在本身：差异，潜在的差异以及强度上的差异（它作为在质的多样性后面的理由）在差异中运动是作为‘结果’被生产出来。……差异是一切事物的后面，但在差异后面，什么也没有。”[①]也就是说，抛弃外在框架之后，我们直面的是“杂多”，杂多内部是差异化成分，其背后不存在什么统摄它们的范畴。因此，德勒兹是反对康德的那种先验的观念论的。

既然“观念”不具有康德的那种先验性，即不由那种形式化的先验观念来统摄感性杂多，那么那些感性杂多何以成为观念呢？德勒兹的“观念”究竟是一个什么样的东西呢？本来，“观念”（idea）这个术语在柏拉图那里是指心灵中那种超越了变幻莫测的现象世界的认知对象（即所谓“共相”或“理念”），是与“本质”相对应的概念，如“人”的本质就是“理性的动物”。但是，在德勒兹式的本体论中提出，一个物种并非由其本质属性所定义，而是由产生属性的形态形成过程所定义。物种并非代表永恒的类别，而是历史的构成实体，是经历了自然选择的共同进程导致的个体相似性。简而言之，物种是一个历时动态的概念，所以德勒兹有一种特别的分类学，如野马和狗是一类，而耕田的马和牛是一类。当然，“观念”在后来指认识论中的“表象”，“在柏拉图主义那里，一个观念或形式是一个不变的认识对象……通过普罗提诺、奥古斯丁、阿奎那和蒙田这样的思想家，‘观念’后来就意味着往往处于心灵之中的‘映象’或‘表象’”[②]。“新

---

① Deleuze G，*Difference and Repetition*，New York：Columbia University Press，1994，pp. 56-57.

② 〔美〕汤姆·罗克莫尔：《康德与观念论》，徐向东译，上海译文出版社 2011 年版，第 38 页。

的观念之路不仅包括笛卡尔，大概也包括其他的大陆理性主义者和英国经验论者，甚至也包括康德，他用‘表象’（Vorstellung）这个术语来取代‘观念’。”[①]康德把认识分析为一个表象与被表象的对象之间的关系，对象被理解为独立于心灵的外部事物，即物自体。德勒兹本体论中一个最重要的和革命性的主张是用“多样性”代替自柏拉图以来西方哲学中那种超越的观念，并对表象论严加拒斥。多样性的观念是那些内在于实际现象中的变化的结构化的模式，它是游牧的、动态的，这种游牧式的思想不会有任何思之表象，思想的速度和趋向与其外部的速度和趋向如此精确地相互联系，以至于它们之间的表象变得多余，乃至于彻底消失，思想于是完全内在于其所处的环境之中。德勒兹说：“观念是多样性的：每一个观念是一个多样性或一个变化。这个词‘多样性’是黎曼学派用的（胡塞尔采用，而柏格森再次使用这个概念），最重要的用法是将它附在实质上的形式（substantive form）中：多样性不应当意指‘多’与‘一’的一种组合，而应当意指一种专属于‘多’本身的、绝不需要借助统一（unity）来形成一个系统的组织化（organisation）。”[②]可见，德勒兹的观念并不是完全脱离形式框架的感性杂多，而是附在感性杂多上的“形式”，这种形式本身就是黎曼的多样性或“流形”。

另外，多样性本身是背后不具备任何先验的主体框架（如“统一”）的“多”的一种自组织，这一点正是黎曼几何的特点。黎曼进一步研究了曲面作为一种空间本身的想法，高斯解决了二维曲面的情况，黎曼则成功解决一个更为普遍的问题：n 维曲面或空间。n 维结构是通过其内在的特征来进行定义的，而不需要嵌入更高维（n+1）的空间就可进行研究。所以，德勒兹的多样性概念将黎曼流形的两个特征作为其定义：数目可变的维度和更重要的是，缺乏一个补充（高）维度的坐标，即外在统一的定义。当然，德勒兹这里有针对康德的意思。康德在范畴的先验演绎中提出了“三重综合”，即“直观中领会的综合，想象中再生的综合，概念中认定的综合”。综合是对杂多的综合，包括三个要素：①多样性的东西（杂多）；②对这多样性的东西的综合作用；③这多样性东西的统一性。最终，康德靠“我思”这样的意识活动把多样性的东西给综合统一起来。康德说：“如果我在数数时忘记了现在浮现在我面前的那些单位是曾被我一个挨一个

---

① 〔美〕汤姆·罗克莫尔：《康德与观念论》，徐向东译，上海译文出版社2011年版，第42页。

② Deleuze G，*Difference and Repetition*，New York：Columbia University Press，1994，p. 182.

地加上去的，那么我就不会认识到和数是通过一个一个的连续相加而产生的，也就认识不到数目；因为数目这个概念只在于对这种综合统一的意识。”①而且，这种统一是先验的，“我思”成为所有多样性统一的先验主体。德勒兹对这种先验统一主体持排斥态度。所以接下来，德勒兹干脆从数学上给出观念的定义：“一个观念是 n 维的，连续的，由多样性定义的。”②然后，德勒兹从观念的三阶段演化，即“未定—可定—已定”，来进一步界定其定义。

康德的“未定—可定—已定”，可以看作“经验杂多是未定的”；但相对于外在的先验范畴，经验杂多又是可定的，康德用“图型”来设置外在的经验杂多与先验范畴之间的同构，而且所有经验杂多都逃不出康德的那十二个经验范畴；一旦外在的先验范畴施加于经验杂多之上，经验杂多就变成“已定的”。德勒兹批判康德的先验框架，认为那种框架是很粗糙的，就像用网眼过于宽大的渔网捕鱼，会捕捉到鱼，也会漏掉很多鱼，以至于个头最大的鱼都可以从它那里溜走。他说：“表征的基本概念是一些范畴，它们定义为可能经验的条件。但是，这些都是太一般化，或者对于现实来说太大了。网做得这样大以至于大鱼也能钻出去。”③如果把这对应于数学上的解释，就像数学中的平均值一样，平均值会掩盖很多统计细节。德勒兹就是要找到这种细节。这样就由以往用范畴之网去捕捉现实，到“跟随”那种成为现实的潜在的运动。在微分出现之前，对于变化的研究人们只能够根据平均变化来研究，如“平均速度”，但微分出现之后，人们开始研究速度之变化。这样，微分过程更加接近真实的情况，而平均值因为其粗糙与真实情况相差太远。这也是德勒兹在《差异与重复》中大肆借用微积分来说明其观点的原因，特别是微分能够揭示更为真实的变化过程。德勒兹在《差异与重复》中的思想经常被称作先验的经验论。先验的经验论就是试图克服康德的先验观念论的内在缺陷。康德的先验论是以探求一切可能经验的先验条件为目的的哲学，他用范畴之网来过滤经验，这也就是通常说的把感性的东西上升到理性的高度，拔高感性的东西。但就是在这一拔高过程中漏掉了很多感性独特性的东西。所以，对德勒兹而言，康德将探究对象锁定为可能经验的先验条件的哲学无法对实在经验的现实发生做出说明，也就是说，先验观念论在“这一个”的个体性的独特问题面前

---

① 〔德〕康德：《纯粹理性批判》，邓晓芒译，人民出版社 2004 年版，第 117 页。

② Deleuze G, *Difference and Repetition*, New York: Columbia University Press, 1994, pp. 182-183.

③ Deleuze G, *Difference and Repetition*, New York: Columbia University Press, 1994, p. 68.

是无力的，它可以断言任何一样东西都逃不开质、量、关系的多重规定，但它无法解释这样一个具体的、特殊的事物是如何产生的。德勒兹试图去接近真实情况，这样可以满足他追求个体性和独特性的愿望。因为每一个真实情况都是独特的，其独特性来源于它特定的生成过程，生成过程是独特的，尽管生成的结果用类似量的范畴来看是一样的。例如，两个富翁财富一样，结果在量上是一样的，这种同样的结果掩盖了他们各自奋斗的过程，那个过程一定是独特的。变化过程的研究只能借助于微分（或差分）研究，正如运动的瞬时速度只能借助于微分，或曲面变化的细节也只能借助于微分研究一样。还有，通过向量场的微分来刻画变化细节。除此之外，动力系统描述的是系统如何随着时间流逝从一个状态演化到另一个状态，混沌理论则是对系统的既不可预测而又是决定的行为作明确的描述。这些都成为德勒兹描述变化过程的数学工具。

德勒兹既然抛弃先验的外在范畴这种框架，他自己的“未定—可定—已定”就是从内在论角度来论及的。简单地说就是：经验杂多是未定的；其内部的组织结构（微分关系）是可定的，这种“可定”是通过近域差异关系确定的；通过生成“奇点”，系统成为“已定”的。下面进行详细解析。

德勒兹很专业地借用数学中微分方程来表达他的“未定—可定—已定”思想。通常的函数关系考虑两个变量 x 和 y，例如 $y=f(x)$ 是经由确定某个 x 值来确定 y 值，其中 x 是独立于其他量而确定的。但在微分方程中，这样的函数关系是要被求出来的。在微分方程中，变量元素的微分（dx，dy）相对于确定的 x 值或 y 值来说是未决定的，dx 与 dy 就是纯粹的差异，这也是德勒兹“未定—可定—已定”思想中最好理解的一个环节。这些微分变量之间可形成一种相互决定的关系（dy/dx），使得它们又是可决定的。多样性的元素必须实际上是相互确定的。德勒兹说：“这些元素必定是事实上是被确定的，不过是相互确定的。即通过相互关系来确定的，它允许无论什么存在都是非独立性的。这种关系都是精确地非可局域性的理念联系，无论它们是总体上刻画这种多样性还是通过邻近邻域来加以刻画。在所有这些场合多样性都是内在地被定义的。没有外部的参照系或者求助于它所可进入的空间的统一。”[①]这一点完全吸收了本章前面所讲的黎曼几何学处理空间问题的方式，意味着空间不是从外部通过施加另一个空间来确定的，不需要外界强加的参考系，而且也无须用坐标系做单一的统一性描

① Deleuze G，*Difference and Repetition*，New York：Columbia University Press，1994，p. 183.

述。但描述要遵守临近原则，即对一个空间点邻域的一些局部的众多状态做独特性的描述，该点与其邻域之间的差异可在直观中清晰地给出。在传统的笛卡儿几何中，空间点之间的差异是通过其空间坐标的差异揭示出来的，但黎曼几何中空间点的差异不依赖于那种统一的坐标之间的差异，而是通过其邻域点之间的差异来揭示。这就像我们说在一群人中，某某人个头高或某某人个头矮，不是靠统一的标准尺的测量得出的结果，而是通过他们站在一起相互比较得出的结果一样。这也是微分几何学的特征。微分几何吸收了微积分的思想元素，可以借用微积分的内容来阐释多样性元素之间相互决定的思想。因此，德勒兹用微积分阐释其思想的时候总是与黎曼几何联系一起加以叙述。

最后，通过赋予初始值得出微分方程的解使得 dy/dx 的值成为一种完全决定的。在德勒兹的一本后期文集《荒岛》的一篇对话体文章中，他更为简要地概括了这一数学上的类比：

> 观念具有两个主要特点。一方面，它由无可感形象、无功能的元素之间的微分关系整体构成，这些元素仅存在于其相互规定中。这是一些具有 dx/dy 形式的关系（尽管无限小的问题在这里还不会出现）。……我援用这种相互决定原则作为充足理性的首要层面。在另一方面，与微分关系相对应的是“奇点”的分配，是奇点与常点的分布，以致某一奇点在所有常点之上衍生了直到另一奇点之邻域的可延序列。这些奇点是观念事件。①

上面这段话涉及现代微分动力学的内容，如果不深谙其数学背景，它是很难理解的。

动力系统主要研究一个物理量的演化过程，这个物理量一般是依赖于时间的（被 t 标记），假设你现在在坐标原点，在每一个地方都提供某种动力（依赖于你的位置）让你运动，如果这个依赖于时间的还是可微的，那么就是可微动力系统。用微分描述运动，便得到微分方程，如自由落体运动的微分方程是 $v=\frac{ds}{dt}$， $a=\frac{d^2s}{dt^2}$ 。在微观上，这些方程是描述落体运动的准确方式，然后从微分方程求出的解 $y=f(t)$ 是一个函数表达式，通

① 〔法〕吉尔·德勒兹：《〈荒岛〉及其他文本：文本与访谈（1953—1974）》，董树宝、胡新宇、曹伟嘉译，南京大学出版社 2018 年版，145 页。本书对一些专名的译法做了改动。

常表示一条平面的或空间的曲线，如自由落体的微分方程的解为 $s=v_0t+\frac{1}{2}gt^2$ 就表示为一条二次曲线。根据这个表达式可知道曲线的形态和各种性质，从而可以刻画出研究对象的运动规律，并可以定量地预测它的运动趋向。因此，自牛顿和莱布尼茨之后，求微分方程的解成为数学家们力图要解决的问题。然而，数学家发现很多微分方程是难以用已有的方法求解的。比如，太阳系的二体问题解决得非常好，而三体问题的精确的解析解不仅难以求得，还在某种意义上根本就求不出来，我们只能大致得到解的分布趋势。

回到"一个观念是 n 维的，连续的，由多样性定义的"这个定义，这个定义指明：一个观念是 n 维的连续的多样性（或流形）。它不能用离散的数目来衡量，且具有演替、生成和变化的性质，只能用数学动力系统中的向量场来加以模拟。这种方法最初由高斯提出，然后由黎曼拓展的方法：描述弯曲空间的性质不依据它们的空间变量而是依据这些变量的局部变化（微分），或者换句话说就是差异。如果是这样的话，一个多样性的整体描述可以被分配到每个点上，由点上变化最大的量及其方向确定的向量来描述。这个向量可以描述对于这些点来说最为重要的东西；通过某个点与所有其他相邻的点之间差异的特定联系进行局部计算。因此，多样性的整个形状可由在某一给定的点上表现形状趋势（曲率）的表现内在局部差异的一个场（向量场）来测定。

向量场的变化只能在趋势上加以刻画，但是其变化有一个非常重要的数学参数，就是"奇点"。奇点在数学上的定义就是给定微分方程组：$\frac{dx}{dt}=X(x,y)$，$\frac{dy}{dt}=Y(x,y)$，在拓扑学上，如果 P_0（x_0，y_0）是奇点，则向量场在 P_0 点是零向量，在物理学意义上奇点也是平衡点。反之，如果 P_0（x_0，y_0）是常点，则向量场在 P_0 点是非零向量，在物理学上常点也是非平衡点。由奇点的分布形成的虚拟空间并非一个度量空间，而是一个拓扑空间。只要多样性只遵循拓扑等价变换，奇点的相对位移就不会定向影响任何实际现象的动态模式。显然，等价的拓扑多样性产生等价的拓扑轨迹，这些轨迹只能拟合到特定的实际模式进行定量分析，但无法进行定性分析。因为拓扑空间是连贯的，所以基于拓扑空间的多样性的组成也是连贯的，具有流体的性质。比方说，从矢量空间形态中我们可以看到数学奇点的分布所描述的系统动力学。这些奇点和曲线也称为吸引子，曲线收敛的位置明显反映了上面提到的向量场的总体趋势。值得注意的是，系统的实际状态连续演变的相位空间轨迹和因受奇点分布而异的矢量场的变化趋势之间的概念区别。与轨迹相反，向量场反映了系统中未被察觉的变化趋势，这些倾向没有任何现实性，甚至是潜在的①，而只表示纯变化所遵循的规律，因此只能反映部分信息，不能完全定性。这就是潜在的现实：奇点的分布描述了一种独特而严格的状态变化趋势，虽然构成了事实但在某种意义上因为隐藏在事实当中而被完全掩盖，不为人所知。

较之通俗的数学层面的奇点，德勒兹对奇点的哲学理解有着不同的解读，对他来说，奇点及其分布是被构建来探讨现实的更深层面的一个概念工具而已。然而，他把多样性的结构划分为常点和奇点，这些点决定了邻域状态空间的结构。因此，又被称为吸引子，即分岔点。奇点的分布决定多样性的状态，而常点则是连接相邻奇点之间的一种单调变化的趋势，从某种意义上说常点的分布走向是由相邻两个奇点决定的，除了最终可能出现在一个实际的轨道上便没有其他值得关注的地方了。奇点的分布才是潜在维度的主要观察对象，用德勒兹的话来说，每个奇点都是一个事件，不是时间事件，而是一个理想化的瞬间——事实生成过程中的一个转折点。例如，0℃是水的冰点，而水要从固态变成液态或从液态变成固态，必须在0℃发生某种特殊变化。可以说0℃的上下限代表了水相变前后的变化，例如达到0℃但尚未结冰的水，这时微小的影响将使得冰晶出现。在数学上把这些不稳定性的状态叫作分支点，或分岔点。在这些关键点上，极小的扰动会引起系统发展过程中的质变。德勒兹说："理想的事件是什么？它是一个奇点，或者更为恰当地说是一组奇点，或一组描述一条数学曲线、一种物理状态、一种心理学的和道德人的特征的奇异点。奇点是转折点和拐点；是瓶颈、节点、焦点和中心；是熔点、凝结点和沸点；是引发泪水和欢乐的点，疾病和康复的点，希望和焦虑的点，以及敏感点。"②奇点状态是暂时稳定的，奇点之后的分岔又让系统的演化处于一种不确定状态。

我们知道，在初等数学中，一元一次方程（线性方程）只有一个解，二次以上的非线性方程通常都有多个解。对于研究动态系统的微分方程来说，情况也是一样，一般的线性动力学方程只有一个解，就是它的唯一的定态解。而非线性动力学方程通常都有几个定态解。也就是说，在非线性系统的态空间中矢量场可能达到几种不同的模式、构型或结构。所以，在微分动力系统的演化过程中，从一种状态空间进一步发展到几种可能状态

---

① DeLanda　M，*Intensive Science and Virtual Philosophy*，New York：Continuum，2005，p. 31.

② Deleuze　G，*The Logic of Sense*，New York：Columbia University Press，1990，p. 52.

空间时，必定进展到某个或某几个分岔点，在数种不同可能的稳态中加以“选择”，就像人们走到分岔路口时必须做出选择一样。因此，分岔可以理解为一个矢量场到另一个拓扑非等效矢量场的变形[1]。分岔展现了多样性的嵌入式的水平。这就是多样性的各个层面并不是一下子完全显示出来的原因。只有当一个生成过程选择某种走向进行分化时，多样性的某些领域才可能被感知，进而呈现出更深层的内在结构。德勒兹说：“潜在的现实化，与此相反，它总是通过差异，分叉或差异分化而产生出来……在这个意义上，现实化或差异分化总是一个真正的创造……因为一个被现实化的潜在的或虚拟的客体是创造分叉线，这分叉线对应于——无相似的—— 一个潜在的多样性。”[2]事实的发展可能并不按照预期的轨迹进行，可能会发生许多不明确的变化，这对多样性的结构产生深远复杂的影响。这种意义上的多样性的不同层面不是同一时刻发生的，因为它们之间一定会按照某种时间顺序依次展开。德兰达认为这种情况下的生成过程就是时间本身[3]，时间不再是一个外在的尺度，而是内在于生成过程之中，从而成为一个真正的强度量。德兰达对多样性的数学特性进行了深入的研究，他最后得出的定义是：“多样性是一个向量场的嵌套组合，每个向量场之间通过打破对称性进行分化，同时改变奇点的分布。”[4]可惜的是，德兰达并没有给出一个时间多样性演化的具体模式或图式。

第三节　内时间动力学演化模式探索

时间多样性的游移性演化使得这种游移的分子线只能依据第二节动力系统的演化加以图示。如果我们想脱离胡塞尔的那种外在框架，借助分子线来深入描绘出内时间的图式，或许可以参照通过迭代产生的混沌动力系统模式，通常叫“虫口模型”，它是一种比微分方程所描述的动力系统更为简单的描述，该模型说明，严格地遵从决定性规律的系统，在一定条件下也会出现随机过程所出现的特征。

虫口模型（类似于“人口模型”）是1976年数学生态学家罗伯特·梅在英国的《自然》杂志上发表的，以模拟生态学昆虫繁殖的动力学行为。

---

① DeLanda　M，*Intensive Science and Virtual Philosophy*，New York：Continuum，2005，P. 32.

② Deleuze　G，*Difference and Repetition*，New York：Columbia University Press，1994，P. 212.

③ DeLanda　M，*Intensive Science and Virtual Philosophy*，New York：Continuum，2005，pp. 31-33.

④ DeLanda　M，*Intensive Science and Virtual Philosophy*，New York：Continuum，2005，P. 32.

由于该模型是混沌理论中的一个非常成熟的模型，我在此仅仅只是参照张天蓉先生的叙述对该模型加以转述。

假定有某种昆虫，在不存在世代交叠的情况下，即每年夏天成虫产卵后全部死亡，第二年春天每个虫卵孵化为虫。显然，若产卵数大于一定数值时，则虫口就会迅速增加，“虫满为患”。但在虫口数目增大的同时又由于争夺有限的食物和生存空间而不断发生咬斗事件，也可能因接触感染而导致疾病蔓延，这些又会使虫口数目减少。综合考虑正增长和负增长，即激励和抑制这两种因素的作用，经过一定的数学抽象和变换后，最终得到虫口方程 $X_{n+1}=\lambda X_n(1-X_n)$。式中 X_n 为第 n 代相对虫口数。X_{n+1} 为第 $n+1$ 代相对虫口数。$n=1, 2, 3, \cdots, \infty$。

设环境能承受的最大虫口数为 N_0，第 n 代虫口数为 N_{n}，于是有 $X_n=N_n/N_0$，相对虫口数不会大于 1，$X_n\in[0, 1]$，$X_{n+1}\in[0, 1]$。λ 为生殖增长率，是系统控制参量，$\lambda\in$〔0，4〕。X_n 是状态量，为动态特性。当 λ 取不同范围的值，迭代随着时间的发展会呈现不同的态势：

在 $0<\lambda<1$ 范围内，系统只有一个稳定的平衡点，即零点。这是一个最普通的 1 周期解，对应系统的稳定态。

在 $1<\lambda<3$ 范围内，迭代也是收敛的，迭代结果总是趋向于一个稳定的不动点，这是一个非零的一周期解，同样对应系统的稳定状态。显然，λ 在此范围内非线性尚未显示什么作用。

当 λ 的数值在 3 附近的时候，系统来了个“突变”：原来的一条曲线分成了两支（两周期），形成一个三岔路口。

然后，λ 的数值继续增长，到 3.45 附近时，又走到了三岔路口，两条曲线分成了四支（四周期），再后来，分成了八支（八周期），十六支（十六周期）……分支越来越多，相邻三岔路口间的距离却越来越短，最后，以至于我们的眼睛无法清楚地分辨哪些三岔路口及分支为止。直至 $\lambda=3.5699$ 时分岔周期变为∞，最后“归宿”可取无穷多的不同值，表现出极大的随机性。而周期无穷大就等于没有周期，此时系统开始进入完全的混沌状态，混沌状态的 λ 范围为[3.5699，4]。混沌就是由这些越来越多的分岔现象产生出来的。人们将这种分岔现象叫作“倍周期分岔（Bifurcation）”现象。这个里面的“周期”的含义得回到虫口模

型的那个方程 $X_{n+1}=\lambda X_n(1-X_n)$，这是个一代一代的迭代方程，一代就是一个周期，每迭代一次都形成一个重复，但重复是有差异的，是差异化的重复。科学家们更为深入地研究倍周期分岔图，总结出倍周期分岔现象具有自相似性及普适性等重要而有趣的特征。自相似性是显而易见的。如果将图 4.3 中的倍周期分岔曲线在不同的标度下进行放大，仔细观察，就会发现它实际上是一种分形，一种具有无穷嵌套的自相似结构，用放大镜将细节部分放大若干倍后，它仍与整体具有相似的结构。[①]

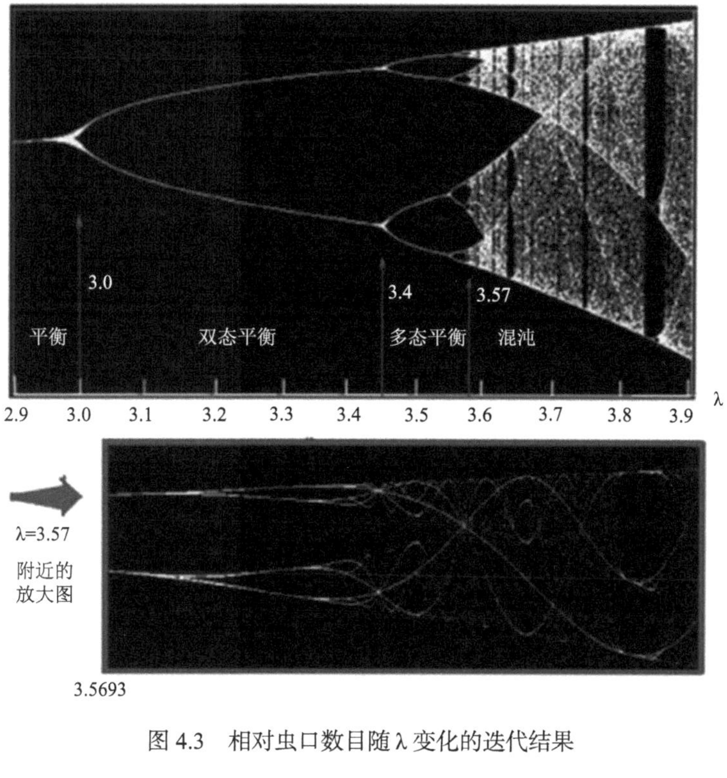

图 4.3 相对虫口数目随 λ 变化的迭代结果

再看胡塞尔清晰地描述出来的内时间意识结构图式[②]，如图 4.4 所示，该图是图 4.1 的修正，主要是引入了“前摄”这个部分。

① 张天蓉：《蝴蝶效应之谜——走近分形与混沌》，清华大学出版社 2014 年版，第 65 页（转述部分有删节）。

② 〔德〕埃德蒙德·胡塞尔：《关于时间意识的贝尔瑙手稿（1917—1918）》，肖德生译，商务印书馆 2016 年版，第 58 页。

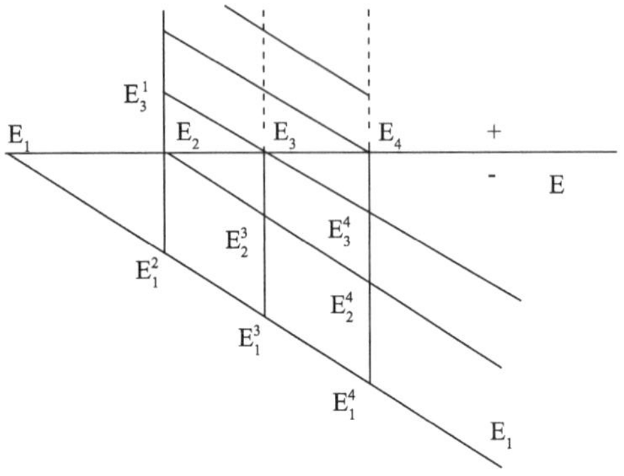

图 4.4　胡塞尔最为完整的内时间意识图示

随着原印象由 E_1 变为 E_2、E_3、E_4 时，原来的原印象 E_1 并没有消逝，而是变异为 E_1^2、E_1^3、E_1^4，滞留在 E_4 之下。也就是说，原印象 E_4 已经隐含了之前的原印象 E_1^4、E_2^4、E_3^4，随着新的原印象连续地出现，以前的原印象的滞留会变得非常微弱，甚至无法被我们意识到。$E_1 \to E_1^2 \to E_1^3 \to E_1^4$ 这种连续的变异本身里面就含有迭代，E_1^2 实际上是对 E_1 的回忆的保留，也是对 E_1 部分重复；E_1^3 是对 E_1^2 的回忆的保留，同样也是对 E_1^2 的部分重复；如此类推。胡塞尔自己用公式 V（V（V（……）））来表征过滞留的迭代变化模式：

> Et_0 是当下被给予的，并且是一个现在的原当下之物，它在“河流”中转变为 V（Et_0），新出现的是 Et_1，两者以当下的形式被给予。而后，变化连续地继续下去：
>
> V（V（Et_0）），V（Et_1），（新的）Et_2
>
> V（V（V（Et_0））），V（V（Et_1）），V（Et_2），Et_3，等等。
>
> ……
>
> Vk 意指一个连续的 V 变异，我们在上面用 V(V(V(……))) 略述过这个连续的 V 变异。①

另外，原初印象一方面有消减，在消减的同时还不断有“原印象”和“前摄”的渗入，来改变“滞留”。以音调为例，当我们听到当前的音调时，感知就已经被我们的过去和过去意识到的东西所改变。如果我们先体

① 〔德〕埃德蒙德·胡塞尔：《关于时间意识的贝尔瑙手稿（1917—1918）》，肖德生译，商务印书馆 2016 年版，第 298—299 页。

验音调 A，再体验音调 B，那么 A 的滞留就会对 B 的感知造成影响。在巴赫的《B 小调协奏曲》中，在某点发出的音调 B 与维瓦尔第的《B 小调协奏曲》中某点发出的音调 B 听起来是不同的。因此，原印象会受到滞留的影响。再看前摄，一方面原印象会对前摄的视域有所规定。也就是说，我们当前经历的事情会影响到我们的预见；另一方面，当原印象 B 发生时也已经被前摄所影响。也就是说，原印象影响前摄又被之前的前摄影响。胡塞尔说："首先有一个空泛的期待，而后有原感知的点，这个原感知本身是一个意向体验。但是，这个体验在河流中只是通过作为充盈内容的原现前进入先行的空泛意向生成的，对此这个先行的空泛意向变为原体现的感知。"[①]此外，整体内容决定正在经历的事物的时间顺序。例如，存在音调序列 ABCDBA，其中 A 和 B 是特定的低频，则 C 和 D 的顺序将会被模糊掉，即我们无法区分 C 和 D 的顺序。也就是说，C 和 D 之前和之后的音频都会决定 C 和 D 在意识层面上的表现形式。还可以改变音调 A 和 B，以使 C 出现在 D 之前，或者 D 出现在 C 之前[②]。这种时间上的隐蔽效应可以在词语意义的理解上得到体现：一个词的意义通常只有在一个短语或一个句子完成时才确定，但当它被阅读或发音时，就激发了阅读者对得到其意义的某种预期。例如，对于短语"in many cases"中的"cases"而言，它并不是指容器，也不是指语法中的格，但是在歧义被消除之前，它的意思已经被预期到了，句子的其余部分满足了这个预期。所以，原印象本身受到前摄和滞留的影响，同时原印象和前摄也影响滞留。如果把内时间意识中的"滞留、原印象、前摄"换成客观时间的"过去、当前、未来"，可能更好理解一些。例如，对过去的回忆本身就是一种重复，但是这种重复不像照相机那样精确地复制再现以前或当下感知到的东西，因为回忆总是有遗漏和选取。最为重要的是，它还受当下感知的影响。例如，过去南方农村暑假的双枪当时给人的感觉是一件让人精疲力竭，十分痛苦的事情，当时的我之所以读书上用力，就是想逃离双枪，那种时时让人回想起来的折磨人的情景反而变成我读书的动力。如今，我脱离农村劳动几十年之后，再回忆当年的双枪，当年的那种痛苦和难受似乎消失殆尽，反而那情那景还有些甜蜜和美好，甚至还有想再经历一下的冲动。因此，过去的回忆是受当前的感知影响的。它还受未来前瞻的影响。例如，我过去的一

---

① 〔德〕埃德蒙德·胡塞尔：《关于时间意识的贝尔瑙手稿（1917—1918）》，肖德生译，商务印书馆 2016 年版，第 39 页。

② 〔美〕肖恩·加拉格尔：《现象学导论》，张浩军译，中国人民大学出版社 2021 年版，第 100 页。

种痛苦的回忆总是可以被未来一种美好的设想冲淡，变得不是那么痛苦。

可以说，滞留的消减，与原印象和前摄的渗透相交织形成一个复杂的此消彼长的模式，胡塞尔说："首先是单纯滞留，而后必然得到变异，借此前摄……意识接受一个变异，通过这个变异它不仅是滞留性的连续性，而且也是前摄性的连续性。"[①]滞留的迭代及其此消彼长的演化模式与虫口方程 $X_n+1=\lambda X_n(1-X_n)$ 很是类似，可以把它改写为滞留变化的动力学方程即为 $E_1^{n+1}=\lambda E_1^n(1-E_1^n)$，$\lambda$ 为滞留的衰减系数。

当然，这纯粹是一个简单的类比，真正滞留演化的方程需要心理学家通过科学的方法才能得到。如此，滞留变化的过程并不会像图 4.4 所绘的直线图，而是像图 4.3 那样出现很多倍周期分叉的图像。这样，滞留的特征就要比胡塞尔的那种静态的滞留特征丰富得多，其中的滞留有加速度，有隐含而没有凸显出来的滞留，这种滞留一旦形成凸显出来的分叉点就会形成某种清晰的记忆或"记忆事件"。

上面那个问题也可以从德勒兹多样性的微分动力学演化理论来加以论及，这就得从最初的"微分方程"开始，当然这个"微分方程"是未知之谜。我们经历一系列当下印象，由此产生一系列的滞留，但这些滞留并不一定形成清晰的回忆或再现，它们就像莱布尼茨所说的"微知觉"。莱布尼茨认为心灵对观念的拥有并非像洛克所说的那样，要被觉察才行，很多观念根本是不可能被察觉的[②]。比如，我在海边听到一阵阵海浪声，但我听到的是整个海浪的声音，而听不到构成这一声音整体的每一细微波浪发出的声音。用德勒兹的话来说，那些微知觉就是微分感觉 dx、dy 等。用微分感觉 dx、dy 来刻画滞留、原印象和前摄也较为恰当，因为三者都不是"点"式结构，而是"晕圈"结构，都是一些微小的变化。而当某两个或多个微感知元素进入了一种微分关系 dy/dx 时，而且这种微分关系通过解动力学方程来决定了一个奇点的时候，此时我们就获得了有意识的感知。

另外，演化中的自相似性也在其中得到体现。我们对宏观时间感知的结构自古以来就是"过去、现在、未来"三元结构，胡塞尔的微观内时间结构为"滞留、原印象、前摄"，宏观时间结构完全是微观内时间自相似迭代的自演化形成的。这与混沌理论中的分形很类似。如图 4.5 左边所示，非常复杂的雪花状曲线实际上是简单图形反复叠加的结果，其过程就是用

① 〔德〕埃德蒙德·胡塞尔：《关于时间意识的贝尔瑙手稿（1917—1918）》，肖德生译，商务印书馆 2016 年版，第 60 页。

② 〔德〕莱布尼茨：《人类理智新论》，陈修斋译，商务印书馆 1996 年版，第 45 页。

一个等边三角形的角来取代一条线段的中间一段，在由此得到的四条线段上重复此种操作，如此以至无穷，即遵循一种自相似性的关系，最后一条这样的线段构成了一条无限的直线或曲线，它的维度大于 1 小于 2。德勒兹认为这样的分数维曲线正好可以给出他对平滑空间的一种极为普遍性的数学界定①。他说："（1）我们应该将所有那些维度为整数的、能够确定其恒常方向的聚合体称为纹理化的或者度量性的。（2）非度量性的平滑空间是通过构造出一条具有分数维度（高于 1）的线、或一个具有分数维度（大于 2）的表面而形成的。（3）维度的分数值是一个真正的方向性空间（具有连续流变的方向，不具有切线）的标志。（4）由此，平滑空间的规定性就在于，它的维度并不比那些穿越于它或位于它之中的事物的维度更高：在这个意义上，它就是一个平面的多样性，比如，一条占据着一个平面的线仍然是一条线。（5）空间自身与占据空间的事物趋向于彼此同一，拥有同样的潜能，体现为（非精确但严密的）进行计数的数或非整数的形式（占据而不是计算）。（6）这样一个平滑的、无定形的空间是通过邻域的积聚而被构成的，每次积聚都界定了一种'生成'所特有的难以分辨的区域（大于一条线，但小于一个面；大于一个面，但小于一个体）。"②平滑空间正是分子线的游移空间。因此，胡塞尔的内时间图式最好用一种分形图形加以表示，然而我无法找到一种恰当的分形图形，只能用图 4.5 右边一个常见的混沌分叉图形来让读者予以想象。

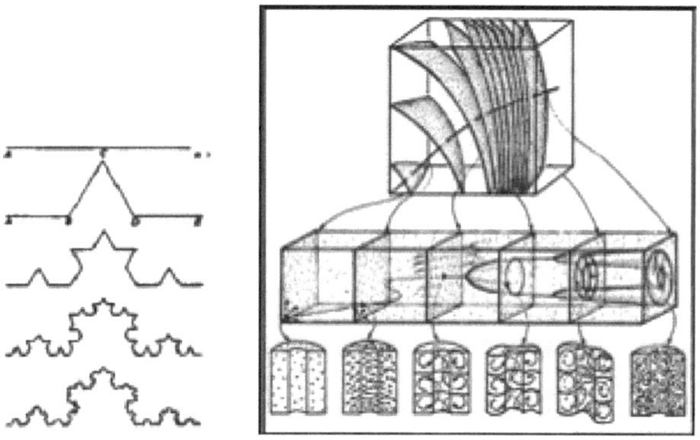

图 4.5　内时间意识的非线性可能性图示

① 〔法〕吉尔·德勒兹、菲利克斯·加塔利：《资本主义与精神分裂（卷 2）：千高原》，姜宇辉译，上海书店出版社 2012 年版，第 702 页。

② 〔法〕吉尔·德勒兹、菲利克斯·加塔利：《资本主义与精神分裂（卷 2）：千高原》，姜宇辉译，上海书店出版社 2012 年版，第 704 页。

上面所描述的内时间多样性作为一种动力学的演化具有非线性特点，但这并不是说内时间多样性的流变是随机的、概率化的事件，只能说其演变具有潜在性。因为概率化的事件不具有事件性的特点，而且其结果并非不可预期，只是预期的结果在一定范围内罢了。例如，一个骰子投出去最多就是六种结果之一，这样的概率毫无潜在性和不可预期性可言。而潜在性没有任何预期或可选定的概率，它在不断的新鲜遭遇的感召下展现出无穷的变化。我们平时对时间的划分如“过去、现在、未来”或胡塞尔内时间意识模式“滞留、当下、展望”三元结构都远没有把内时间意识的那种不可预期的特点显示出来。如果呈现出来，胡塞尔的“滞留-当下感知-前摄”所构成的“现在”应该称之为不可预期的“游牧的现在”。

按照我们通常的思考方式，我们很容易把重复看成是与差异无关的东西，事实上这把“重复”理想化了。即使我把一条直线抽象成一系列的重复的点组成，那些点之间也未必没有差异，至少它们所占空间是不同的。严格来说，完全的重复只发生在同样的时间和地点的对象身上，但论述这样的对象完全没有意义。所以，脱离“差异”来谈论重复是一件非常抽象的事情，只有在一个纯粹抽象的领域才能加以逻辑的想象，甚至都不能画出一根抽象的几何学线条来加以表征，所以这样的重复不会有任何的具体性。因此，重复并不真正指涉完全等同之物，也无法用于超然的抽象概念的领域，相反，它总是对差异的存在有所预设和要求。重复之为重复，恰在于它牵涉到无法完全复制与置换的内容，它总是针对无法与他者等同之物。科学上重复是经过人们的理想化实验构造以后实现的，人们重新指向那种构造出的理想化模型之后，它相对于人们的构造活动而言就成为一个僵死的可重复性的东西，而且可赋予特定的可重复的数学语言加以表述。

值得说明的是，上面我通过类比所构造出来的内时间动力学演化模式，只是通过对内时间的那种多样性做些形式化的说明，并不表明那就是真正的内时间的差异变更模式，因为在意识领域中的物理事实本身的时间是不同成分的时间相互渗透的，一旦用外在的手段表征它，其各部分又必然是不相关的，也就是变成机械时间，即使使用微分动力学的内时间演化模式导致倍周期分叉的混沌模式来说明不同成分的时间的相互渗透也会这样，那种混沌的结果（如计算机做出来的相同的混沌图）是可重复的，这里面还保留有机械时间的成分，这是纯粹数学处理的局限。回过头去考察内时间动力学演化模式，通过考察可以发现，那些局部的微分变化虽然可以很精确地描述那种强度量的变化，但两个微分量的比例的那种结构，也就是构成微分方程的最为关键的部分却必须在一定的结构框架内进行数学上的求解。尽管如此，那种分叉逃逸的时间发生模式可以为理解当代物理学特别是量子物理学提供一个视角。量子物理学家德布罗说：“如果柏格森能够在细节上研究量子理论，那他一定会注意到我们所给予他的物理世界发展的印象是，在各个瞬间自然界是如此被描述的，它似乎是在大量的概率之间犹豫，因而他必定可能正如在《创造进化论》中所反复说过的那样说：‘时间，是十分短暂的，或者它根本就没有。’”[①]或许深度挖掘内时间的动力学演化模式会为现代物理学的时间困境提供一种理解途径。

第四节　游牧的现在与延迟选择实验新释

在量子哲学中，非定域性和量子测量可算是两个最重要的哲学问题，这两个问题与我们对时间的诠释有着非常密切的关系。在量子测量实验中，实际上是倒果为因，即后来的测量在因果关系上影响着先前的粒子的性质。另外，如果把时间和空间都当作参数，还可以把非定域性的概念延续到时间领域。到目前为止，哈密顿量参数可以视为常数，但是，这不排除通过单独的自主动力学对哈密顿量参数进行操纵。例如，在实验上可以切换激光器、改变其频率、改变各个节点之间的距离以修改其相互作用等，最后出现时间投影上的“倒流”。这些问题都深深地困扰着研究者，因为我们太习惯于运用热力学的时间箭头来解释诸事件的先后发生和因果关系，事实上，这种解释建是立在没有延展的现在瞬间的时间概念基础上的。如果在游牧的“现在”基础上，即可以对量子测量的倒果为因和时间的非定域性做出较好的解释。

“现在”是时间三个维度中最为重要的一个维度，按照亚里士多德的说法，过去的时间已经过去，已然不存在了，未来还没有到来，当然也不存在，能够存在的时间就只有现在（由于亚里士多德不承认有不可分割的瞬间，他甚至认为瞬间性的现在也是不存在的）。“现在”的真实性一直都得到哲学家论证，特别是进入20世纪后，胡塞尔、詹姆斯的时间哲学把现在论发展到一个新的高度，即胡塞尔由“滞留-原印象-前摄”组成的“大当下”或詹姆斯的“似是而非的现在”，然后以此把握到真正实证意义上的生命时间，把动态时间发展到了极致。当然，一般性的解释会把似是“大当下”当作一种主观时间，很难对物理学中的客观时间做出解释，但在“大当下”或我上面改造成的“游牧的现在”视角下，可以更好地理解现代物

---

① 〔法〕德布罗意：《德布罗意文选集》，沈惠川译，北京大学出版社2014年版，第205页。

理学中的时间问题，因为进入量子物理学之后，观察者与被观察者之间是相互影响的，这样观察者的眼光内在于他们所建构的世界之中，这为现代物理时间的现象学阐释创造了基础，因为现象学就是专门研究人特别是人的意识活动参与建构的世界的学问。

现在论与麦克塔加的 AB 时间系列理论紧密相关。麦克塔加的 A 理论和 B 理论都是描述同一系列的物理事件，但它们描述的方式不同。在 A 系列中，一个时间是现在，其他时间要么是某种程度上的过去，要么是某种程度上的未来。谈论过去还是现在的“程度”的一个明显的方式是：“我们过去了几秒或者还有几秒才能到未来？”A 系列也是动态时间系列。时间也是沿着 B 系列进行排序的，但它们的排序只由它们之间的关系决定：即早于、晚于或同时的关系。对于任何两个不同的时刻，t_x 和 t_y，要么 t_x 早于 t_y，要么 t_x 晚于 t_y。因此，在 B 序列上，所有的时间都是按照它们之间的关系来排序的，“现在”在 B 系列中没有什么意义；而 A 序列中的每一个时刻相对于“现在”而言都有一个绝对的位置（图 4.6）。

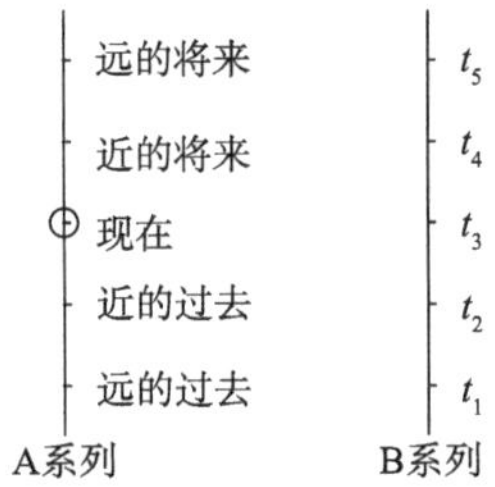

图 4.6　麦克塔加的 A 系列和 B 系列

对于时间的过去、现在和未来，我们的日常经验告诉我们，只有现在是完全真实的。过去是板上钉钉的、固定的，但在存在上因为过去了，是不存在的，因而是不真实的；未来是还没有来，也不知道将来会发生什么，因此是不确定的，在存在论上也是完全不存在的。当然我们可以预测未来的经历，我们也可以记住过去的经历，但只有现在的经历才是完全真实的，只有现在发生的感觉才是真正能感觉到的，只有现在发生的事情才是完全真实的，这一观点得到了经验局限于“现在”的支持。所以，时间的流逝是我们在这个世界上可以直接观察到的事情：我们可以看到一个事件接一个事件地发生。例如，我们可以看到一辆车在街道上经过一所房子，然后是另一所等。我们可以感知事物的变化，并发现有经验的现在在不断地向未来前进，这一事实支持了“现在在不断地向未来前进”的观点。巴登对“现在论”的定义是“主张时间和变化均为真实，但过去和未来并不真实的观点"[①]。值得指出的是，这里所指的对现在东西的经历并不是我们感知当前的事物，因为当前的事物把光信号传递到我眼中是需要时间的，也就是说，光是快的，但不是无限快的。当你看太阳的时候，你看到的是八分钟前的样子；当你看一颗恒星的时候，你很可能看到的是它数百万年前的样子，可能现在早就不存在了。我们所感知的物体可能不存在，但当我们感知它们时，我们所拥有的感官体验肯定存在。因此，这里的当下并不是指当下的事物，而是当下的意识经验。

现在论认为真实只存在于现在和时间在流逝的结论，但是 B 理论家告诉我们这只是一种错觉，过去、现在与未来同样真实，只是受限于我们对于时间的感知能力。同样的，对于时间的流逝，其实也只是我们的感知和记忆的错觉。麦克塔加的时间的 B 理论则与永恒论紧密相关，认为世界是永恒不变的，是一个块状的四维整体，其中所有的时间和事件都同样真实，我们所谓的"时间"只不过是存在于空间的三个维度之外的一个维度，所以时间的流动是错觉，过去、现在及未来是同样真实的，且时间是无时态的。认为时间不具备生成、分叉、流逝等动态特征，这种时间虽然不符合常识，但被许多科学家和部分哲学家接受，现在哲学界也把这种时间称为"块时间理论"。在静态论者的块时间里，变化只不过意味着世界在某一时刻处于一种状态，后一时刻处于另一种状态，那些事件分布在时间中，正如物体和属性分布在空间中一样，于是，运动变化本质上并不是真实发生的情况，而是一系列独立的事件。因此，B 理论所谓的变化更接近于空间分布上的变化，即不同的空间位置具有不同的性质，就像一根烧火棍，一头热，另一头冷，所呈现的是一种空间上的温度差异，但你不能说这种空间差异是变化；再例如，如果我们沿着一条空间线观察，我们会在不同的地点看到不同的物体，但我们不会有任何变化感，感受不到从一个地方到另一个地方的动态变化，也没有从一个地方到另一个地方的空间传递感。麦克塔加的 B 系列之所以是静态的，是因为在形式上它与芝诺悖论是一样的，只是把空间运动的芝诺悖论转化到了对时间变化的考察之上而已，就是说我们把变化的事件冻结成一系列静态的电影胶片，这些电影胶片本身显然不是变化，所以，时间 B 理论本身不过是芝诺悖论在时间运动变化上的运用而已。

前文讨论现在论的时候是在分析哲学语境中讨论的，那个现在相当于直线上的一个点，也可称为点状现在。这种点状现在论遭到胡塞尔、詹姆

---

① 〔英〕阿德里安·巴登：《解码时间》，胡萌琦译，中信出版集团 2019 年版，第 91 页。

斯等哲学家的强烈批判。由于胡塞尔当时还缺乏一种动力学研究的视角，故可以对其大当下做动力学改造，即第三节解析出来的“游牧的现在”，下面就是用游牧的现在理论对惠勒的延迟选择实验做一新的阐释。

无论是牛顿的力学还是爱因斯坦的狭义相对论，物理事件都发生在预先给定的、可由四个坐标完全固定的时空框架之中，也就是说描述所有物理过程的时空框架具有明确定义的几何结构。以牛顿为例，牛顿物理学必须以时空为基本框架，如果没有明确的时空结构，则经典力学定律就没有意义，如牛顿第一定律即惯性定律的表述是：一个不受外力作用的物体必然做匀速直线运动或保持静止状态。这个定律中“直线”就离不开空间距离概念，因为两点之间直线线段最短，另外“匀速运动”这个概念必然要搞清楚“相等的距离”与“相同的时间段”这两个概念，即我们不仅要搞清楚空间间距，还要搞清楚时间间隔的等同性这两个概念。由此产生的牛顿时空可以被描绘成一堆三维空间，每个都是彼此的副本，每个都配用相同的欧几里得空间几何。在这些瞬时空间之间存在明确定义的时间间隔，并且与之相吻合地定义通过时间的空间的同一性。因此，在牛顿时空中的任何两个事件之间存在明确的空间和确定的时间距离，牛顿在《自然哲学的数学原理》中一开始就这样定义时间：绝对的、真实的和数学的时间是由其自身特性决定的，均匀地流逝的，与一切外在事物无关的延续。牛顿的这个定义中只有“均匀”可以在某种程度上被用来实际反映牛顿时空结构的一个特征，即它在时间变换下的不变性（实际上，牛顿时空是完全同质的）。相比之下，时间的“流逝”则并未得到清晰的说明，因为要定义清楚“流逝的时间”，我们就要先搞清楚正在流动的东西，另外还要搞清楚可以定义该流动的东西发生变化的基础。事实上，牛顿定义中这二者都没有说清楚，下文试图加以澄清。

牛顿在其《自然哲学的数学原理》一书中本来可以采用他所创立的代数微积分方法来研究力学定律的，但他没有，而是用古希腊传承下来的几何学来证明（这种方法使得牛顿的力学为大家所接受经过了一个多世纪），这种用几何学研究力学的传统是从阿基米德、海伦、帕普斯等流传下来的。当然牛顿研究运动的几何学是一种动力几何学，即那些线条和图形可以移动、增长，具有增长速度，并且可以找到它们数量之间的关系。这种方法最早为伽利略研究自由落体运动时所采用，后来牛顿的老师巴罗也经常运用。在巴罗看来，这种方法的最大优势之一是，它避免了由不可分割的事物构成连续统所带来的困难。巴罗认为：“作为一个数学概念，时间和直线有许多相似之处，它只有长度；它的各个部分完全相同；它既可以看作一系列时刻的简单相加，也可以看作一个时刻的连续流动。”[①]一条线可以被认为是“一个移动点的轨迹”，在一段被认为是“持续流动瞬间的轨迹”的时间里产生。这样，连续性被建立起来：在每个时刻，一个点或一条线都有一个明确的增长率，并且这些运动产生了几何图形。牛顿关于绝对时间的定义可以看作对巴罗观点的响应[②]，牛顿认为，绝对时间的各个瞬间形成了一个连续序列，正像几何直线上的点连成直线一样。他还认为，各个瞬间彼此相接的速度与任何特定事件和过程无关。显然，流动的瞬间就是“现在”这一时刻，“现在”不断地从过去流向未来，如果把时间当作一根直线，那么这样的“现在”就正如直线上的点一样无穷无尽，这些“现在”是同样的，没有任何独特的“现在”，也就是说，这样的“现在”从一个转换成为另外一个，同时能够保持其同一性。

至于时间流发生变化的基础这一问题遭到了很多哲学家的质疑。如果我们试图想象一个假设的“特殊的现在”，很明显它应该每次都“访问”“一般的现在”；“特殊的现在”应该流过所有的“一般的现在”。但这只能意味着，所有的“一般现在”同样有权被视为“特殊的现在”。说现在可以从现在转移到另一个现在是没有意义的，它只能在这个定义的瞬间处于任何现在；假设现在可以在现在某个特定的瞬间找到自己，那将是自相矛盾的。但这反过来意味着“特殊的现在”应该与每一个现在相重合。另外，在牛顿时空中没有“超级时间”，这是一个额外的独立时间变量，可以定义现在在其中的变化位置。因此，牛顿时空的定义意味着“现在的流动”概念的不适用性。引入超级时间 T 会使诸如“在超级时间 T 现在发现自己处于现在 $t = T$”之类的陈述合法化，但在科学理论中没有 T 的作用，这不会增强我们科学解释的可能性。最后，引入这样的超级时间并不能真正注入 A 理论家所希望的动态方面，我们实际上在做的是增加一个额外的维度，在新的维度中，可以像以前一样询问关于流动的相同问题，这样我们最终陷入无限的倒退。

爱因斯坦的相对论打破了牛顿的绝对时空理论，也打破了全域的绝对同时性神话，但相对论时间还是属于块时间理论。首先，狭义相对论依赖于相对性原理，即除光速以外所有速度都是相对的，我们根本无法确定观察者是否处于静止状态或运动状态，这样，当两个观察者以相同的速度相互接近时，依照相对论原理，他们自己都可以声称自己是静止的，而对方

---

① 〔英〕C. J. 威特罗：《时间的本质》，文荆江、邝桃生译，科学出版社 1982 年版，第 68 页。

② 〔英〕C. J. 威特罗：《时间的本质》，文荆江、邝桃生译，科学出版社 1982 年版，第 68 页。

正在接近自己，于是就导致观察者就诸如两个异地事件是否同时发生存在意见上的分歧，关于同时性的问题于是就找不到真正的答案，所以同时性并不客观真实，没有了客观真实的同时性，也就没有了客观性的“现在”，这对时间的真实性造成巨大的打击。“如果没有什么绝对点可以决定事情的‘真相’——而相对论的要点就是此类绝对点并不存在——那么诸如过去、现在和未来等时间属性就不可能具有物自体的真实性。它们的本质必然是主观的、依视角而变动的。尽管听起来不可思议，但如果相对论是正确的，则时间动态理论必然错误。所有的事件，无论是过去的、现在的，还是未来的，在某个参照系下都可以是现在发生的。没有真正的过去、现在和未来，时间便不会流逝，也不会有动态变化。”[①]

“现在”的特殊性也是科学家爱因斯坦和哲学家卡尔纳普之间讨论的主题，卡尔纳普说：“一次，爱因斯坦告诉我，关于‘现在’的问题让他忧心忡忡。他解释道，人们对现在的感知意味着：‘现在’对人类而言非常特殊。从本质上来看，‘现在’与过去以及未来完全不同。但是，物理学还没有找到这一点重要的不同，也不可能找到这一点不同。科学无法紧紧抓住人们对‘现在’的感知。对他而言，这意味着要接受痛苦却又无法回避的现实。”[②]显然，爱因斯坦认为“现在”是人的经验，但是这种经验在物理学中并没有什么意义，因为在物理学中，“过去”、“现在”与“未来”之间并没有差别，或者说，“过去”与“未来”只是被物理学捕获的两个东西，这就有了广为人知的爱因斯坦悼念他去世的朋友贝索时所说过的一段话：现在他比我先离开了这个陌生的世界，这没有意义，对于像我们这样相信物理学的人来说，过去、现在和未来之间的区别只是一种错觉，尽管是一种持久的错觉。因此，尽管爱因斯坦提出了时空相对论，但他并未彻底改变人们对时间的看法，也就是说，他的时间观并没有脱离牛顿时间观的框架。牛顿的时间流看上去是动态的，实际上是静态的，因此我们用这种静态的时间流看待传统科学问题时采用的方法都是前因后果的方法。

上面已明确澄清，牛顿力学说明，如果不设定一个无限绝对的时空框架，那么就得不到一个令人满意的宇宙子系统的动力学运动规律。另外，广义相对论从一开始就没有任何外部的时空框架。惠勒–德维特方程表明在试图构建整个宇宙的量子理论的背景下，时间不存在的后果确实是非常

---

① 〔英〕阿德里安·巴登：《解码时间》，胡萌琦译，中信出版集团 2019 年版，第 98—100 页。

② 〔美〕李·斯莫林：《时间重生》，钟益鸣译，浙江人民出版社 2017 年版，第 97 页。

严重的，因为没有外部的时间或空间，宇宙的波函数只能依赖于可能的相对形态，波函数不可能对时间有任何依赖，所以必须得到宇宙的静态描述，在这样一个永恒的框架中，提出主观时间表象的恢复也许是根本的解决方案。为了说明量子论中融入主观时间的必要性，我想先从惠勒的延迟选择实验入手，看能否在"游牧的现在"理论下有个新的阐释。

惠勒的延迟选择实验是一个著名的思想实验，后来被科学家证实，其主要思想介绍如下。

光源发出的光子到达半反半透镜①后（图 4.7a），可以任选两个全反射镜之一，然后把该光子反射到 A 或 B 两个观察器，通过观察 A、B 两个探测器就可确定光子是沿哪一条路径运行的，而且 A、B 两个探测器观察到该光子的概率为 50%，此一观察表明光子的粒子性。现在如果在终点处也插入一块半反半透镜②（图 4.7b），通过调整两个路径的光子的相位，可以使这两部分光子到达半反半透镜②时发生干涉，使得 A 探测器相互抵消变成黑暗，而 B 探测器相互加强变成明亮，此一观察表明光子的波动性。现在的问题是，如果在光子已经通过了第一块半镀银的反射镜①，快到达终点（还没到达）的时候，我们才把半镀银的反射镜②放入终点处，结果观察到的是干涉现象。通常，我们会认为光子通过了半反半透镜①后已经选择了怎么走，按前面的结果就是光子只沿着某一条路径而来，应该不会再发生干涉现象，表现为粒子。但是，加入半反半透镜②后，光子似乎以波的形式从新选择同时经过两条路径运行，我们现在的观测行为改变了光子过去的选择，也就是说它的选择延迟了。

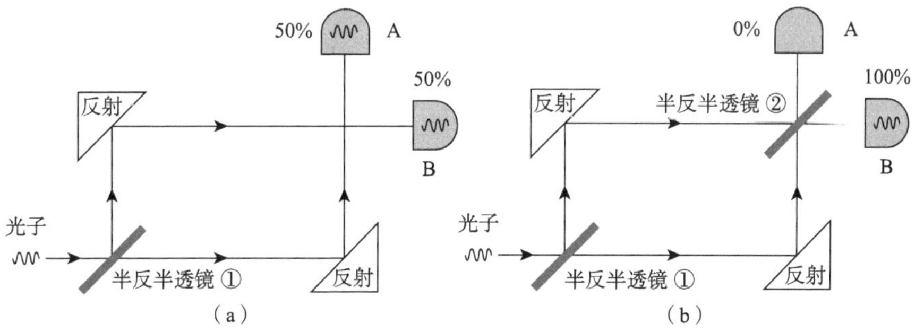

图 4.7　惠勒延迟选择实验示意图

在解释时间反转的惠勒延迟选择实验的时候，观察者选择要测量的东西是粒子或波，但"粒子"或"波"的概念仅对于将含义保持一致的观察者才具有相同的含义，这种对线性时间中的同一律的遵守，导致我们将在

某一特定时间 t 的观察（粒子或波）在时间上加以回推，例如将在 t 产生的事实（粒子或波的同一性）归因于在 t 之前的如观察者所见的粒子或波。随着时间的流逝，一个附加的同一性会导致某种时空行为；另一个附加的同一性导致另一个时空行为；在延迟选择中，这导致与因果关系的冲突，因果关系是在客观线性时间的框架内被定义的，原因总是先于其结果，结果总是在其原因之后，不可能是结果在原因之前发生。在这种情况下，观察者定义的同一对象是在时间中持续的，但对对象的同一性也没有构成作用。如果观察者希望在他的过程中看到事实"粒子"，则需要对该事实进行连续监视，即连续观察。注意上面的描述都是以时间的线性连续发展顺序来描述的，在线性连续时间中区分过去与未来的"现在"是"点"状结构，由此服从的逻辑规律是"同一律"、"矛盾律"和"排中律"。相对于线性时间，测量本身也是点状的，这样我们才能理清前后测量之间的因果关系。静态时间模式的思维方式是：光子接近半反半透镜①时必须做出决定，也就是说在两条路径之间进行选择，还是保持两条路径的叠加状态。如果保持在叠加状态，当光子已经在装置内时，当镜子的安装方式被改变时，很难看出这是如何改变的。因此上文关于延迟选择实验的描述在文字上本身就有问题，如"加入半反半透镜②后，光子似乎以波的形式重新选择同时经过两条路径运行，我们现在的观测行为改变了光子过去的选择，也就是说它的选择延迟了。"这种描述假定了"同一律""不矛盾律"和"排中律"在其中起作用，如此就假定了块时间理论中的"现在论"在其中起作用。

事实上，现实世界的显示方式都是潜在的，可能是各种各样的东西，它是什么完全是靠我们来建构的，我们的每一次建构都是时空中发生的一次事件，在我们建构之前它们都是"可能事件"，而且是一种潜在的可能事件，当我们用仪器测量进行干预之后，它们就成为现实的事件。按照德勒兹的说法就是由"未定"到"可定"再到"已定"。只要我们不进行测量，这个世界就不会发生任何事件，一旦我们进行测量，则会发生事件。这里面根本不是什么"叠加状态"的问题，而是可能性向现实性转变的问题。像"光子即将进入装置，这需要在路径选择和叠加之间作出决定"的说法本身就是很荒谬的。因此，量子既不是纯粹的主体，也不是纯粹的客体，而是既有主观的特征也有客观的特征；量子不会在时间中持续存在，它们会在时空中闪进闪出；每个实际实体是它自己自我创造的过程，这种自我创造过程不是一个时间过程，而是一个导致完整实际实体在时空中短暂出现的非时间过程。持与柏格森相似时间观的怀特海曾写过关于量子哲学方面的研究文章，也是唯一一个生成论哲学家中研究过量子力学的人，他说："这种从一个阶段到一个阶段的发生学的历程不是物理时间上的行程；恰好相反的观点表达了合生过程与物理时间的关系。这种观点简短地说就是，物理时间表达了生长的某些特征，但不是表达这些特征的生长。"①

怀特海在其著作《科学与现代世界》中论述了科学的两种错误，即"简单定位"和"具体性错置"：简单定位实际上是一个物理学处理的概念，如伽利略对斜面运动进行测量，一个物体做加速运动本来是一个非常复杂的过程，但一旦我们用分割的测量来对加速运动的物体进行测量，就会测得很多瞬时点的速度和加速度，这样就把原来丰富生动的运动做了简单机械化处理，丧失了原来活生生的运动感。简单定位的理论将时间空间化了，但怀特海并不认为这是出于理智对自然的扭曲。简单定位了的事物确实是一种高度逻辑化了的建构，错误并不是在于简单定位本身，而在于将抽象概念当作具体事实，这样的错误就是"具体性错置"。当我看家里的墙壁时，我说"墙是白色的"，这句话看上去是一个第三人称说法，也是架空观察者的抽象说法，真正具体的事实应该是第一人称判断"我看到墙是白色的"；还有"天气很冷"，应该是"我感觉天气很冷"等等。事实上，"墙是白色的"或"天气很冷"这两句话都有可能不是真实的，因为当我说这句话的时候我有可能产生幻觉；相比之下，"我看到墙是白色的"或"我感觉天气很冷"即使是我在做梦或产生幻觉的时候都是真的。怀特海的观点是，我们习惯于把抽象的东西当成具体的东西，以至于把真正的经验事实排除在科学分析之外。在这种排斥下，对于科学来说，宇宙变成了一个没有生命的物体。把宇宙看作无生命的标准观点是科学方法的一个特征，而不是宇宙的特征。与我们所有科学一样，量子力学也基于薛定谔所说的"客观化原理"："我说的客观性原则也常被称为对我们周围的'真实世界的假说'。我认为这是一个相当简化的概括，我们采用它以便掌握自然界中无限复杂的问题。没有意识到该原则并严格系统地表述它，我们将认知主体排除在努力去理解的自然界之外，而自己退回去扮演一个不属于这个世界的旁观者，这样一来，世界就成为了一个客观世界。"②

因此，如果把宇宙变成一个有生命的物体，那么融入人的活生生的当

① 〔英〕怀特海：《过程与实在》，李步楼译，商务印书馆 2011 年版，第 431 页。

② 〔奥〕埃尔温·薛定谔：《生命是什么》，罗来鸥、罗辽复译，湖南科技出版社 2003 年版，第 118—119 页。

下感知是必不可少的，这种当下感知的时间模式就是胡塞尔的“时晕”或“大当下”。胡塞尔的“滞留、原印象、前摄”所组成的大当下构成一种真正的流动的现在论，其根本原因并不在于滞留、原印象和前摄按照时间顺序发生流动，而是说它们之间相互影响、相互渗透。于是，时间意识开始具有分形特征，即我所论述过的内时间意识生成演化的动力学特征，这可以为量子的生成论提供一个时间基础（表 4.2）。

表 4.2　线性时间中的现在与游牧的现在比较

线性时间中的现在	游牧的现在
点状结构的现在	非点状结构的现在，即“时晕”结构
经典逻辑规则（同一律、矛盾律、排中律）	否定经典逻辑规则
过去与未来之间相互区分	过去与未来之间没有区分
现实性	可能性或潜在性

在这种情况下，对于量子系统，既不满足同一律、矛盾律，又不满足排中律。延迟选择实验还清楚地显示了这些定律的相互依赖性。此外，游牧的现在理论还可以解释时间上的非局域性。时间上的非局域性是指在时间的先后或早晚的解释意义上不存在顺序关系。缺乏早晚的关系导致的直接后果是无法区分过去和将来。值得一提的是，在完成测量之前，将可能性而不是事实归因于量子系统带来的解释是，可能性在某种程度上比事实“要早”。但是仔细的分析表明，这种“较早的”出现是基于时间本身的建立，而在游牧的现在中谈论的只是“拟时间”，就是说“拟时间”还不是时间，而是一种在生成中的时间。如果我们根据意识活动的内在时间性来重构因果性问题，那么并不是过去的某个东西引起或决定了我的意识活动，而是对未来的某种被预期的可能性、一些目标，把我从过去和现在的境况中拉出来，使我超越或者改变了“过去、现在、未来”这样的规定性。这样，在量子力学中，我们会从一种新的时间模式来解释传统时间模式解决不了的问题，当然这种时间模式的改变，只是在时间的主观解释层面的改变。因此，时间哲学中如何协调主客观时间的关系成为一个非常重要的问题。时下有影响力的观点认为，客观时间之流时间上是我们主观时间流变的投射。正如我们自然地认为我们所看到的物体都呈现出我们所看到的颜色，但对于那些认同光的波动理论的人来说，这是一个错误：颜色作为我们直接经验的特征——色彩——并不存在于外部物体中，它们只存在于我们的主观经验中，是我们把主观上的颜色投射到了客观世界上的结果。

我们完全可以像把颜色投射到世界上一样，把主观上流变的时间投射到客观的世界之上，只是长期以来我们用稳定流动及流向的形象来思考投射时间，而没有从生成时间的角度来思考投射时间，如果用生成时间的动力学模式思考量子理论，是可以解决量子测量与非定域性解释中的理论难点的。当然，存在一个令人困惑的问题，当我们撇开非定域性和测量问题，问量子理论的形式主义如何对待时间时，结果是量子理论对时间没有什么特别要说的，它与经典理论（牛顿理论或相对论）所说的一致。如何对此做出时间哲学的解释，是一个非常棘手的问题。

第五章　瞬时与“时机科学”

“瞬时”是物理学中描述物体运动的一个常用概念，我们说一个物体运动的瞬时速度往往包含该物体运动的瞬时速度的大小和瞬时运动的方向，在计算时我们也能赋予它们具体的值，是个可计算的确定性的量，是均质时间的“部分”，在普通物理认知上是个没有任何争议的重要概念，自从伽利略对运动的瞬时进行精确测量之后，瞬时就成为动力学理论的基石。然而，并不存在瞬时经验，无持续时间的“瞬时”缺乏感觉经验的基础，平时我们通过看表得到的某个时刻——瞬时——最多只是我们看表时所获得的一种感知活动，这种感知活动在生活形态上的表现是难以预计的多维度性的谋划，是运筹活动中的一个有机组成部分，可以称为“时机”，是个不确定性的量。物理学中那种决定性的瞬时最多只是数学筹划的结果，它并不能表现生存活动中的各种时机，因此衍生出来的科学是没有生存感的科学。但是，古代灵活多变的时机所展示出来的一种顺应各种机变，以器物表征出来的时间科学或可称之为“时机科学”，与之相对，现在以物理学中动力学为基础的考虑时间这一参数的科学则可称之为“瞬时科学”。

第一节　“瞬时”在纯粹感知上不存在

从感知上来说，无持续时间的瞬时并不存在，很难找到持续时间为零的时间实体，我们的宏观经验表明，每个时间间隔，无论多短，都可以划分为更短的子区间，例如一小时划分为 60 分钟，一分钟划分为 60 秒，一秒划分为 1000 毫秒，一毫秒还可以继续往下划分（能够往下划分并不是说划分出来的时间间隔是可感知的，但这种间隔可以通过仪器放大我们的感知来加以理解）。从概念上说，“经验”本身就是一个经历时间的过程，所以根本不存在瞬时经验。因此，“瞬时经验”本身就是一个矛盾概念，罗素说：“瞬间不属于经验材料，如果瞬间被认为是正当的，那么它们必是被推论或构造出来的。”①

如果以线的延伸来类比时间的流逝，瞬时意义的矛盾性有些像几何学中“点”的定义。欧几里得几何学一开始就对“点”和“线”加以定义：“点不可以再分割成部分；线是无宽度的长度；线的两端是点；直线是点沿着一定方向及其相反方向无限平铺。”②可见，在几何学中，点是没有广延的，那么没有广延的点（不可感知）如何组成有广延的线（可感知）呢？很难用感知来考察实体的“点”，也即实体意义上的点没有感知上的意义。这里是把“点”单独拿出来考察，结果发现是个矛盾的概念。如果不是把点单独拿出来考察，而是依附在线上加以考察又会如何呢？依附在线上的点必然要考虑另外一个重要的概念，就是“连续性”。康德在论述“流失的量”时，实际论述的是“连续性的量”，这种连续性的量具有“这样一种属性，即据此它们身上的任何一个部分都不是可能最小的部分（任何部分都不是单纯的）”③。空间和时间都是连续性的量，因为它们的任何一个部分都不可能没有将之包括进两个边界（两个点或两个瞬时）之间就被给予出来。“点和瞬间只是一些边界，即只不过是对它们进行限制的位置；但这些位置任何时候都是以那些它们所应当限制或规定的直观为前提的。”④康德在这里说的是，“点”单独不具备可直观性，它们的直观必须以线作为基础，假设时间的流逝与线的延伸相类似，与“点”相类似，“瞬时”的直观也必须以流逝的时间的直观为基础。因此，与瞬时相关的概念就是“连续性”。

考察连续性有两种方式，即数学方式和物理知觉方式，先看数学中的连续性。数学中的连续性有个专有的名称，即“连续统”。像实数集，如直线上点的个数，平面上点的个数，一个正方形上点的个数，或者简而言之，一切几何对象里的点的个数都有一个数学上的专有名称，叫“连续统”，属于不可数无穷集合（连续统更为专业的定义是“不可数无穷集合中那些和全体实数的集合等势的集合”）。关于连续统可得出一些有违直觉的结论，如一条直线上点的集合与一个正方形上点的集合等势（即集合中元素个数一样多），一段线段上点的集合与一条无限长直线上的点的集合等势。物理连续统更多的时候像对连续性经验性的感知，其模糊性使得它往往与

---

① 〔英〕伯特兰·罗素：《我们关于外间世界的知识》，陈启伟译，上海译文出版社2006年版，第87页。

② 〔古希腊〕欧几里得：《几何原本》，燕晓东编译，人民日报出版社2009年版，第26页。

③ 〔德〕康德：《纯粹理性批判》，邓晓芒译，人民出版社2004年版，第160页。

④ 〔德〕康德：《纯粹理性批判》，邓晓芒译，人民出版社2004年版，第161页。

数学上的关系相矛盾。例如，人们观察到10克的重物A和11克的重物B产生相同的感觉，重物B与12克的重物C同样无法区分，但是重物A却很容易与重物 C 区别开来。于是，经验的粗糙结果可以用数学关系来表示：A=B，B=C，A<C。庞加莱把这种关系视为物理连续统的公式[①]，他实际上处理的是感知连续体，当我们试图用一种严谨的方式表达它时，他以一种精确的方式展示了这种连续体的矛盾和某种“逻辑上可耻的”结构。它最矛盾的特征是，相等的关系似乎不是传递性的，即由 A=B、B=C 推不出 A=C，而是 A≠C。类似的例子可以在不同的感官或内省的连续体中找到，如不同色调的比例（我们不能区别颜色 A 和颜色 B，也不能区别颜色B和颜色C，但能区别颜色A和颜色C）。这种悖论的出现是由于意识辨别微小的不同刺激的能力有限，矛盾因此局限于我们的经验。因此，经验上不存在瞬时，唯一真实存在的是数学上的瞬时。必须区分的是，数学连续统处理的是同质的量的关系，而物理连续统处理的则是异质性的关系。因此，与罗素等承认数学中的连续性不一样，柏格森认为数学中根本就没有连续性。

上面我们说连续性时是从感知对象如重量、颜色、声音等的连续性，主要原因在于我们的思维方式常常表现为对象化思维方式，而不是反思式思维方式，例如当一段连续的音乐响起时，我听见的是连续的声音而不会是声音的连续。胡塞尔却不是从看到的连续性对象来描述连续，而是从感知活动本身的连续性来描述连续，这种感知活动的连续就是“当下感知（原感觉）”、“滞留（刚刚过去的原感觉）”和“前摄（紧接着要到来的原感觉）”在内时间连续统中同期出现，即胡塞尔内时间意识中著名的“慧核结构”，原感觉是慧核，前摄是慧头，滞留是彗尾，三者同期一体出现。胡塞尔说“几个、多个原感觉是‘一下子’（auf einmal）存在的，而且如果一个流动，那么这些多数也‘同时’流动……原感觉具有其在连续流逝意义上的连续的‘相继’，而且原感觉具有其聚合，具有其‘同期’（Zugleich）。同期存在的东西是现实的原感觉，但在相继中的是一个——或聚合的一组——现实的原感觉，其他的原感觉是已经流逝的原感觉”[②]。如果借用视觉线性形象描述内时间，“同期”是一段时间，这“一段”是没有端点的，并非线段意义上的“一段”，因此不是说的是从一个“瞬间”

---

① 〔法〕彭加勒：《最后的沉思》，李醒民译，商务印书馆1996年版，第36页。

② 〔德〕埃德蒙德·胡塞尔：《内时间意识现象学》，倪梁康译，商务印书馆2009年版，第426—427页。

到另一个“瞬间”，这点罗素在“连续性理论”一文中有非常清晰的论述：“但是在这一点上想像提示我们，可以这样描述运动的连续性：说这个光点总是从一个瞬间上的一个位置移到下一个瞬间上的下一个位置。一当我们这样说或这样想像的时候。我们就陷入了错误，因为根本没有下一个地点或下一个瞬间。如果有下一个地点或下一个瞬间，我们就会发现某种形式的芝诺悖论是不可避免的。”①这“一段”时间足以为我们的诸种原感觉的同期出现提供基础。如果我们把内时间意识活动的慧核结构的连续统看作是对外部连续性感觉材料（如颜色、声音）的连续性基础，那么内时间中也不会出现瞬时性的意识活动。

然而，内时间意识中“时段”的生成流变呈现出一种游牧性的不可预期的特征，其特点可以混沌分形图加以表示，这种游牧性的特点仅仅限于内时间意识中，可以用它来说明我们的知情意意识活动的基本特点，一旦我们用工具（包括符号、数学、钟表等）干预我们的内感知来形成我们日常生活中常用的时间，就可能会呈现一种新的时间形态（如客观时间），其中一种极端情形是数学观念化的时间，它成为我们科学预言的基本手段。

第二节 数学计算观念上的“瞬时”及其确定性

罗素认为瞬时是被推论出来的，这种推论往往作为数学上的一种计算得到的观念。海德格尔在他的早期著作《历史科学中的时间概念》中就曾对数学计算观念上的时间与历史科学的时间进行过比较，他首先分析了伽利略物理学的时间观，认为伽利略把异质的时间变为了同质的时间，在同质的时间中就可以建立数学关系，如自由落体公式 $s=gt^2/2$。同质的时间往往是与同质的空间相联系的，海德格尔与柏格森一样反对把时间空间化，他说：“‘在时间中’这个‘在之中’具有一种空间性的意谓；但时间显然不是什么空间性的东西，人们却还是始终把空间与时间加以对照。”②空间中一个点的位置是通过与之相叠合的那个空间点得到规定的，每一个空间点与其他空间点都是等值的，同样，每一个方向与其他方向都是等值

① 〔英〕伯特兰·罗素：《我们关于外间世界的知识》，陈启伟译，上海译文出版社 2006 年版，第 101 页。

② 〔德〕海德格尔：《海德格尔文集：早期著作》，张柯、马小虎译，商务印书馆 2015 年版，第 513 页。

的，最终可以在空间坐标（x，y，z）中加以表示，质点的运动方程可以表示为 $s=f(x, y, z, t)$。在这样同质性的空间中我们就可以进行加减乘除。“我们仿佛是在时间刻度中做了一种切割，由此我们摧毁了本真的、处于流动中的时间，使之凝固了，变成了平面，并且只有作为平面它才是可测量的。时间变成了一种同质性的位置秩序，变成了刻度，变成了参数。”[①]同质的时间由此变成物体运动测量的基础，并能够对物体未来的运动做出预言。

当然，海德格尔阐释上面数学化时间是为了澄清与之相对照的历史时间的独特性。历史的时间虽然有数字纪年，但并不能同自然科学中的时间一样被数学化。例如“公元 750 年富尔达的饥荒”中的 750 这个数字的数学特征，像被 30 或 50 整除、是 1 到无限数字序列中的一个数字等，是不被历史学家看重的。历史学家看重的是那种在内容上具有历史学意义的东西。在这个意义上来说，历史时间是被撞到的，而不是被提前算计到的。然而，像 1、4、9、16 这些数字对于伽利略就不一样了，它们分别是 1^2、2^2、3^2、4^2，最后得出来的是位移与时间的平方关系 $s=gt^2/2$ 这么一个关系式，这些数字之间仿佛形成一个彼此之间相互决定的因果关系，并由此算计对未来做出预言。事实上，人类第一次能够对物体运动做出精确的预言的正是自由落体运动的公式。

时间作为一种数学观念，并且作为一种可计算的观念，其最佳表现就是牛顿的绝对时间。牛顿对绝对时间的定义是：“绝对的、真实的和数学的时间，它自身及它自己的本性与外在物无关，它流逝的节奏不变，由另一个名字定义为持续的（duratio）、相对的、表面的和普遍的时间，它是可感知的和外在的运动持续时长的度量（无论是否精准），常常代替真实时间使用，例如小时、日、月、年。”[②]严格来说，牛顿并没有清楚地给出时间的定义，也许是因为大家都默认了时间的通常意义，他只是把大家默认的时间概念区分为绝对时间和相对时间，绝对时间是真实的，在对其进行观念上的分割之后能够精确地分割为若干等分（可设想一种精确的周期性的等时运动，尽管这样的运动不可能真实地存在），这样加以量化之后就能够用抽象的数学加以表达和计算，计算得到的某一时刻，例如 2 秒末的瞬时速度或瞬时动量的大小，因此牛顿称绝对时间为“数学的”（也等

① 〔德〕海德格尔：《海德格尔文集：早期著作》，张柯、马小虎译，商务印书馆 2015 年版，第 516 页。

② 〔英〕牛顿：《自然哲学的数学原理》，赵振江译，商务印书馆 2006 年版，第 7 页。

于“真实的”)。与绝对真实的数学时间相对的是可感觉表象的时间，也就是我们日常测量得到的时间，如测量得到的三点一刻到四点一刻，中间相差一个小时，这里面引入了我们感觉表象的经验，因此牛顿称之为“相对的”或“表象的”“普通的”。我们日常生活中所测量到的时间都是相对时间，很难对绝对时间做一种精确的分割，因为在自然界几乎找不到一种绝对等时的周期性运动。也可以这样说，绝对时间不需要观察者，他的观察者就是上帝，上帝设立了一个无处不在的精确无比的时钟。而相对时间必须引入观察者这样的角色，观察者所观测到的时间都是相对的，是对绝对时间的具体测量，这些测量虽有不精准处，但却是用数学语言描写时间的基础。与黑板上的几何作图证明一样，黑板上画的几何图虽不精确，如直线与圆相切的切点画出来总是一段圆弧，“切点”作为一个点只存在于我们的观念之中，绝对时间的数学关系也是一样的，只存在于我们的观念之中。现实中，测量得到时间（瞬时时刻）只是对绝对时间的一种近似。也可以这样说，我们用感觉经验到的时刻为基础，构造出数学上的绝对时间观念。例如，伽利略通过对落体运动的位移和时间的测量（先测量时刻再计算时刻之间的间距得到时间），然后寻找位移和时间的数学关系 $s=\frac{1}{2}gt^2$，最后可以得到任意时刻的瞬时速度，此时，我们对数学上绝对时间做数字上的分割之后得到了数学观念上的“瞬时”，此种瞬时是确定的、可预计的。

第三节　钟表测量感知得到的“瞬时”的不确定性

事实上，前面说没有瞬时性的感知经验是对内在的感知体验来说的，如果把这种内在的感知体验用测量工具加以外化，用像手表这样的工具对瞬时进行观测，那么对瞬时的测量得到的瞬时，例如看表得到的 3 点 15 分 27 秒，依牛顿的说法是“相对时刻”，这一相对时刻是数学观念上绝对时刻的基础，也是我们建立在数学观念上“瞬时”的基础。然而，对时间的观测总归还是一种感性活动，凡是感知活动都会内蕴内时间游牧性的特点，感知当下所得到的瞬时应该不同于数学观念上的瞬时。胡塞尔很少在外在工具的介入内感知的意义上谈及内感知，所以技术哲学家伊德常说，胡塞尔的伽利略是不用望远镜观察的伽利略。不过海德格尔还是经常谈及工具的，我们且看海德格尔揭示的我们在日常生活中“看表”确定时间的含义。

关于看表得出的时间概念，海德格尔说：“解读时间意味着什么？‘看表’不会只等于说观察一件上手用具的变化和注视指针位置的移动。在用钟表确定几点钟之际，我们或明言或未明言地在说：现在这个时候是几时几时，现在是作…的时间了，或还有时间，亦即，现在到…还有时间。看表根据于一种获取时间并由这种获取时间所引导。”[①]日常对时间的测量不能给出任何关于时间的结论，因为它本身就发生在时间进程中，海德格尔说：“在操劳活动中，每一事物都配有‘它的时间’。它有时间并能像有任何一种世内存在者那样‘有’时间，只因它根本就‘在时间之中’。”[②]“时间测量就进行着时间的公共化，依照这种公共化，时间随时对人人都作为‘现在、现在、现在’来照面。”[③]

“测量在时间上意义”本身就需要被考虑到，而且必须在其他任何事之前首先考虑到，因为它相比于外在的科学结果来说，是更基本和更本质的概念。事实上，柏格森也有类似的想法，他常用的一个例子不是看表，而是等待方糖在水中的溶解。他解释说，如果我想把一块方糖和一杯水混合起来，我就必须等着，直到糖融化。他补充说，这个小事实是有意义的。为什么呢？因为我必须等待的时间不是数学时间，相反，这是一个与我的不耐烦相吻合的时间概念。那个时候已经不是数学上的时间观念，而是活生生的生活本身。根据一个人的不耐烦程度，人们可以选择搅拌，从而看到时间对未来的影响。因此，时间将不再是一个独立的变量，而是与活生生的人的生活紧密相连的变量。日常看表测量得到的瞬时（例如下午 6 点）是个多维度与“存在”相联系的集合，如“该吃饭了”“小孩放学该回来了”“离学术讲座还有 2 小时”等，或者也不一定是多选项的集合，也可以是单独选项如“该吃饭了”，但这只能说此时有了吃饭的意向，该意向随时有可能发生改变而谋划做别的事情。然而，现代科学必须通过把以瞬时为基础的时间作为一个单独的变量来定义，而且牵连出这些变量之间的数学关系，这样一来导致数学和科学的时间变量与实际时间有很大的不同。

还是回到海德格尔对数学时间与历史时间的区分上去，如我看表测量

① 〔德〕马丁·海德格尔：《存在与时间》，陈嘉映、王庆节译，生活·读书·新知三联书店 1999 年版，第 470 页。

② 〔德〕马丁·海德格尔：《存在与时间》，陈嘉映、王庆节译，生活·读书·新知三联书店 1999 年版，第 472—473 页。

③ 〔德〕马丁·海德格尔：《存在与时间》，陈嘉映、王庆节译，生活·读书·新知三联书店 1999 年版，第 473 页。

到 16 秒这个数，同样的一个数在数学中与历史学中到底差别在哪里？我看表测量时间对物理学而言是一个可重复的操作，在某种意义上可用打点计时器进行相当精确的重复。然后我再阅读打点计时器，打点计时器把计时数、位移数一下子呈现在我面前，成为一个共时面，在这个共时面上，1 秒与 2 秒除了量上的积累不同之外并没有本质上的不同，所以 $16=2^4$。但是，历史事件如某某名人于 2015 年 5 月 23 日 23 时 31 分 16 秒停止呼吸，这个看表确定的是唯一的一个独特事件。这个计时很精确，但这个精确的计时瞬时与某某人成为社会名人及其社会影响没有严格的因果关系。这个精确的计时也许与该名人身体机能的衰退有关（假说生物学能够做出身体机能的衰退与时间的函数关系，但这是一个科学的机械的时间，或者说是个均质化的时间，因为只有做出一个均质化的时间才能在同一性空间中做出预言，对于生物学而言，能否做出这种预言都是要打问号的），这个与历史事件是很不一样的，不是一个历史时间。当然历史学中的“时刻”常常并不是一个延续时间为零的时间，而是一个很模糊的概念，如“中华人民共和国成立的历史时刻”可能是几个小时或数天，但这种模糊性并不阻碍我们对事物发展的一个关节点的理解。物理学时间中的瞬时只是通过它们在序列中的位置的不同才彼此区分开来。历史学时间中的内容结构中，它们本身的每一个时间点都不同于另一个时间点，“历史学时间概念的那种质的东西所意指的仅仅是稠密化——结晶化——一种在历史中被给予的生活的客观化”[①]。所以，历史学中只有“事件”，这些事件之间并没有同质世界中的那些函数关系式。

日常生活中我们看表测得的时间总是与一些发生在周围的事件相联系，此时的瞬时时间是异质的。此时的瞬时时刻并不能对下一个瞬时时刻产生决定性的影响，各个瞬时时刻的都是随机的、不确定的。而科学测量中的瞬时，此一时刻与下一时刻之间数字会产生一种数学关系，使得科学中的瞬时成为一种决定性的。如根据牛顿第二定律，我们只要知道了一个物体的初始速度和运动方向，那么该物体在未来的每一个时刻的速度和运动方向都是被决定了。此时的瞬时没有为自由意志留下空间，“正是由于这个意志决断的‘瞬间’，时间才开始与人有了切实的关联，历史也才得以发生，所以不是每一次永恒和时间的触碰都是‘瞬间’，真正的‘瞬间’

① 〔德〕海德格尔：《海德格尔文集：早期著作》，张柯、马小虎译，商务印书馆 2015 年版，第 525 页。

不仅是‘永恒和时间的触碰’，而且还与‘意志的决断’有关”[①]。因此，当我们用外在的钟表工具来干预我们内时间感知的时候，数学物理学中的那种决定的“瞬时”只是一种把时间数学化的一种极端后果，一旦让人的感知活动介入（如看表），得到的生活中的时刻就不是决定意义上的瞬时，而是具有随机性的瞬时。现代科学中决定性的瞬时概念也为许多物理解释，特别是量子物理学的解释留下困难，因为量子物理学必须考虑人的介入性观察。

事实上，脱离数学观念化的瞬时，现实科学观测中的瞬时体现的也是某种不确定性。我们通过等时性装置技术来度量时间，然后通过观看这种度量时间的仪器来确定瞬时时刻，此时的瞬时时刻在现实观察中也是不确定的。伽利略单摆的等时性是一种理想化的抽象，即忽略了摩擦、不受外力作用而自由运动、摆动角度很小，使得角加速度和摆动角度呈线性关系，因此数学模型建立在线性数学的基础之上。现在，通过对单摆系统的研究，一旦那些理想化的条件不满足，单摆则产生极其复杂，包括混沌在内的动力行为。也会产生“倍周期分岔”现象[②]，其振动及转动的次数、位置、方向，看起来越来越貌似随机和不确定，最后会过渡到图 5.1（c）所示的混沌状态，即一种不可预期的生成状态。

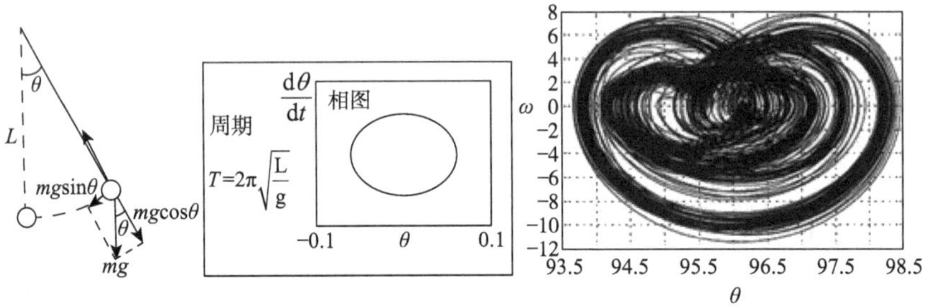

（a）单摆　　（b）小振幅时　　（c）混沌单摆的相图

图 5.1　单摆振动及其混沌相图

第四节　时 机 科 学

考虑到时间测量的工具，看钟表（包括古代的水钟和后来的摆钟）上

---

① 邓定：《克尔凯郭尔的“Φieblik”（“瞬间”）观念》，《浙江学刊》2015 年第 5 期，第 25 页。

② 张天蓉：《蝴蝶效应之谜——走近分形与混沌》，清华大学出版社 2014 年版，第 112—115 页。

的数字显示的时刻来计时，其实是一种后来才发明出来的一种比较精确的计时工具，这种较为精确的计时工具发明之前人们是利用天体的循环运动、季节的循环变化、自然的轮回演化或生物的生长节律来计时，如《吕氏春秋》中有如下关于春季时节的描述：

> 孟春之月，日在营室，昏参中，旦尾中。其日甲乙。其帝太皞，其神句芒。其虫鳞，其音角，律中太蔟，其数八。其味酸，其臭膻，其祀户，祭先脾。东风解冻，蛰虫始振，鱼上冰，獭祭鱼。候雁北。天子居青阳左个；乘鸾辂，驾仓龙，载青旂；衣青衣，服青玉，食麦与羊，其器疏以达。

前文中的“时刻”显示为“太阳运行到营室的位置”“参星位于南天正中”“东风融化了寒冷”“冬眠的动物开始活动”“鱼上游到冰面下”“鸿雁从南方飞回来”，这些都不是钟表数字意义上的计时时刻，而是自然生命演化过程中的时节，它们与人的活动凑在一起构成“时机”：春季的吉日是甲乙，于五行属木；尊崇的帝是以木德王的太晫，敬奉的神是木官句芒；动物中与木相配的是鳞虫；五声中与木相配的是角声，与此月相应的是十二律中的太簇；与木相配的成数是八，与木相配的五味是酸（五行学说中，孟春木旺，木的五味就是酸。火的五味就是苦，土的五味就是甘，金的五味就是辛，水的五味就是咸。），五臭是膻；本月要祭祀户神，祭品中以脾脏为尊。[①]因此古代的时机，人们当时用大量的相关“事件”来描述，时机之间不像牛顿物理学的瞬时那样具有因果决定性，时机只有相关性。“日在营室”“昏参中”“旦尾中”“其帝太皞”“其神句芒”“其虫鳞”“其音角”“律中太蔟”“其数八”“其味酸”“其臭膻”“其祀户”“祭先脾”“东风解冻”“蛰虫始振”“鱼上冰”“獭祭鱼”“候雁北”……这些相关的“维度”为人们提供了合乎时机的活动的指导原则，每个时机都会构成一个活动的机会和原则，像衣物、饰品、运输工具，甚至器具皆因时机的不同而有所变化。“根据《礼记》的记载，‘孟夏之月，日在毕’‘其日丙丁’‘其帝炎帝’‘其虫羽’‘其数七’‘其味苦，其臭焦’以及‘衣朱衣’等，由此可见四时组成了通用的细目，而这些细目则根据其所规定的性质，借由类比的方式交织出各种各样的演化，包括星宿或动物、尺度和等级、名

---

① 张双棣：《中华传统文化百部经典·吕氏春秋》，国家图书馆出版社 2018 年版，第 48—49 页。

称和数字、地方和神祇，甚至行为和穿着等方面的演化。换句话说，四时所构成的细目是人世间的指导原则，或更确切来说，这些细目按演化的个别生态塑造出相应的世俗生活，而制礼者的任务便是严格规定出符合时节的模式。”[①]

时机中的瞬时或时刻体现于自然物的演化表征出来的征候之中，表现为一种“器物”化的特征，因此古人的活动重点在于如何统筹器物之间的联系，如“天子居青阳左个，乘鸾辂，驾仓龙，载青旂，衣青衣，服青玉，食麦与羊，其器疏以达”。古代工匠造物，物的质地、强度、功能也都体现出这种器物化时机把握之上。如《考工记》中“弓人”造弓：“弓人为弓，取六材必以其时，六材既聚，巧者和之。”[②]以“角”制造为例，秋天宰杀的牛，角厚实；春天宰杀的牛，角单薄。角的根部，近于牛脑而受脑气的蒸润，故比较柔韧，柔韧因此要它具有自然弯曲之势，颜色发白，就是弯曲之势的征验。角的中段常附在弓隈处，弓隈处必然弯曲，弯曲因此要所附的牛角坚韧，颜色发青，就是坚韧的征验。角的末端远于牛脑而不受脑气的蒸润，因此比较脆，脆因此要它柔韧，角的末端粗大，就是柔韧的征验。[③]因此，弓的力学性质全部因物的活生生的机能而造，这里面隐含了材料力学的诸多原理，可以说就是一门“时机物理学”。如果对中国古代器物化表征的科学做研究（如大数据处理），一定会展示出与律则科学不同的、更接近于个体化世界的具有存在感的科学。

因时机而动的指导原则迥异于当代的自然科学的指导原则，当今的自然科学指导原则的根本在于牛顿的运动力学理论，它统一了天体和地面物体的运动规律，把过去、现在和未来加以同一均质化而成功做出科学预言，成为所有科学的基础和典范。热学、电学等都要向力学进行还原，化学、生物学要向物理学还原，如此才能构造出一个用同质化的瞬时所剪裁出来的因果规律，甚至社会科学都要做自然科学的还原（如还原到生理学或心理学中的测量），然后我们用那些因果规律来指导我们的实践。但是，因果规律必定假定了同质性的确定化的瞬时，否则前因不会有确定性的后果，而同质化的瞬间必然是数学观念化的，是人在主观上做的一种静态的构造。时机科学是建立在异质“事件”动态发展基础上的，关于“事件”，起初我们将它定义为不可预测的、意外的或以惊异方式发生或降临在我们

---

① 〔法〕朱利安：《论“时间”：生活哲学的要素》，北京大学出版社2016年版，第37页。

② 韩寓群、徐传武主编：《考工记》，闻人军译注，上海古籍出版社2014年版，第134页。

③ 韩寓群、徐传武主编：《考工记》，闻人军译注，上海古籍出版社2014年版，第138页。

身上的事情，因此，事件概念强调不可预见的惊诧，并将我们带向无法预料的未来。德勒兹认为事件就是一个特异性（singularité），或更准确地说是一个特异性或特异点的集合①。事件可类比于数学中拓扑动力学中的“奇点”，如图 5.2 所示，这些奇点传达了在状态空间邻域上的结构，这些点包括吸引子、分叉点、马鞍线、收敛或发散的脊线，分离谷等。每个奇点（事件）都是特异的，它既是前一个特异性过程的终结、又是下一个新的特异点的发端，不断地由一个邻域延伸到下一个邻域。奇点的独特性使得每一个奇点都具有独一无二的个体性特征，因此时机科学展示出来的也是具有个体性的科学。也就是说，如果说瞬时科学是把异质的东西同质化为规律性的东西然后做出预言，那么时机科学就是在异质性内部寻求事物演化的奇点，也即时机。

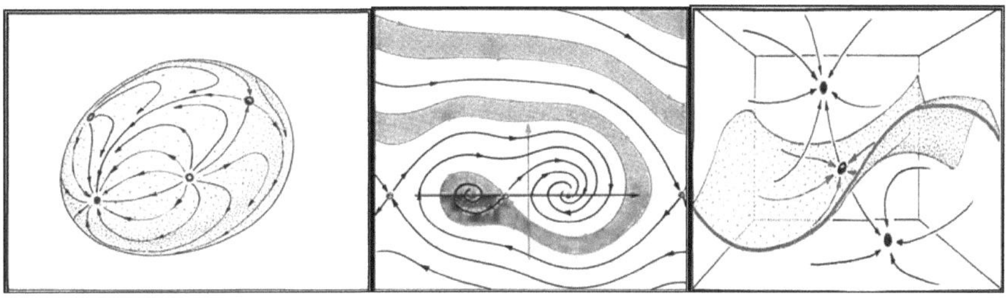

图 5.2　奇点（特异点）示意图

时机科学并不是只有古代的科技可加以考察，现代的大数据科学实际上展示的也是一种时机科学。大数据重相关而轻因果已为时机科学创造条件，而且大数据实际处理的也是时机上的关联，如“年轻父亲”、“啤酒”和“尿布”之间的关联就是时机上的关联，人们不可能把它们还原到康德意义上的时间图形上做成“瞬时科学”意义上的因果关联。我们对大数据结果的利用也主要是时机，如只要我们知道什么时候是买机票的最佳时机，就算不知道机票价格随时间变动的规律也无所谓。凡是与人的活动有关的科学都有时机科学的特点，如经济学，其未来的发展从来都不能用过去的时间规律来加以预言，所以严格说来，经济学中没有规律。甚至与人的活动无关的地质学也是时机科学，矿物学家有一句笑话：矿在你找到的地方，也就是说矿是你碰到的，而不是靠某种成矿时间理论做出的精准预言。随着大数据科学的发展，经济学、地理学、社会学等具有时机特征的科学发展也非常迅速，特别是个性化的设计得到长足的发展。本来计算机

① 汪民安、郭晓彦主编：《事件哲学》，江苏人民出版社 2017 年版，第 12 页。

是一个现代性的工具，但当这种工具的能力超强之时，反而可以让我们逃离现代性，实现个体化的科学。例如，建造一间更适合人居住的房子，更合乎人性化城市设计，更适合人饮用的饮食，更适合个人的医疗等。人工智能和大数据与以前最大的区别，就是喂给它吃的东西不一样了，以前喂的是数字、符号，这些都是瞬时的符号产物，现在喂的则是触屏输入的信息，是融入了人的瞬时感知的信息，机器在运行过程中更加接近人在瞬间做出判断或决定的情态，正因为如此，人工智能的发展非常迅速，甚至开始挑战人的情感和意志领域。

在某种意义上说，时机科学属于非线性科学，而瞬时科学属于线性科学，只有改变我们那种线性思维的决定论意义上的瞬时概念，采用非线性游牧意义上的时机概念，我们才能建立一种非异化的个体化的科学。另外，如果我们对中国古代器物化表征的科学做大数据处理，一定会展示出与西方科学不同的、更接近于个体化世界的具有存在感的科学，下文将以“物性科学”之名对其做详细的论述。

第六章　物化特征的力学与测量中介下的物

西方科学，特别是近代的西方科学基本上表现为数学化的科学，而中国古代的科学却是用物或器具来加以表征的，这就造成中西方科学对待“物”的方式迥然有别。数学化的科学中的物是抽象的几何学实体，它撇开了“物”本身所固有的丰富特性，这种具有丰富特性的物，我特称它为“物性”特征，物性特征的物体现出来的是内时间意识模式是活力学“力动”，以此区别于物的数学化特征，数学化特征的物在意识活动模式中所指向的对象完全是被动感的形式化对象，体现出来的力学是“死力学”。因此，物化特征的力学不同于数学化特征的力学。中国古代流体力学主要是关于水流及其作用的描述，这种描述是粗略的、意象的、非数学化的，但却成就了古代著名的水利工程，如都江堰、秦渠、大运河等，其作用延续两千多年，这不免让人深思这种非数学化的科学所成就的工程在生态建设及可持续性发展方面的意义。

第一节　物化力学的非数学特征

要谈及力学，还得从牛顿力学的第一公理即惯性定律谈起：“每个物体都保持其静止或匀速直线运动状态，除非有外力作用于它迫使其改变那个状态。”这句话中“物体保持”或“物体自己保持”是什么意思呢？因为“保持”似乎是一个人才有的动作。可见，在受机械论影响后的牛顿陈述物理定律的时候还是免不了要使用拟人化特征的语词，也就是说牛顿还是改变不了在他之前人们用自己情感的投射来揭示物体运动的习惯。亚里士多德就是这种自然解释的大师。

在亚里士多德的四因说中，目的因是最高原因。因此，亚里士多德解释所有物体的运动最后都用拟人化的目的因来加以解释。据说这跟亚里士多德的动物学研究有关。亚里士多德动物学中的一幅图（图 6.1）[①]，图中画的是一条鱼，其名叫“鮟鱇鱼”。鮟鱇鱼的长相非常奇特，最为奇特的

---

① 桂起权：《目的论自然哲学之复活》，《自然辩证法研究》1995 年第 7 期，第 1 页。

地方是它的头上长着两根须，须的末端还长着一个分叉的小肉瘤，当小鱼去咬那个小肉瘤的时候就被鮟鱇鱼给捕食掉。实际上，每一种生物的长相都非常奇特，我们人的长相在其他动物看来是最奇特的，用两条腿走路，身上还没有毛。还有，人的骨头是实心的，而鸟的骨头是空心的。那么，如何解释鮟鱇鱼的奇特长相呢？显然我们不能用还原论的方法，把它还原成一个一个的化学方程式的化学反应，也不能用数学的办法加以计算和模拟。恐怕最有效的办法就是目的论的解释方式，即鮟鱇鱼之所以长成那个样子就是为了更好地捕食。还有，我们人的骨头之所以是实心的，是为了更结实地在大地上行走，而鸟的骨头之所以是空心的，是为了更轻盈地在空中飞翔。苹果之所以长得又大又红又圆又香，是为了吸引人们采摘它，把它吃掉，然后把剩下的果核到处扔，长出更多的苹果树，结出更多的苹果，即是为了繁殖才长得大、红、圆、香的。

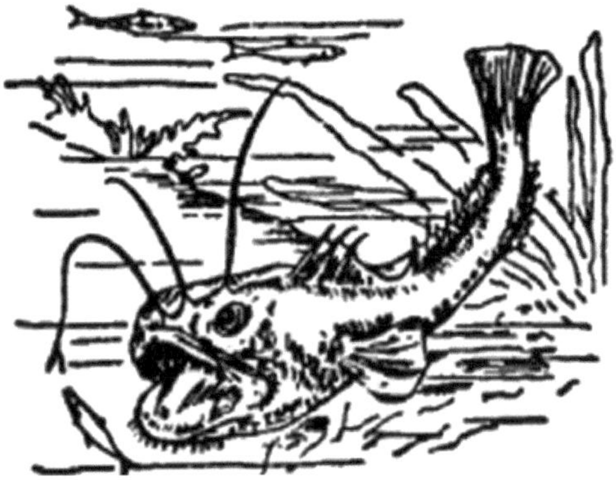

图 6.1　鮟鱇鱼

用目的论解释生物学是非常有效的方法。但是，亚里士多德把这种目的论的解释扩展到自然科学的每一个领域，如一块石头做自由落体运动越落越快也可以用目的论加以解释。

在亚里士多德时代，人们认为世界上所有元素（水、土、火、气）都有它们的自然位置，像土、水、火、气的自然分布就如图 6.2 所示。如果所有这些元素都在自己的自然位置上，那就根本不会有运动，但是一旦离开了它的自然位置，就会出现运动。纯粹土质的物体向下运动，纯粹火质的物体向上运动，这是因为土在下面拥有其位置，而火的位置在上方。每一种物体都依其种类而拥有其位置，这种位置也是它们所奋力趋向的地方。环绕大地的是水，环绕水的是气，气上是火。

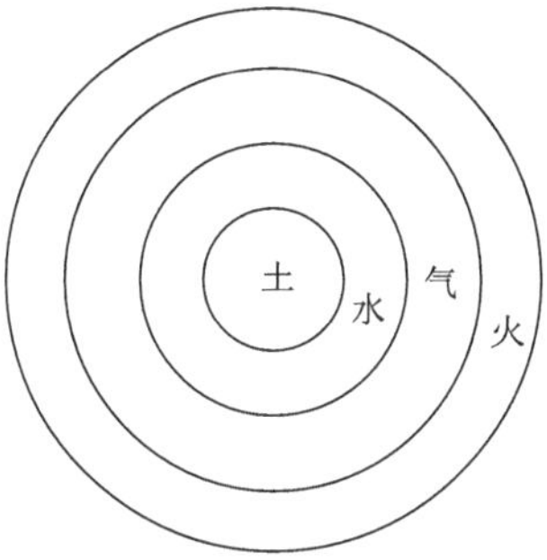

图 6.2　亚里士多德的物质自然分布图

当一个物体在其自然位置上运动，就是根据它自身本性的运动，但如果一块石头被用力往上抛，那么这种运动就违背石头本性的运动。当我们把一块石头从空中让它下落的时候，这个过程实际上是一个让石头向其自然位置回归的过程。这就像我们长途跋涉回家一样，当我们离家越来越近的时候，我们心里就会越来越高兴，如果我们心里越来越高兴，我们就会跑得越来越快。石头也是这样，当离它的自然位置越来越近的时候，它也会越来越高兴，同时它也会跑得越来越快。因此，古代的运动定律可以称为机体论的理论，用人的行为目的来类比石头的运动，一块石头的下落就是为了达到它的自然位置。

天上的物体与地上的物体的运动是不同的，即月上世界和月下世界。亚里士多德认为地球是宇宙的中心，因为土元素有向宇宙中心运动的趋向，火元素有远离宇宙中心向边缘运动的趋向，又由于地球本身看起来是由土元素构成的，所以地球本身应当位于宇宙的中心。在地球上，石头的降落和火的上升，这两种运动都做直线运动，而天上的日月星辰则环绕中心地球运动，它们的运动是圆周运动。为什么星体的运动是圆周运动呢？在远古时代，人们把天堂看作完美的地方，这种完美性根植于天堂那种几乎不变的本质，就像柏拉图的理念世界一样，那里只有月亮、太阳、恒星和行星的位置发生变化，天堂那种恒定的完美是上帝完美性的体现，体现了上帝完美的欲望。天堂仿效上帝的完美的最好方法就是做完美的运动，而不变的匀速圆周运动是一种最完美的运动，所以天堂里的星体做匀速圆周运动。事实上，圆周运动和直线运动都是简单运动，但是圆周运动要优先于直线运动，因为它更为完美。海德格尔说："在改变位置的意义上最纯粹的运动就是圆周运动，可以说，它们在自身中就包含着位置。做这样运动的物体，完满地运动着，这适合于所有的天体。与之相反，地上的运动一定是直线运动或混合运动，或者是受强制的，一种始终不完满的运动。”[①]天上物体如“月亮并不落到地下，因为它本身在圆周上运动，即完满地运动着，保持最简单的运动。这种圆周运动本身是完备的，独立于除了它自身之外的东西，即独立于作为中心的大地。与此相反需要先行说明，在近代思想中，圆周运动只不过是这样被理解的，对于其产生和维持来说，必须有某种来自中心的持续牵引力（Zug）。与此不同的是，对于亚里士多德来说，则有某种‘力’，形成其运动的能力，它存在于物体的本性（Natur）之中，物体的运动形式以及与其位置的关系，依赖于物体的本性；每当物体离其位置越近时，自然运动的速度就越快，就是说，速度的减慢和加快或运动的停止，在物体的本性中有其根据”[②]。

海德格尔上面论述是针对西方的科学而言的，事实上用“物”本来的属性来解释物的运动规律，中国古代科学中就有大量的例子。以流体力学为例，中国古代的流体力学史可以说就是一部水本性的历史，或者说是水文化的历史。本章第三节将会对中国古代水力学中物性特征详加探讨。

第二节　测量中介与数学筹划中的“物”

在古希腊，柏拉图认为理念世界是真实的存在，现实世界只是对理念世界的模仿，现实世界是以理念世界为模板制作而成的，所以在现实世界的诸自然物中已经存在着理念世界的理念，这为科学中“物”的数学筹划埋下伏笔，也是最早关于物的数学筹划的思想。后来这一思想在笛卡儿那里发扬光大，笛卡儿通过普遍怀疑把精神的东西与物质的东西分开，物质的东西的本性在于广延性，这样，每一事物都促使我们把空间看作物体的处所，空间是处处同质的和可重复的；空间是可入而不可动的。我们由此得到关于运动的最精确的观念：不可入性和物体的空间位置。根据这种设想，我们把物体仅当作具有形状和广延的部分空间，这是思考物体时所能采取得最一般、最抽象的方法。这种广延性是可以用几何学来加以处理的，所以具体的物只是对某种几何形体的一个模仿，几何学是物体真正的基底。

① 〔德〕海德格尔：《物的追问——康德关于先验原理的学说》，赵卫国译，上海译文出版社2010年版，第77页。

② 〔德〕海德格尔：《物的追问——康德关于先验原理的学说》，赵卫国译，上海译文出版社2010年版，第78页。

近代科学的数学化主要表现为“几何学化”。这种传统是从阿基米德使用几何学方法证明杠杆定理以来，后经海伦、帕普斯等科学家的发展，一直到伽利略和牛顿，几何学一直是西方学者研究力学的主要工具，而且对几何学的使用达到极致化的科学家是牛顿。牛顿在其《自然哲学的数学原理》一书中本来可以使用他所发现的微积分方法解决力学问题的，但他没有使用这一简洁的方法，而是采用科学史上的几何学传统，这使得牛顿的力学的解析非常繁难，很不容易为大众所接受。据说牛顿的《自然哲学的数学原理》一书为学术界普遍接受花了将近一个世纪，而且大家接受它并不是因为大家读懂了其繁难的几何学推导，而是牛顿用他的力学成功地解释了潮汐问题和地球的形状问题。比较起来，爱因斯坦的相对论虽然非常深奥难解，但是大众接受它只花了一二十年时间。因此，胡塞尔和海德格尔论述伽利略与牛顿的科学的数学化主要是指科学的几何学化。事实上，如果我们搞清楚了几何学化的现象学分析，其他数学化的现象学分析也就好理解了。因为对广延形状的考察可以显示出多种可能的组合，可以找出一种简化这些组合的方法，如对面积和体积的组合运算、对长度的相加等，这方面的研究就使我们得到算术，即数的科学，以及各种不同的算术法则，借助这些法则，我们很容易推演出各种各样关系的某些原理或一般属性，然后以更为一般的方式对这些关系做出表述，如此表示这些关系的学科或科学就是我们所说的代数学。

胡塞尔在《欧洲科学的危机与超越论的现象学》一书中重点论述了伽利略的几何学方法及几何学的起源。对几何学化的现象学分析，胡塞尔的手段实际上是在“纯粹的几何学空间”与“日常经验空间”之间游移。这样就形成了一个从日常经验空间上升到纯粹几何学空间的现象学描述过程，然后再描述从纯粹的几何学空间下降到日常经验的过程，这两个过程实际上都与我们现代科学研究中所使用的测量手段有关。这里先看上升过程的现象学描述。

我们在日常生活中，每个人都经验自己的直觉空间，也就是科学理论空间之外的经验空间，不管是成人、学者还是外行，每个人的空间都是能在生活意识和想象中体验到的，这是任何人（与年龄或受教育程度无关）感受世界的初级形式。与科学意识相反，日常经验大致地把生活世界看作一个未经分析的整体，如把房子、树木和山脉看作一个连续性的形状系列，里面还掺杂着一系列想象形状。“在周围世界中的那些可感性地经验到的和在感性的直观上可设想的形状，以及在任何一般性的层次上可设想的这些各类形状，互相交融地组成一个连续统一体。在这统一体中，这些形状充实作为它们的形式的（在感性上可直觉的）时空。”[①]这些形状系列无论是现实的还是想象的，它们的形状差异只是存在于程度方面，或多或少是直的、平的或圆的等，也就是说那些形状具有模糊性和流变性。每个人心中的形状都是有差异的、不可通约的，这样那些形状还缺乏主体间性。随着人类实践兴趣的改变，人们会抽象出较为完美的形状，如完美的直线或者完美的圆等。特别是随着测量技术的进步，如画一条更加直的直线或一个更加平的平面，完美性的观念就这样一步步地向前推进，从而一个能设想可以被不断改进的完善的领域是永远向我们开放的。这种直觉空间区别于几何学空间，胡塞尔把几何学空间描述为用逻辑的方式表述的空间，因此几何学空间不再是通过直觉知道的，而是通过概念思索得到的。在日常经验中，我们并不能发现纯粹的几何图形，尽管纯粹的几何图形来源于日常经验。胡塞尔说：“在完美化的实践中，在自由地‘一步一步’朝向可设想的完美的领域的逼近中，极限形状产生出来。这种极限形状是不断改进的特殊的系列所永远逼近的、但永远达不到的、不变的终极目标。如果我们有兴趣于这些观念的形状，并不断地从事于规定它们，和根据已经被规定的东西构造出新的东西，那么我们就是‘几何学家’。”[②]所以，我们从生活世界中得来的经验也会给我们展示一种典型的、模糊不定的特点。只有纯粹的几何学世界中才有精确的和确定的东西，不过这种精确的东西只出现在“观念”领域。例如，在几何学中，一条直线与一个圆相切，其相交的部分是一个点，但这一个点只是出现在观念领域，在经验中，如我们通过黑板或纸张上画出的图形来观看，圆与直线之间相切的部分无论怎样精确，我们看到的都是一段弧线而不是一个点。

在构建了数学化几何图形后，这些先前模糊的特点便被转化为必然的互相依赖性。例如，三条完整的直线没有必要结合在一起，但是如果它们被聚在一起就会形成一个平面，它们肯定会形成一个三角形，并且内角和为 180 度（是精确的 180 度）。也就是说，在数学的实践中，我们达到在经验的实践中所不可能达到的那种精确性。因为在数学的实践中产生出在绝对的同一性中规定观念的形状的可能性，如直线、三角、圆等，它们的

① 〔德〕埃德蒙德·胡塞尔：《欧洲科学危机和超验现象学》，张庆熊译，上海译文出版社 2005 年版，第 37 页。

② 〔德〕埃德蒙德·胡塞尔：《欧洲科学危机和超验现象学》，张庆熊译，上海译文出版社 2005 年版，第 35 页。

定义是“单义”的，在使用过程中可以一以贯之地加以使用，具有可重复性。“借助于这些事先挑选出来的作为可资普遍利用的优越的基本成分，按照与这些基本成分结合在一起的操作程序，不仅构成越来越多的因其进行制作的方法而成为主观性地一义性地被规定的形状。最终这样的一种可能性产生出来了：通过一种先天的、包罗万象的系统的方法，构成地、一义性地制作出一切可设想的观念的形状。”[①]此即从日常生活世界的空间上升到了纯粹几何学空间。

再以伽利略为例看胡塞尔所说的，从纯粹几何学空间下降的运用到日常生活世界的过程。胡塞尔在《欧洲科学危机和超验现象学》中描述了自然的数学化的过程。以数学化的过程为中心是胡塞尔对自然科学的起源以及他关于研究自然科学中被遗忘的日常生活世界意义的反思，尽管胡塞尔以伽利略的数学化为例，但是胡塞尔并没有对自由落体运动的数学化过程做详细的描述。伽利略对落体运动进行了一种数学化的研究，其过程本书在前面章节已有阐释，我们已经看到那种差异化的内时间意识是如何在通过器具化滞留地重复形成一个一般性、同质性、可重复的时间，然后为落体运动的数学化创造基础的。这里重提这个问题是为了展示关于落体运动的“经验”在数学化之后所发生的变化。伽利略研究自由落体运动的过程首先经过试验测量，然后遵循纯几何的思维模式对自由落体运动这一自然现象加以重构，这些使得伽利略科学将直觉、经验的模式转变成了科学的分析模式。

> 伽利略所知道的，不仅广泛用于地球，而且也用于天体的、相对先进的几何学，因而对于他来说已经是作为传统被预先给定了的。它是伽利略把经验的问题跟数学的极限观念联系起来的思想指南。当然，由几何学所连带地规定的测量的技艺，及其不断地增加测量的精确性和通过这种测量不断地增加对形状本身的客观规定的精确性的意图，也已经作为传统而存在在那里了。如果说，经验的和非常有限的技术实践的要求，在原先唤起纯粹几何的要求的话，那么现在倒过来作为“应用”几何学的几何学久已成为一种技术手段，作为一种设想和进行系统地构造测量的方法论的任务的指导。这种测量的方法论用于在不断地增加对几何

---

① 〔德〕埃德蒙德·胡塞尔：《欧洲科学危机和超验现象学》，张庆熊译，上海译文出版社2005年版，第37页。

的理想形状，即极限形状的接近中客观地规定各种经验的形状。①

当我们把抽象的数学形式应用于日常感性世界的时候，我们则是从理性化世界降落到经验的直觉世界，也就是说，在各种直觉中进一步决定这些模糊不确定的经验时，纯粹的几何图形被规范性地应用于所有可能的几何经验中。日常经验中模糊的以及或多或少同一的实体在几何学上准确地决定了它们在纯几何形式的参与程度，这时纯几何图形指导着这些经验的测量，同时这些图形与经验图形相近。通过建立纯数学作为测量技术的指导，生活世界中的事物精确化成为可能。胡塞尔说："数学通过接触和指导测量的技艺，再次从观念存有的世界降到可被经验地直观的世界。这表明，我们可以获得一种关于直观的现实世界的物体的全新的客观的实在的知识。一切物体都必然地具有形状，而这种客观实在的知识涉及的只是关于形状的数学所关心的那些方面，即它以不断趋近的方式与它自己的观念的存有相联系。一切经验地可直观的世界中的物体，按照其世界的样式来看都具有形体的特征。它们都是'res extensae'（'广延的实体'），它们在变动着的排列配置中被经验到；从整体考虑，它们有总的排列配置，特殊的形体在这些排列配置中有其相对的位置，等等。借助于纯数学和实践的测量技艺，我们能够对一切在形体世界中以这种方式伸展的东西作出一种完全新的归纳的预言，即能够根据已知的、被测定的、涉及形状的事件，以绝对的必然性对未知的、用直接的测量手段所达不到的事件作出'计算'。于是，这个与世界相疏远的观念的几何学变成了'应用的'几何学，并且，在某种程度上可以说，变成了认知实在的东西的一般方法。"②伽利略的成就是将直观经验模式转变成通过从数学化中得到的几何模型所形成的数学模式，并从数学化模式对未来做出精确的预言。

伽利略当时做斜面实验时，显然对位移和时间的关系做了非常精确的测量，不过，不管怎样精确，小球运动由于涉及空气的阻力和斜面的摩擦力，它总会是一个不精确的平方比关系。正是因为如此，伽利略在《关于两门新科学的对话》中并未给出斜面实验具体的时间和位移的测量数据，而是依据他所构造的关于加速运动的数学模型进行纯思维领域的推理得

---

① 〔德〕埃德蒙德·胡塞尔：《欧洲科学危机和超验现象学》，张庆熊译，上海译文出版社 2005 年版，第 39 页。

② 〔德〕埃德蒙德·胡塞尔：《欧洲科学危机和超验现象学》，张庆熊译，上海译文出版社 2005 年版，第 44 页。

出的一个结论。[①]下面不妨详细地看一看伽利略得出结论的过程。因为伽利略的推理过程非常繁琐，有时显得啰嗦，我不拟引用其原文，而是通过自己构造的一个图形进行演绎，但并不违背伽利略的原意。

伽利略的匀加速运动的数学模型是受奥雷姆的启发建立起来的[②]，他几乎使用了一个与奥雷姆表征匀加速运动一模一样的图，我把它改为图 6.3，即速度 *AC* 沿时间轴方向 *AB* 均匀增加。现在用 *D*、*E*、*F*、*G* 把 *AB* 时间段均分为 5 段，先看三角形 *AHD* 以及其下的梯形 *HDIE*，显然后者的面积是前者的 3 倍。同理，梯形 *IEJF* 的面积是三角形 *AHD* 的面积的 5 倍，梯形 *JFKG* 的面积是三角形 *AHD* 的面积的 7 倍，梯形 *KGCB* 的面积是三角形 *AHD* 的面积的 9 倍，如此呈奇数增加。容易知道，上面所说的三角形和诸梯形的面积分别代表等时段内物体所经过的位移，那么在相等的时间段内，一个做匀加速运动的物体走的位移依次为 1、3、5、7、9……这样的奇数列[③]。显然，在 1 个时间单位内的位移是 1，在 2 个时间单位内的位移是 1+3=4，在 3 个时间单位内的位移是 1+3+5=9，在 4 个时间单位内的位移是 1+3+5+7=16，如此等等。1、4、9、16……这些数分别对应于 1^2、2^2、3^2、4^2……。因此，做匀加速运动的物体，其位移大小与运动时间的平方成正比，此即伽利略自由落体运动的规律。就伽利略的研究文本来看，伽利略关于自由落体运动规律的研究最终是基于匀加速运动的几何学模型的代数化的先天研究。然而不能忽视的是，伽利略所得出的位移和时间的平方关系一定还是与他的斜面实验有关，只是斜面实验所得到的平方关系不是精确的平方关系，精确的平方关系是基于实验测量得到粗略的平方关系，再进行理论思考和转换得到的。胡塞尔评价伽利略几何学时说：

> 在这里，我们可以看到几何学是如何决定伽利略的思想和指导他达到物理学的观念的方式的。几何学具有一种素朴的先天的自明性，由于这种自明性使得每一项几何学的工作在动态中保持不变。由于几何学的启发，通过伽利略的毕生工作，这种物理学的观念才第一次产生出来。几何学从一开始就有助于在一种老的

---

① 伽利略的斜面实验的时间测量实验不是没有意义的，这对于他建立落体运动的数学模型时由空间维度向时间维度的转变起了非常重要的作用，前面章节对这个问题已有述及。

② 张卜天：《质的量化与运动的量化》，北京大学出版社 2010 年版，第 191 页。

③ 〔意〕伽利略：《关于两门新科学的对话》，武际可译，北京大学出版社 2006 年版，第 163 页。

传统领域的范围内一义性地规定可感性地觉察的周围世界。从这种实践上可理解的几何学的方式出发，伽利略自己对自己说：凡在这样的一种方法论被建立的地方，我们就克服了对于经验地可直观的世界来说，本质地具有的那种主观解释的相对性。因为通过这种方式我们获得一种前后一致的、非相对的真理，凡能理解和应用这种方法的人都能使自己信服这种真理。因而在这里我们认识到一种真正地本身存有的东西，——尽管只是在一种从经验地被给予的东西出发而上升到作为指导的极标而起作用的几何的观念形状的逼近的形式中。[①]

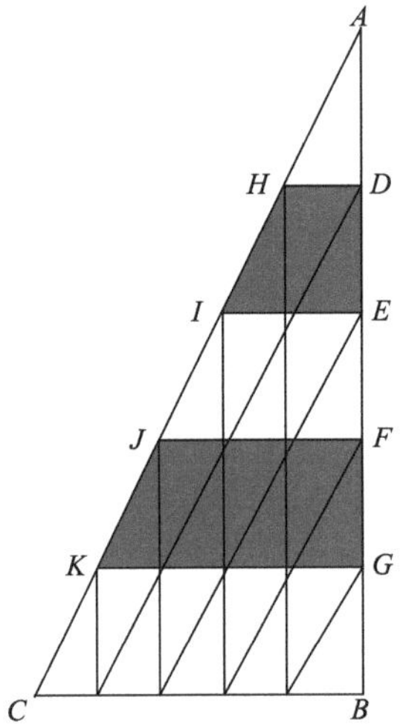

图 6.3　自由落体运动的速度与时间关系

测量在自然科学和技术中的重要性是不容置疑的，它是科学研究和科学发现的必要手段，没有它，从科学观察中演绎规律或者使用公式形式阐述理论都是不可能的。测量是根据规则对物体或现象进行数（或是数字）的分配，而且在基本测量的情况下，根据一定程序分配给对象的数是按照固定操作和测量对象之间的关系来对应或由操作和数字之间的关系来表示在这样一个方式被分配的，因此，数学通过对测量技艺的运用，再次从纯粹观念世界下降到经验的直观的世界。但是，这一下降，我们所获得的并不是日常生活世界中那种前数学的纯粹的经验，而是经过数学“污染”

① 〔德〕埃德蒙德·胡塞尔：《欧洲科学危机和超验现象学》，张庆熊译，上海译文出版社 2005 年版，第 40 页。

过的、重整的经验。由此我们给自然穿上一件“数学和数学的自然科学”的理念的衣服，这件衣服对于科学家和受过教育的人来说才是客观实际的、真正的自然。“正是这件理念的衣服使得我们把只是一种方法的东西当作真正的存有，而这种方法本来是为了在无限进步的过程中用科学的预言来改进原先在生活世界的实际地被经验到的和可被经验到的领域中唯一可能的粗略的预言的目的而被设计出来的。”[①]海德格尔把这种数学化称为对物的数学筹划。

> 数学的东西需要具备这样一种资格，即形成对物的某种规定，这些规定不能以经验的方式从这个物本身中汲取，而且对于物的一切规定还要以之为根据，它使其得以可能并首先为其谋得空间。……根据亚里士多德的想法，每个物体都按照其本性而运动，重物向下，轻物上升，如果两者都下落，重的物体要比轻的物体落得快，因为轻物具有朝上方运动的倾向。而伽利略所获得的决定性的认识是，一切物体都同样快地降落，并且降落时间的不同只取决于空气的阻力，而不是出于物体的某种不同的内在本性，不是由于与其各自特有的位置相应的各自特有的关系。[②]

可见，数学筹划中的物的运动不再决定于物的本性（重性和轻性）和物的自然位置（如土的自然位置在下，火的自然位置在上），而是一种无差别处理。这种无差别的处理使得所有物体都是等同的，没有哪一种运动是独特的，每一个位置都和另一个等同，每一个时间点都是另一个时间点，每一种力都只是根据其引起运动的改变来确定的。这种运动的改变被理解为位置的变化，所有对于物体的规定都被记录在一个平面图上，由此，自然过程无非就是对于质点的运动的空间-时间规定，自然的这个平面图同时也界定了其到处都是均质的领域。

运用纯粹的几何空间科学来研究自然世界使我们达到很多我们感觉所不能及之处，数学抽象由此推动我们的认识，而且自然科学中数学的这种应用证明数学抽象在生活中是十分有用的。现在，当我们以某种方式运用几何学的思辨穷尽了有形广延的属性后，我们再回到笛卡儿构成物理实

---

① 〔德〕埃德蒙德·胡塞尔：《欧洲科学危机和超验现象学》，张庆熊译，上海译文出版社 2005 年版，第 68 页。

② 〔德〕海德格尔：《物的追问——康德关于先验原理的学说》，赵卫国译，上海译文出版社 2010 年版，第 81—82 页。

体的另外一个性质，即不可入性，它是我们的抽象所剥除的最后一种可感觉属性。思考不可入性就会联想到物体的相互作用，因为物体只能通过不可入性发生作用，由此产生作为力学目标的运动定律。在这些物体中发现的全部属性都具有某些或多或少可被我们感知到的相互关系，认识或发现这些关系，差不多就是我们所能达到的或需要提出的唯一目标。不能指望随意的假说能帮助我们理解自然界；只有通过思考各种现象，把它们放在一起加以比较，并尽一切可能将许多现象归结为一条原理，才能获得这类认识。事实上，在一门科学中，我们将原理的数目缩减得越少，我们赋予这些原理的范围就越大。因为，一门科学的对象必然是确定的，因此适用于这一对象的原理越含蓄，其数目就越少，或者说其意义就越一般。海德格尔说："筹划是公理性的，就任何知识或认识以原理的形式表达出来而言，在数学的筹划中所理解和确定的知识，就是那种事先把物置于其基础之上的知识。公理就是基本-原理（Grund-Sätze）。……数学的筹划作为公理性的，是对物、物体之本质的先行把握；物体由此在平面图中先行得到确定，同时每一个物以及每一个物和另一个物的每一种关系也被建立起来。"[①]在公理化的推演中，物体的惯性运动变成了直线运动。下面是笛卡儿直线性惯性运动的公理化推导过程，它证明了惯性运动是直线运动，改变了天体做圆周惯性运动的观点，同时也纯粹是通过广延本体论和神对运动的参与推论出来的。这种推导对接下来将要展示的牛顿用直线运动取代圆周运动发挥过重要的影响。

命题十五：任何运动着的物体本身都力求按直线运动，而不按曲线运动。

证明：既然运动的原因只在于神（据第二篇命题十二），则运动本身没有存在的任何力量（据第一篇公理十），而在每一瞬间都仿佛重新为神所创造（据同一公理中所证明的道理）。因此，当我们仅仅注意运动的本性时，我们决不能说运动具有一种绵延，这种绵延只依赖于运动的本性，并且能够设想比其他绵延更大。如果说运动物体的本性要求它作曲线运动，那就应当承认运动的本性具有一种绵延，这种绵延比承认运动物体的本性要求此物体按直线继续运动时的绵延更大（据本篇公理十七）。可是，

---

① 〔德〕海德格尔：《物的追问——康德关于先验原理的学说》，赵卫国译，上海译文出版社2010年版，第84页。

既然（根据已经证明的道理）我们不能说运动的本性具有这种绵延，那就同样不能说运动的本性要求作曲线运动。①

在这种公理性的数学筹划中，自然变成这些公理所演绎出来的体系，演绎推理即是逻辑学中的重言式，也就是重复前提中的内容成为一种新的说法而已，实际上是重复前提中的内容，最后构造出一个均质化的自然世界。在由公理所演绎出来的自然体系中，物体被嵌入到这个推演的网络中才能成为物体，也就是说，物体所有的性质都是由其外部体系决定的，物体丧失了其自己内在的隐秘的力或能力，以及其固有的位置。在数学筹划中，在其平面图中得到公理性确定的自然领域，物体的运动被还原为时间、空间和质量三个带有共性的量的函数，任何一个被抛出的物体，只要知道了其初始速度和运动方向，其后来的运动状态（速度大小和运动方向）以及运动位置都是被决定了的。也就是说，在公理性的自然系统中，对于在其中可发现的物体来说，成了被公理性地预先规定了的对象。

伽利略对落体运动的研究是对运动的数学筹划，而运动的数学筹划又是“力”的数学筹划的基础。下面看牛顿是如何撇开物的本性化的运动，用数学筹划来研究力学的。

惯性定律是牛顿《自然哲学的数学原理》中的第一条定律，即“一切物体在不受外力的情况下，总保持静止或匀速直线运动状态(惯性定律)”。现在假设有一物体沿直线做纯粹的惯性运动，那么在一组相等的时间段内（图 6.4），物体将通过相等的距离，AB，BC，CD，……

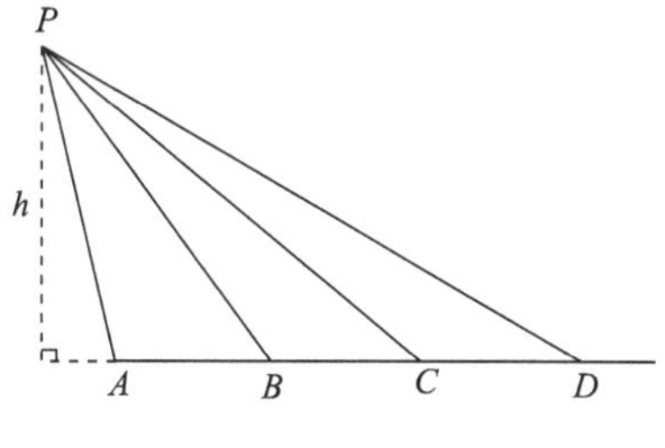

图 6.4　匀速直线运动“等面积定律”的证明图

我们注意到，从点 P 引出的线段在这些相等的时间内扫过相等的面积，即三角形 PAB，PBC，PCD，……的面积是相等的，因为三角形面积是底乘高的一半，而这些三角形都有相等的高和相等的底。于是，纯粹的

① 〔荷〕斯宾诺莎:《笛卡尔哲学原理》，王荫庭译，商务印书馆 1980 年版，第 102 页。

惯性运动会导出等面积定律，从而推导出开普勒的面积定律。牛顿说明了如果物体做纯粹的惯性运动，那么对于不在运动轨迹上的任何一点都可以应用等面积定律。换言之，从这一点到物体在这一连线上的任意一点在相等时间内都会扫过相等的面积。

接着牛顿证明，如果做纯惯性运动的物体定期获得瞬间的推力（只在一瞬间起作用的力），且所有这些推力都指向同一点 S，则该物体将在推力之间的等时间段内移动，因此从物体到 S 的连线将扫过相等的面积。此情形如图 6.5 所示。物体到达点 B 时，获得一个朝向 S 的推力。新的运动是原先沿着 AB 的运动与朝向 S 的运动的组合，从而产生一个朝向 C 的匀速直线运动，以此类推：所以三角形 SAB、三角形 SBC 与三角形 SCD……的面积都相等。根据牛顿的叙述，接下来的一步是这样的：

> ……现在，令这些三角形的数目增多，它们的底宽无限减小；（由引理 3 推论 4）它们的边界 ADF 将成为一条曲线：所以向心力连续使物体偏离该曲线的切线；而且任意扫出的面积 SADS、SAFS 原先是正比于扫出它们所用时间的，在此情形下仍正比于所用时间。证毕。
>
> 图 6.5，如果物体在 B 没有受到推力，则在时间 T 内，它将沿着 AB 的延长线移动到 c。然而，B 点的推力使物体获得了朝向 S 的运动分量。如果在时间 T 内物体的运动只来自这一推力，则物体将从 B 运动到 C′ 。这两种运动的组合将使物体在时间 T 内从 B 运动至 C。牛顿证明了三角形 SBC 的面积等于三角形 SBc 的面积。因此，即使有朝向 S 的推力，等面积定律也依然成立。

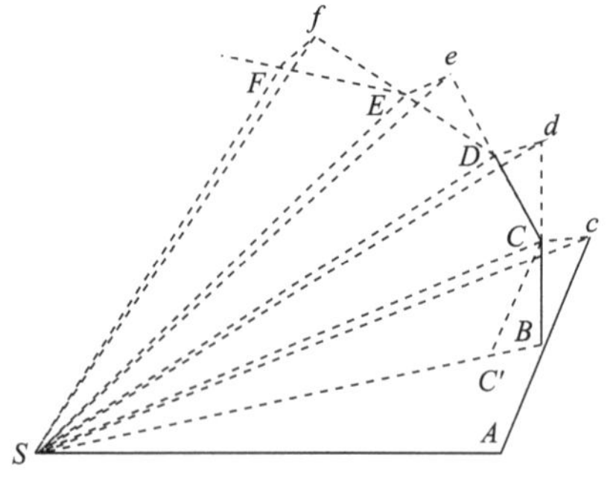

图 6.5　曲线运动“等面积定律”证明图

就这样，牛顿证明了：做环绕运动的物体，其指向力的不动中心的半径所扫过的面积位于同一不动的平面上，而且正比于描出该面积所用的时间。

在《自然哲学的数学原理》第一卷的第一条定理中，牛顿用简洁的语言证明了：如果物体被持续不断地拉向某个力的中心，则它原有的惯性运动将变成曲线运动，且物体与力的中心的连线将在相等时间内扫过相等的面积。

牛顿进一步证明，如果物体沿曲线运动，且物体与任一点的连线所扫过的面积都与时间成正比，那么必定有一种“中心的”（向心的）力持续不断地使物体趋向该点。这个力“与距离的平方成反比”。牛顿又证明，如果物体沿着双曲线或抛物线运动，且受到一个指向焦点的向心力的作用，则这个力仍然与距离的平方成反比。“在牛顿推理向心力对作纯惯性运动的物体的作用时，数学分析第一次揭示了开普勒等面积定律的真正含义！牛顿的推理表明，这一定律蕴含着每颗行星的运动都有一个向心力。由于行星运动的等面积是相对于太阳计算的，所以在牛顿的处理中，开普勒等面积定律就成了用几何证明由太阳发射的向心力吸引着所有行星的基础。”[①]

由上面牛顿的推导可以发现，他用直线运动替代了亚里士多德的圆周运动，用直线运动去接近圆周运动，“圆周运动较直线运动的优先性也被取消了”[②]。在伽利略和牛顿之前，人们一直认为天上世界存在着月球、行星和太阳等，这些天体基本上只有一种运动，即圆周运动，而地上的物体，受到力的作用可以做不同的运动，天上的世界与地上的世界是完全不同的两个世界。因此，人们认为支配“天上世界”和“地上世界”的也应该是完全不同的运动法则。然而，牛顿却使我们相信：地上的世界和天上的世界受到相同的物理规律的支配。牛顿把伽利略地面上所发现的运动力学规律与开普勒天文学运动规律用万有引力定律统一起来，使得“地上的物体和天体之间的差别消失了，宇宙不再被划分成两个井然有序的领域，天体之下的区域和天体领域本身；一切自然物体本质上都是同类的，上方

---

① 〔美〕I. 伯纳德 · 科恩：《新物理学的诞生》，张卜天译，湖南科学技术出版社 2010 年版，第 139 页。牛顿的发现参照了科恩的论述。

② 〔德〕海德格尔：《物的追问——康德关于先验原理的学说》，赵卫国译，上海译文出版社 2010 年版，第 79 页。

的领域并不更高”。[①]海德格尔接着说：

> 就运动的根据和规定而言，现在不再追问运动持续及其持续产生的原因，而是相反：运动状态是事先假定了的，要研究的是所假定的同一类型的直线运动状态的改变。就月球匀速而持续地围绕地球运动而言，其根据不在于运动的圆周性质，而恰恰相反，这种运动是必须要去为其寻求根据的运动。按照惯性定律，月体在其圆周轨道的每一点上都必然沿直线，即切线运动，而它并没有这样运动，于是就会——基于惯性定律的前提之根据或从其出发——产生问题：它为什么偏离了切线方向？它为什么会按照希腊人说的那样在圆周上运动呢？圆周运动现在不再是论证的根据，而是相反，它恰恰需要某种根据。（我们知道，牛顿给出了新的答案。他把那种物体下落所根据的力，与那种天体保持在其轨道上的力，与万有引力看作是同类的，牛顿把月球在一小段时间中向心偏离其轨道切线，与在同一时间内地球表面上某物体的下落空间相提并论；在这一步中，我们直接看到了地上和天上的运动之间，以及相应的物体之间区别的消除。）[②]

总之，测量和数学筹划中的“物”最后实际上就是数学对象本身，是一种几何物，相当于莱布尼茨的初级物质，本书第三章论述已经表明，这些初级的几何形式化物质所对应的意向性活动模式是“反动力”，所满足的是机械论的“死力学”。也就是说，测量和数学筹划所致的实体论的死力学，替代了物性科学在意向性活动模式中所反映的“能动力”或“力动”的“活力学”。

第三节　从都江堰看古代水力学的物性特征

西方人关于物有物的自然位置，中国人关于物有物“性”，以“水”为例，水是有其本性的或性格的。当然，水的本性也体现出了人的一种情

---

① 〔德〕海德格尔：《物的追问——康德关于先验原理的学说》，赵卫国译，上海译文出版社2010年版，第79页。

② 〔德〕海德格尔：《物的追问——康德关于先验原理的学说》，赵卫国译，上海译文出版社2010年版，第79—80页。

感投射。下面是孔子所描述的水性：

> 孔子观于东流之水。子贡问于孔子曰："君子之所以见大水必观焉者，是何？"孔子曰："夫水，徧与诸生而无为也，似德。其流也埤下，裾拘必循其理，似义。其洸洸乎不淈尽，似道。若有决行之，其应佚若声响，其赴百仞之谷不惧，似勇。主量必平，似法。盈不求概，似正。淖约微达，似察。以出以入，以就鲜絜，似善化。其万折也必东，似志。是故君子见大水必观焉。"①

上面那段话的译文是：孔子观赏向东流去的河水。子贡问孔子说："君子看见浩大的流水就一定要观赏它，这是为什么？"孔子说："那流水浩大，普遍地施舍给各种生物而无所作为，好像德；它流动起来向着低下的地方，弯弯曲曲一定遵循那向下流动的规律，好像义；它浩浩荡荡没有穷尽，好像道；如果有人掘开堵塞物而使它通行，它随即奔腾向前，好像回声应和原来的声音一样，它奔赴上百丈深的山谷也不怕，好像勇敢；它注入量器时一定很平，好像法度；它注满量器后不需要用刮板刮平，好像公正；它柔软得所有细微的地方都能到达，好像明察；各种东西在水里出来进去地淘洗，便渐趋鲜美洁净，好像善于教化；它千曲万折而一定向东流去，好像意志。所以君子看见浩大的流水一定要观赏它。"可见，水有"德""义""道""勇""法""正""察""善""志"等品格。

在古代，人们依据水的"性格"待水、治水，兴修了诸多天人一体的水利工程，都江堰水利工程就是其中之一。关于都江堰的治水理念已有很多学者论述，如"道法自然"、"无为而治"、"顺水之性，因势疏导"和"因高卑之宜，驱自然之势"等。这些说法都没有错，有的甚至是都江堰的建造者李冰亲口所说，但我试图从现象学角度分析之。

都江堰水利工程，历经约 2300 年而不衰，是当今世界年代久远、唯一留存、以无坝引水为特征的宏大水利工程，是中国古代历史上最成功的水利杰作之一。李冰父子主持修建的都江堰，正确处理鱼嘴分水堤、飞沙堰溢洪道、宝瓶口引水三大主体工程的关系，使其相互依赖、功能互补、巧妙配合、浑然一体，形成布局合理的系统工程，联合发挥分流分沙、泄洪排沙、引水疏沙的重要作用，使其枯水不缺、洪水不淹（图 6.6）。

---

① 章诗同：《荀子简注》，上海人民出版社 1974 年版，第 320—321 页。

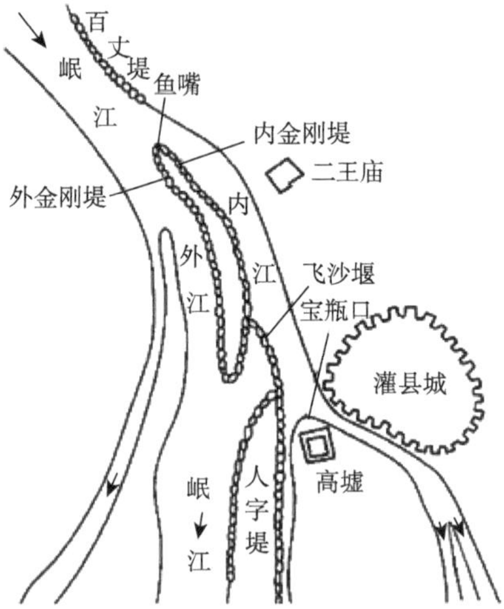

（a）

（b）

图 6.6　都江堰的平面示意图和实景图

都江堰的三大部分，科学地解决了江水自动分流、自动排沙、控制进水流量等问题，消除了水患。具体地说，利用鱼嘴分水堤从岷江引水灌溉，枯水期，自动将岷江 60% 的水引入内江，40% 的水排入外江；洪水时，又自动将 60% 的水排入外江，40% 的水引入内江。鱼嘴头部刚好处于岷江弯道处，江水流至弯道的时候，由于离心力的作用，含沙量少的表层水流向凹岸，含沙量大的底层水流向凸岸，将洪水冲下来的沙石大部分从外江排走（图 6.7、图 6.8 所示）[①]。本书之所以从地质学教科书中选取示意图来加以说明，主要是因为地质学本身是一门描述性科学，而不是数学化科学。

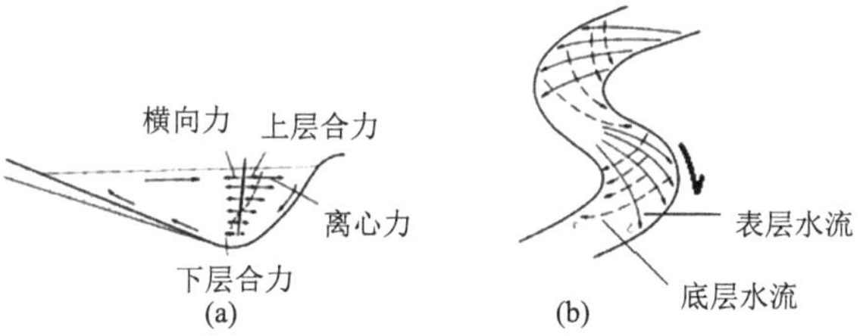

图 6.7　河流弯道流水受力分布图

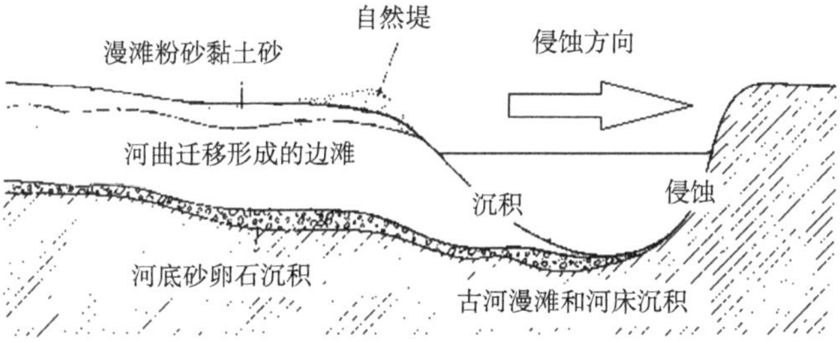

图 6.8　河道及河谷沉积物剖面示意图

都江堰的治水思想是有其科学背景的。《管子·度地》最早对水的性质作了分析："水之性，行至曲必留退，满则后推前。地下则平，行地高即控，杜曲则捣毁，杜曲激则跃，跃则倚，倚则环，环则中，中则涵，涵则塞，塞则移，移则控。控则水妄行，水妄行则伤人……"[②]《管子·度地》最早把洪水泛滥的原因从水流的自然规律方面，作了科学的解释：如果渠道转弯处不平顺，或弯道过急，就会被水流冲坏；如果渠道纵断面上的局部突然发生升降，就可能出现水跃现象，即产生主流漩涡和两旁回流的现象。水跃发生时，水流就会冲刷土质渠道，带走泥沙，带走的泥沙在一定条件下沉积下来，淤塞渠道，水流难以通过，就会毁坏工程，从而导致洪水泛滥。这里面的大部分知识都可以通过上面的地质学描述而加以解释。

古人再根据描述的知识来应用于各种水利建设之中。例如，在战国时

① 夏邦栋：《普通地质学》，地质出版社 1995 年版，第 151、159 页。

② （唐）房玄龄注：《管子》，上海古籍出版社 2015 年版，第 372 页。

期，《考工记·匠人》条说："善沟者，水漱之；善防者，水淫之。"[①]意思是设计合理的水沟，会借助于水流冲刷杂物而保持通畅；设计合理的堤防，会靠水中堤前沉积的淤泥而增加坚厚。当然，这里面没有现代关于水力学的数学计算，它只是对水性的宏观性描述，或者对水性的一种透彻了解，即"顺水之性，因势疏导"之类，里面包含的是对水的精神层面和文化层面的了解。

但是，一旦我们透过数学和测量，用伽利略式的力学来研究水，水的精神层面和文化层面的东西就消失了。胡塞尔说："伽利略在从几何的观点和从感性可见的和可数学化的东西的观点出发考虑世界的时候，抽象掉了作为过着人的生活的人的主体，抽象掉了一切精神的东西，一切在人的实践中物所附有的文化特性。这种抽象的结果使事物成为纯粹的物体，这些物体被当作具体的实在的对象，它们的总体被认为就是世界，它们成为研究的题材。"[②]此时，物性意义上的物成为数学筹划的对象，进而成为数学对象本身。水、空气、固体，它们都会被统一的力学模式加以统筹，它们之间的区别最多只是黏性系数或弹性系数之间的区别，而且这些区别最终也只是表现为某一参数的"量"上的区别。

当然过了一千多年后，中国古代也有关于水力学的实验，就是关于分水而治的实验。徐有贞于景泰三年（1452 年）官左佥都御史，赴山东治理黄河，在今阳谷县张秋镇"相度水势，条上三策：一置水门，一开支河，一浚运河"。为了决断这三策中哪个为上，他做了水箱放水实验。明代方以智在其著《物理小识》中记述道："徐有贞张秋治水，或谓当浚一大沟，或谓多开支河，乃以一瓮窍方寸者一，又以一瓮窍之方分者十，并实水开窍，窍十者先竭。"也就是说，取两个完全相同的等容水箱，盛满同质同量的水；一个水箱底开一大孔，另一个水箱开数小孔，令所有小孔面积之和等于大孔面积。如此做放水实验，结果发现开十孔者先放完。所以，治水之时应该分流而治。可见，这里的水力学实验仅仅是简单的实验，其表征也是通过具体的器具物加以思考的，并不涉及现代水力学的复杂的数学计算。

因此，采用物性化的水力学治水是都江堰最为突出的特色。例如，都江堰的鱼嘴的建构就充分体现了物性化的水力学特色。2000 多年来，鱼

---

① 韩寓群、徐传武主编：《考工记》，闻人军译注，上海古籍出版社 2014 年版，第 120 页。

② 〔德〕埃德蒙德·胡塞尔：《欧洲科学危机和超验现象学》，张庆熊译，上海译文出版社 2005 年版，第 78 页。

嘴的位置虽曾有上下移动的历史，但始终存在，证明它是成功的分水设施。清人彭洵《灌记初稿》中议论：分水必须顺其大溜，河身渐顺，水势益伸，因势导之，不与水为敌，工乃可久①。这个议论中把“水性”做了一个充分的表露：顺着水流的本性；河流的身子才能归顺；水势得到伸展，就像人的身子得到伸展一样；等等。假如我们不是顺其大流，不是因势导之，而是与水为敌，其设施必受江河“大流”（大溜）直冲和折流淘底，而工不可久。都江堰鱼嘴的成功范例，受到后人效仿，将其广泛传播。成都平原上灌渠间的分水建筑物，大多数采用这种形式。秦朝修建著名工程灵渠，在今广西兴安县城处将湘江上游之水一分为二，北渠入湘江故道，南渠入漓江，沟通了湘江与珠江流域的航运。其分水建筑物“钟嘴”，形状、功能均如鱼嘴。

另外，进入内江的小部分沙石，利用伸向江心的虎头岩的支引、宝瓶口的节制和“离堆”的顶托，将大部分沙石从飞沙堰、人字堤排入外江，使宝瓶口引水口和灌区干流免遭泥沙淤塞；利用宝瓶口引水口控制进水量，既保证了灌溉用水，又防止了过量洪水涌入内江灌区造成灾害。因此，飞沙堰的构筑又独具匠心。那么，对于筑堰，古人又有哪些非数学化的水力学心得呢？

对于筑堰，《考工记·匠人》有非常详细的方法，由此看来，都江堰等著名水利工程的出现绝不是偶然的，它是《考工记》《管子·度地》等所代表的先秦水力学知识发展的必然结果。《考工记》中有如下记载：

> 匠人为沟洫。耜广五寸，二耜为耦。一耦之伐，广尺、深尺，谓之甽。田首倍之，广二尺，深二尺，谓之遂。九夫为井，井间广四尺、深四尺，谓之沟。方十里为成，成间广八尺、深八尺，谓之洫。方百里为同，同间广二寻、深二仞，谓之浍。专达于川，各载其名。凡天下之地埶，两山之间，必有川焉；大川之上，必有涂焉。凡沟逆地防，谓之不行。水属不理孙，谓之不行。梢沟三十里而广倍。凡行奠水，磬折以叁伍。欲为渊，则句于矩。凡沟必因水埶，防必因地埶。②

① 都江堰建堰2260周年国际学术论坛组委会编著：《纪念都江堰2260周年国际学术论坛论文选编》，广东科技出版社2005年版，第120页。

② 韩寓群、徐传武主编：《考工记》，闻人军译注，上海古籍出版社2014年版，第120页。

译文为：匠人修筑沟洫。耜，宽五寸，二耜为耦。用耦掘土作沟，宽一尺，深一尺，称为畎。亩田起首端的水沟加倍，宽二尺，深二尺，称为遂。九夫的田为一井，井与井之间的水沟，宽四尺，深四尺，称为沟。十里见方为一成，成与成之间的水沟，宽八尺，深八尺，称为洫。百里见方为一同，同与同之间的水沟，宽二寻，深二仞，称为浍。转流入川，水名分别记识。天下的地势，两山之间，必定有川：大川之旁，必定有路。若造沟渠违逆地的脉理，水不能畅流：水的注集不顺其理，水不能畅流。梢沟每隔三十里，下游宽度比上游增加一倍。凡导泄停水，泄水建筑物截面的顶角取磬折形，角的两边之比为 3∶5（图 6.9）。要修跌水，则句曲如直角（图 6.10）。凡修筑沟渠一定要顺水势，修筑堤防一定要顺地势。[①]

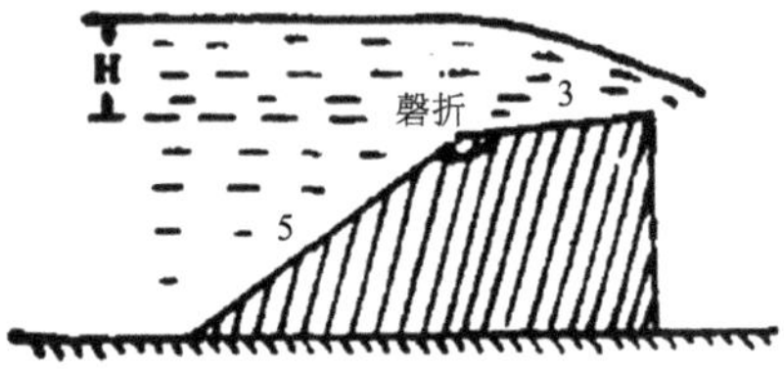

图 6.9　磬折以叁五示意图

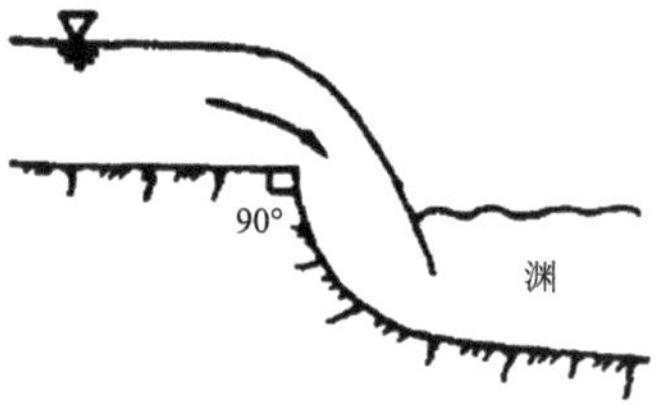

图 6.10　直角跌水示意图

《考工记》中排水沟的设计，溢流堰和跌水落水墙的形状选择，都比较科学合理，体现了春秋战国时期水力学知识迅速积累的一个侧面。现代根据数学化的水力学公式 $Q=mb\sqrt{2g}H_0^{\frac{3}{2}}$（$Q$ 表示流量；H_0 表示作用水头；m 表示堰的流量系数；b 表示堰宽；g 表示重力加速度）[②]可以推论出“磬折以叁伍”这个修筑比例是很科学的。古代虽然出现了数字化的比例（注意这里说的是“数字化”而不是“数学化”），但这并不表明人们对当时的水利工程有一种数学上的筹划，像“磬折以叁伍”这种筑堰的比例只是一

① 韩寓群、徐传武主编：《考工记》，闻人军译注，上海古籍出版社 2014 年版，第 123 页。
② 闻人军：《〈考工记〉中的流体力学知识》，《自然科学史研究》1984 年第 3 卷第 1 期，第 4 页。

种经验，这种经验可能是从许多筑堰失败经历中总结出来的一个经验数据，而非严格的数学推理关系。不过，现代水力学公式完全是数学筹划的结果，这里面隐含着伽利略、牛顿等最早对“力”的数学的筹划，它是按照牛顿的三大力学定律应用于水流体之后推演出来的。正因为如此，现代水利工程都有一种共同的模式，这种共同的模式是由数学的共同性和齐一性决定的。数学的共同性和齐一性消除了过去由于“物”性而产生的那种与当地的“地势”和“水势”高度统一的有特色的水利工程。

事实上，李冰修筑都江堰的时候，当时很多水力学知识根本没有像现代通过数学公式统一得如此好，所以当时还能体现出一种地域性特色。据说，李冰在修筑都江堰之前曾花过三年时间对都江堰的地势和水势进行过观测，但是这种观测并不具备现代经过数学规训出来的那种统一的观测，而是一种独特的前科学式的观测。这种前科学式的观测所面对的物（主要指流水、河床还有周围的地势）并不具备几何学特征或数学特征，也就是说，当时的人们并不是透过几何学或数学来观察自然物的。胡塞尔说：“在直觉地被给予的周围世界中，通过抽象地注视时空形状，我们经验到‘体’——这种体不是几何学的观念的体，而是我们实际地经验到的体，这种体的内容是我们实际经验的内容。不论我们怎样在想象中任意改变这些体，我们这样所获得的那种自由的、并在一定意义上是‘观念的’可能性决不是几何观念的可能性：它们不是能在观念的空间中被绘制的几何的‘纯粹’形状——‘纯粹’体，‘纯粹’直线，‘纯粹’平面，‘纯粹’圆形和发生在‘纯粹’圆形中的运动及其规定性。”①我们在前科学的周围世界所经验到的“体”既然不是几何学上观念的“几何体”，那么这些“体”就不可能像几何体那样可以被无限度地重复，即其同一性只是近似的，而不可能具备绝对的同一性，更为恰当地说，它们处于一种流变状态。胡塞尔说：“在我们所看到的周围世界中的事物，在其总体上，在其所有的性质方面，处于完全典型的流变状态之中：它们的自我一致，它们的自我同一，和它们在时间延绵中的同一，仅仅是近似的，它们跟其他事物的相似性也是如此。这牵涉到一切变化，以及它们的可能的同一性和变化。”②正是在这种对物的流变性观察中，李冰能够做出因地制宜的水利策略，而不是一味地用几何学方法加以简单地套用。事实上，哪怕是把都江堰水利工

---

① 〔德〕埃德蒙德·胡塞尔：《欧洲科学危机和超验现象学》，张庆熊译，上海译文出版社 2005 年版，第 34 页。

② 〔德〕埃德蒙德·胡塞尔：《欧洲科学危机和超验现象学》，张庆熊译，上海译文出版社 2005 年版，第 35 页。

程的经验挪用到别的水利工程上也未必完全合适。

然而，在现代水利学家的研究中，他们是透过纯粹的几何体或数学来观察“水性”、“地势”和水中的“泥沙”的。例如，河流的流速公式为[①]

$$U = \frac{1+n}{n} U_0 \left(\frac{y}{h} \right)^{\frac{1}{n}}$$

式中 U 表示离床面 y 处的点流速；U_0 表示垂线平均流速；n 表示与河流特性有关的常数，一般为 5~9；h 表示水深。

泥沙的冲刷率公式为[②]

$$g_s = \frac{\frac{A_2 \gamma_s}{A_1} PD}{A_3 \frac{D}{u_*}} = \gamma_s \frac{A_2}{A_1 A_3} P u_*$$

这样，原来那种在感性上对流水的观察全部用同质化的数学公式替代了，在这种替代的同时，学者把这种公式表示的均质的世界替代以前那种差异化的水流感性观察，用均质的数学世界替代差异化的感性世界的最大好处就是方便做出预言。这种对水流的数学化要求人们观察水流的时候不能用自己感性的眼睛，而是要用那种可重复使用的仪器[③]（图 6.11）。

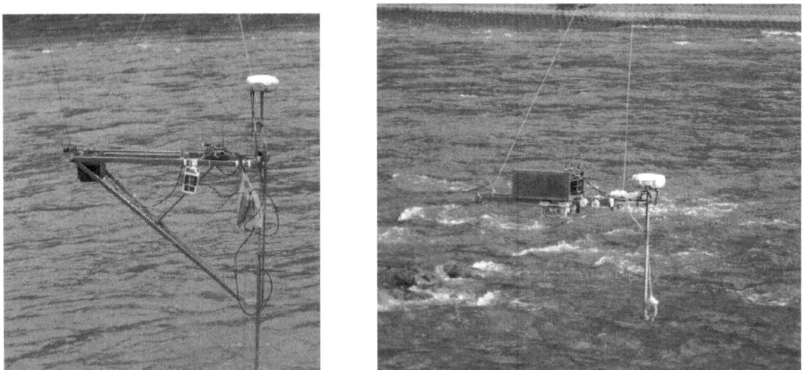

（a）　　　　　　　　（b）

图 6.11　观测流速用的仪器

这种可重复使用的仪器不仅在都江堰使用，在其他各种水流中都可以

① 郑钧：《都江堰枢纽区水流泥沙运动规律研究》，清华大学 2008 年博士论文，第 27 页。

② 郑钧：《都江堰枢纽区水流泥沙运动规律研究》，清华大学 2008 年博士论文，第 97 页。

③ 郑钧：《都江堰枢纽区水流泥沙运动规律研究》，清华大学 2008 年博士论文，第 22—24 页。

使用，所以通过这种数学化计算出来的水利工程的模式都是统一的模式（图6.12）。

图6.12　水坝示意图

此乃海德格尔所说的“齐一化”，即把千差万别的东西变成一模一样的东西。剥夺水流那种独有的水性，变成为在千篇一律的数学公式中的整理过的东西。所有水的运动和泥沙的运动都变成了相同“质点”的运动。“运动意味着地点的改变。没有一个运动，没有一个运动方向是突出在其它的之前。任何地点都和其它地点相同。没有一个时刻优于其它时刻。任何的力按照它在运动那里（即又是在时间单位内地点改变的大小）所导致的东西得到规定，即只是这东西。”[①]也正是因为这种齐一化的造坝运动，使得现代所有的水利工程对生态都造成一定程度的破坏，而且使用寿命不超过300年，而都江堰的寿命长达2300年之久，而且会一直良好地运行下去。那么，现代水利设计真的不能走出这种数学齐一化的困境吗？显然，要消除现代设计中数学齐一化的困境，就必然要打破过去那种建立在均质时间意义上的数学化计算设计方式，而采用异质化、个性化的“时机科学”来进行设计。事实上，现代计算机的计算能力迅速增强与人工智能的发展，为个性化科学发展展示了远大的前景，第七章将从现代计算机人机互动的角度来谈及科学走出普遍化和齐一化的困境之途。

---

① 〔德〕冈特·绍伊博尔德：《海德格尔分析新时代的技术》，宋祖良译，中国社会科学出版社1998年版，第129—130页。

第七章　图像界面上的物性回归与游牧科学

德雷弗斯在其《计算机不能做什么》一书中用梅洛–庞蒂的身体现象学对计算机的智能极限做出了深刻的分析。德雷弗斯的分析是基于梅洛–庞蒂的身体现象学，以及他由此发展的无表征智力理论。哥德尔不完全性定理也对计算机的计算能力的局限做过有意义的揭示。本书从胡塞尔的内时间意识现象学理论来看计算机内部的核心部件 CPU 中的时序所可能存在的问题。正是时序中的这一问题使得计算机的智能与我们人的智能具有极大的差异。在现代科学研究中，计算机在科学家与自然打交道的过程中发挥着重要的作用，计算机生成的图像在人与计算机互动的过程中让人与机器的认知能力大大提高，一方面计算机能够弥补人的符号表征能力或机械化时间记忆能力的不足，另一方面人的空间图像的思维能力又能弥补计算机所不具备“具身认知”或内时间意识的不足。图像界面使得在计算机内部以线性的机械时间呈现给人以非线性的异质性画面，从而为人的创造性提供了一个界面。这种创造性的图像界面现在在建筑设计、船舶设计、水利设计、生物科学等领域开始广泛运用。

第一节　从时间现象学看思维的电影机制

法国哲学家如德勒兹、斯蒂格勒等都喜欢借助电影来讨论时间问题，如德勒兹的电影影像时间晶体、斯蒂格勒的电影时间，可见，电影影像的介入的确为人们讨论时间问题提供一个新的视角，正如之前哲学家一直以数学为视角来讨论时间一样。以理性数学形式呈现的时间（如芝诺）并非真正的时间，这已遭到柏格森的批判，那么以感性电影形式呈现的时间是真正的时间（柏格森的绵延或胡塞尔的内时间意识意义上的）吗？或者说电影影像所呈现出来的时间与柏格森的绵延或胡塞尔的内时间意识之间有何差距？下文试图对这一问题加以讨论，并以此为基础论及计算机记忆系统中“滞留”的缺失问题。

在 19 世纪末，卢米埃尔兄弟发明了一种新的相机，它记录并在屏幕上显示人与物运动的场景，人们似乎终于发现了一种外在的在时间流动之中捕获时间的手段，这一点引起时间哲学家柏格森的关注，他在写作中经常以电影作类比来做哲学评论。在《创造进化论》的第四章“思维的电影机制和机械论的错觉”中，柏格森批评了人类思维的电影模式，他认为电影影像的运动只是一种幻觉，并非真实的运动。

一般而言，电影的制作与放映分为两个过程：首先对运动影像的瞬间切分，把它们分割为一帧一帧的画面；然后放映机以均匀的速度把那些画面“连续”地投影到屏幕上。以拍摄一队行进中的军队为例，第一个过程即把军队行进的动作分解成一帧一帧的照片显然不能展示军队行进的运动感，这一看似显然的事实因罗素的介入批判也引发出不少争议。罗素在他开始批评柏格森的时候，甚至还没有看过电影，他第一次前往剧院看电影是为了验证柏格森关于电影的论述[①]。在罗素看来，柏格森对电影的批评不仅仅是针对这种流行的娱乐形式，它也针对一些最有价值的数学逻辑原理，并且这些原理触及到了微积分的基础，因为罗素对数学基础的开创性贡献，是与怀特海合作完成的，集中地依赖于绝对的连续统的思想，这个连续体是无限可分的，同时又是由离散而无限小的实体组成的。罗素试图证明离散的实体确实可以构成一个连续统，即一系列同样短的瞬间时刻可以构成运动，这样，对连续性运动的无限分割可以重构运动的连续性。然而，柏格森认为，对运动连续性的静态分割是不可能重构连续性的运动的，他常举的例子就是芝诺悖论，这也是人们熟知的事情。柏格森认为，一个真正的连续体不可能由离散的实体组成，真正的运动永远不可能由单独的实体组成。柏格森的哲学允许将连续统分成不同的部分，但是它不允许连续统通过这些离散的元素来重构。罗素在他对柏格森的一次批判中，声称这个哲学家的观点并不成立，因为人们可以想象一个电影摄影机以无数的帧操作：“假若一部电影中有无限多张影片，而且因为任何两张影片中间都夹有无限多张影片，所以这部影片中决不存在相邻的影片，这样一部电影会充分代表连续运动。”[②]柏格森则几乎针锋相对：“我们可以重复拍摄无数次，可以把影像无限地拼接下去，仍得不到任何其他东西。”[③]“那些照片的不动性紧连着不动性，即使底片无限长，我们也不能让上面的影

---

① 〔美〕吉梅纳·卡纳莱丝：《爱因斯坦与柏格森之辩》，孙增霖译，漓江出版社 2019 年版，第 294 页。

② 〔美〕吉梅纳·卡纳莱丝：《爱因斯坦与柏格森之辩 》，孙增霖译，漓江出版社 2019 年版，第 295 页。

③ 〔法〕亨利·柏格森：《创造进化论》，陈圣生译，漓江出版社 2012 年版，第 269 页。

像活动起来。”[①]

要让胶片上的影像活跃起来还必须通过第二个过程，即通过放映机把胶片上的照片连续地投影到屏幕上。我们在屏幕上能观察到军队行走的运动，那么这个运动是真实的运动吗？柏格森认为不是，那只是一个虚幻的运动而已，它是放映机的转动造成的：“运动就在那里，就在放映机的装置里。”[②]这里柏格森的意思是并非那些胶片上的影像动起来了，而只是放映机动起来了。也就是说，放映机放映出来的军队行军动作是因为放映机的外在力量加上去的，而非那些影像内生出来的活动力量，因此那些行军动作并非那些军人活动时的内属于他们自己的个人化动作，而是叠加了一层抽象的、无名的非个人化动作，也就是机器活动的动作。柏格森说：“这个过程总的来说就是从所有人物的个别运动中抛取出一种抽象而简单的非个人化动作，也可以说是普遍的动作，再把它纳入放映装置中，通过这种无名的运动与个人状态的组合，重建每一特殊动作的个人性。”[③]电影放映机以均匀的速度把胶片上的一帧帧照片投影到屏幕上，机器的匀速运转实际上就是计量意义上的均匀流逝的客观时间在机械上的表现，因此这里隐含了“一个无人称的、统一的、抽象的、不可见或不可知觉的时间，它存在于机器‘中’，人们通过机器来展示画面”[④]。因为客观时间所计量出来的运动不是真正绵延意义上的运动，所以第二个过程虽然展示出一种运动的影像，但那也只是一种运动的幻觉，哪怕是在近乎连续的电影片中，一些必不可少的事物会从（这样电影模型中的）小的缝隙或框架中脱离和遗漏。正如德勒兹说：“电影给我们的不是相片，而是一种均衡的画面，运动挤不进来，也加不上去。”[⑤]

柏格森不只是揭示了电影运动的虚幻性，还批判了哲学中普遍存在的一种思维的电影机制。因此，对思维的电影机制的批判实际上也是对传统心理学哲学的批判。以笛卡儿为例，笛卡儿通过普遍性的怀疑首先把机械性的物质与能动的精神分开，影像性表象属于有形体的机械性的物质，机械性的物质是没有自我驱使能力的，只能受外力作用来活动，因此，影像性表象是没有自我活动能力的一个物质性对象。另外，我们通常在分析心理现象时喜欢用“表象”来加以分析，实际上“表象”是静态的，就像思

① 〔法〕亨利 · 柏格森：《创造进化论》，陈圣生译，漓江出版社 2012 年版，第 268 页。
② 〔法〕亨利 · 柏格森：《创造进化论》，陈圣生译，漓江出版社 2012 年版，第 268 页。
③ 〔法〕亨利 · 柏格森：《创造进化论》，陈圣生译，漓江出版社 2012 年版，第 268 页。
④ 〔法〕吉尔 · 德勒兹：《运动–影像》，谢强、马月译，湖南美术出版社 2016 年版，第 4 页。
⑤ 〔法〕吉尔 · 德勒兹：《运动–影像》，谢强、马月译，湖南美术出版社 2016 年版，第 5 页。

维的电影机制中的胶片影像一样。如此得到的心理学内容是很机械论的，并不能代表人的真实的意识过程。要揭示人的真实意识过程，必须要批评这种表象论的哲学分析。表象论的哲学代表就是英国经验主义哲学家，如洛克、休谟等，他们也持感觉材料的非能动性的观点，如洛克的白板说就是感觉材料刻写在白板上，然后人的思维活动包括记忆、联想等把那些感觉材料联系起来形成我们的知识。当他们用表象来讨论时间时，古典心理学意义上的时间也就都犯了思维的电影机制的错误。以洛克为例，洛克在《论人类的知识》中解释了时间是如何由我们的“感觉”与“反省”的双重来源来构造的。当然洛克首先否认时间可由外部物体的运动来构成和衡量，而是只有在我们具有“连续”的观念时，我们才能意识到绵延的观念，然后是时间的观念（洛克认为时间是尺度划分的绵延[①]）。洛克说：“注意我们自己心灵中一个接一个出现的观念，向我们提供连续和绵延的观念，没有前者，则我们完全没有后者的观念。因此不是运动，而是在我们醒时，我们心灵中持续不断的一串观念，向我们提供了延绵的观念。”[②]依据洛克，连续的观念就是那些精神生活中一连串的一个接一个的观念，就像用绳子串起来的珠子，那些“观念”本身是各自分立的，一系列分立的观念无非就是日常生活中所发生的一连串的事件状态。柏格森对这种连续性批评道“我们的注意力却将这些状态加以人为的区分，因此接下来又不得不以人为联系的方式将它们串接起来……原本是色彩斑斓、相互叠加的流动性，我们的注意力却把它们当作界限分明的，也就是说实实在在的各种色彩，它们相互串联着，就像项链上五颜六色的珠子：于是，还不得不假设有一条实实在在的线将这些珠子联结在一起”[③]。柏格森的批评可以针对自从亚里士多德以来哲学家关于连续性的看法。亚里士多德在其《物理学》中通过“在一起”“接触”“间介”“顺联”概念来定义“连续”，指既相连又相接触，即是顺接的一种，当事物赖以相互接触的外限变为同一个时，我们就说这些事物是连续的。[④]这种连续实际上是一种非常机械的连续方式，如边界清晰的接触，很容易演变为数学上的定义连续性的方式，以致亚里士多德最后得到柏格森所反对的“运动是无限可分”的结论。柏格森的连续性即使用洛克的顺接的观念来探讨，那些观念之间不仅仅只有顺接关系，还有相互缠绕关系，即不相顺联的观念之间也相互联系，是个有机整

---

① 〔英〕约翰·洛克：《论人类的知识》，胡景钊译，上海人民出版社 2017 年版，第 152 页

② 〔英〕约翰·洛克：《论人类的知识》，胡景钊译，上海人民出版社 2017 年版，第 157 页

③ 〔法〕亨利·柏格森：《创造进化论》，陈圣生译，漓江出版社 2012 年版，第 11 页。

④ 〔古希腊〕亚里士多德：《物理学》，张竹明译，商务印书馆 1982 年版，第 148 页。

体，是不可分割的“流”。因此，洛克对时间的反思完全就是一种思维的电影机制，其“延绵”远不可以与柏格森的“绵延”同日而语（虽然它们在英文表述中都用同一个词）。

还有休谟对因果论的分析就完全是对机械论的表象的分析，在休谟哲学思想里，记忆或联想能力是在时间中发生的，因此控制那些心理影像的时间就是我们默认的那种科学上的同质的均匀流逝的时间，如此才会出现休谟的对因果论的质疑。因此，柏格森对意识的电影影像比喻的批判可以看作对意识的表象论的分析的批判。像洛克、休谟等，它们在更多的意义上是胡塞尔所说的“心理主义”，其哲学结论往往都是一些归纳主义结论，他们分析人的表象或观念，这些表象再现在回忆的河流之中，然后由回忆的河流把它们串联起来，串联起来的时候其时间最多是构成心理学意义上的“心理时间”，或者是客观时间，因此分析出所谓的休谟的归纳悖论。而且，要一个外在的主体强加上去（包括康德的先验主体），这与放映机作为一种外在的驱动力驱动那些胶片上的影像一样。事实上，人的表象的驱动力不是来自表象外部，而应该源于内部，即表象自身。当然，还有另外一种消除思维的电影机制的这种机械论的方法，就是连表象本身也把它消除，最后只剩下意识活动这个笛卡儿最普遍的怀疑也怀疑不掉的东西。这也是胡塞尔的内时间实际上是内时间意识活动的原因。

胡塞尔的内时间意识与柏格森的绵延在很大程度上有可比拟性，胡塞尔悬置客观时间而走向一种内时间意识之中描述最为真实的时间，这有些像柏格森批判思维的电影机制中外加给电影胶片的放映机匀速转动的时间。胡塞尔也对英国经验主义哲学家的思维的影像机制，特别是原子主义进行过全面的拒斥，而这样的原子主义则在洛克、休谟或者约翰·斯图尔特·密尔的心理学中都处于主导地位。这些思想家都把心理生活还原成它的基本材料（即还原成各种各样的感觉），这些感觉成分最初都是分别存在的和孤立的，然后分析这些材料的独特性。从这种原子主义的材料的堆积出发，他们无法重新把意识的统一体建立起来了。就胡塞尔而言，心理生活都不是由许许多多必须重新统一起来的成分构成的，它并不是一幅由并列存在的感觉构成的马赛克，而是从一开始就是某种由各种不断流动的思维构成的统一体。因此，胡塞尔对各种联想主义理论提出了批评，特别是对洛克那白板式的灵魂所发出的微笑表示了拒斥。

哲学中的确经常有学者用电影来类比人的思维，例如张祥龙先生在《朝向事情本身》一书中介绍胡塞尔的意向性理论时就采用电影比喻，他说：

比如一匹马在跑，每一张照片不可能直接反映马的运动，不然它就模糊了；它只能是马在一瞬间姿态的定格，所以看起来怪怪的，你似乎从来没有“看”到过马处在这种姿态上。这个胶带就相当于感觉材料，胶带放到放映机里转，转某个马达，就像意向活动，把这个胶带激活；还有那一束光线投射出来，相当于这个激活中的统握，转的时候，每秒钟24张，慢也不行，快也不行。“忽忽”放的时候，一道光线出去，最后它投影在这个屏幕上的是什么呢？是一个活生生的对象，不是一匹、一匹的马并排在那儿，也不是一张图象、一张图象的依次出现，更不是叠加在一起的混乱，而是一匹马在跑，活生生的马在跑。所以这个屏幕上投影出的东西，相当于意向活动投影在我们意识屏幕上的意向对象，我们看到的是马在跑，但里面有感觉材料的参与，意向活动对它进行激活和统握。[①]

这个类比在一般程度上把胡塞尔的意向性活动机制说清楚了，看上去很恰当，但如果深究，它还是违背胡塞尔的现象学精神的，其中的意向性活动最多相当于胡塞尔所说的横意向性活动，实际上真正构造一个活动起来的马的意向对象的还必须有纵意向性活动的参与。胡塞尔区分两种意向性是在讨论时间意识现象学时提出来的，横意向性对应的是本质现象学时期的现象学思想，纵意向性对应的是发生现象学时期的思想。在本质现象学时期，胡塞尔主要关注的是横意向性，即在意识活动的每一个瞬间构造出一个统一的对象，并且对之产生意向性的指向，例如我构造“蓝天”这一对象，并对之发生意向性的指向，因此，横意向性主要描述意识流中的事物。本质现象学时期胡塞尔最大的功劳就是通过仔细的现象学描述，揭示出意向活动的内部结构：“意向活动—意义→对象”。然而，其中还有一个隐而未显的就是在发生现象学时期揭示出来的“纵意向性”，纵意向性一定要在时间现象学中才能得以揭示，因为每个意向活动在每个瞬间构造出来的诸多对象之间要产生联系和延续感，我的意识活动之流才能成为一个连续统，否则我们听音乐时只能听到由横意向性构造出来的一个一个的音调，而听不到一段连续悠扬的旋律，建立这种连续性联系的意向性（如对下一个音调的展望或对前一个音调的滞留）就称之为“纵意向性”，正是纵意向性构造出“滞留—当下—前摄”（简称为“大当下”，即被滞留和

① 张祥龙：《朝向事情本身》，团结出版社2003年版，第64页。

前摄拓展了的当下）的内时间。胡塞尔说：“每个‘滞留’类型的意识映射都具有一个双重的意向性：一个是为内在客体的构造、为这个声音的构造服务的意向性，我们将它称作对（刚刚被感觉的）声音的‘原生回忆’，或者更清楚地说就是这个声音的滞留。另一个意向性是对在河流中对这个原生回忆的统一而言构造性的意向性；就是说，滞留是与此相一致的：它是仍然-意识、持留意识，也就是滞留，流逝的声音-滞留的滞留：它是在它与河流中持续地自身映射中的、关于持续先行了的相位的持续滞留。”①如果我处在这种纵意向性中，那么我就会将反思的目光从声音上移开，仅仅思考河流本身的持续更新。“横意向性”活动是在一个内在的时间秩序中构造内在的对象，而“纵意向性”活动则是在“一维的拟-时间秩序”中构造其自身，也就是说，“纵意向性”活动对它自身的构造并不发生在一般的时间秩序中，而是发生在“拟-时间序列”中，这种“拟-时间序列”相当于正在生成中的时间秩序。“在意识流中，河流本身的统一作为一个一维的拟-时间秩序的自身构造是借助于各个滞留变化的持续性而进行的，并且是借助于这样一个状况：这些变化持续地是关于持续先行的滞留的滞留。”②横意向性阶段所产生的思维机制还是传统的思维的电影机制，仅仅纵意向性才产生真正的内时间意识意义上的思维机制。

前面已说过，胡塞尔写作他的时间现象学最主要的贡献就是把“滞留”与“回忆”的区分做了一个充分的现象学描述，因此，论及胡塞尔的时间现象学的学者必须论及他关于滞留与回忆的区分，这方面的论文很多。那么，胡塞尔为什么要区分滞留和回忆呢？为什么滞留揭示了内时间意识中的拟-时间而回忆却不能揭示？回忆所构成的心理时间与滞留的拟-时间到底有何区别？一般而言，“回忆”是把过去了的时间感觉重新组合成新的时间感觉，是把过去的东西当下化。“滞留”是当下感知的一个晕圈，本身是当下感知的一个部分，或者说其本身就是当下感知，这里没有回忆的成分，也没有当下化的成分。也就是说，“滞留”是活生生地流动的感知，它构成内时间的连续性。回忆把“过去”的东西当下化所造成的主观时间看上去有心理感知上的变化，实际上还是静态的，并没有体现出胡塞尔的内时间意识或柏格森的绵延那种绝对流动的特征。胡塞尔说：“在原初构造内在内容的每个原相位中，我们都恰恰具有这个内容的过去相位的

① 〔德〕埃德蒙德·胡塞尔：《内时间意识现象学》，倪梁康译，商务印书馆 2009 年版，第 128 页。

② 〔德〕埃德蒙德·胡塞尔：《内时间意识现象学》，倪梁康译，商务印书馆 2009 年版，第 129 页。

滞留和将来相位的前摄，而只要这个内容还在持续，这些前摄就在充实着自己。这些‘特定的’滞留和前摄具有一个模糊的视域，它们流动地过渡到不确定的、与过去和将来之河流的流逝相关的滞留和前摄中，现时的内容通过它们而嵌入到这个河流的统一之中。因此，我们必须将滞留和前摄区分于再回忆和期待，后者的目的并不在于内在内容的构造性相位，而是在于将过去或将来的内在内容当下化。”①

心理学意义上的时间主要靠“回忆”活动建立起来的。回忆活动一般指向“所忆”，即回忆的对象，可以以表象或图像呈现在意识中，因此也叫“再现”，胡塞尔称之为“当下化”。例如，我记得昨天去过方所书店，这样说时我已经具有明确的时间意识，即“过去”与“现在”，也即“回忆”所涉及的是一个被构造了的时间客体②，表象与图像意义上的想象都是当下化，那些想象的图像是分立的，构不成真正意义上的连续性，如我回忆起昨天在方所书店找书、看书的场景，再现在我脑海中的表象是分立的，这些表象之间也没有渐次变化，虽然我能够把一些回忆的表象连起来，如我坐地铁到太古汇，然后乘电梯到二楼方所书店，然后找到一本我想买的书，然后付款离开书店等，但是分立的表象之间的连续性并非滞留“连续统”意义上的连续性，这一点柏格森、布伦塔诺、怀特海、胡塞尔都持有不同于数学家如罗素、康托、魏尔斯特拉斯等的观点，他们认为数学中根本建立不起来心理感知意义上的连续性。另外，我用分立的再现表象构造的一个买书的前后“联结”的活动如“坐地铁、书店、书架、心仪的书、付款、离开”等依次都可以在我脑海中清晰地呈现，这种“连续性”的联结也以构造出来的时间客体的先后顺序为基础。然而，“滞留”是连续的，是内时间意识活动构造的一个感知意义上的连续统。“滞留”的目的就在于构造连续性，乃至意识流的统一，而回忆的目的则在于把过去的内容当下化。回忆与滞留其连续性方面的区别可以通过感知钟表的时针和秒针之间的区别看得很清楚。在感知时针时，我们只有通过比较它现在的位置和对它以前位置的记忆，才能感觉到它的运动（前面提到的洛克就持这样的观点）。相反，我们确实看到了秒针的运动，它似乎不涉及基于记忆的比较判断，秒针一秒钟前的位置似乎是直观地呈现在我们对它运动的感知中。所以，当下化的回忆能给经验带来这种连贯性的观点是值得怀疑的，

---

① 〔德〕埃德蒙德·胡塞尔：《内时间意识现象学》，倪梁康译，商务印书馆 2009 年版，第 132 页。

② 倪梁康：《胡塞尔时间意识分析中的“滞留”概念：兼论心智与语言的关系》，《现代哲学》2007 年第 6 期，第 77 页。

它所形成的思维模式还属于电影模式；只有滞留具有构造连续性和意识流的统一性的功能，并且是可以做清晰的现象学描述。

按常理而言，心理学意义上的主观时间，如度日如年、白驹过隙、时间透视（与物体的空间透视有相同的意义，即“近大远小”，也就是说正在经过的时间感觉上比较长，而已经过去的时间感觉上比较短）等这种与“回忆”有关的主观时间是人们容易反思到的，但这种构造出来的心理学意义上的主观时间与我对发生的东西的当下化的回忆有关，我们能把当下化的回忆进行自由的心理安排，胡塞尔说：“当下化则是某种自由的东西，它是一个自由的穿流，我们可以‘更快地’或‘更慢地’、更清楚明白地或更迷惘地、疾速地一口气或分步骤地以及如此等等地进行当下化。”[①]然而，这种当下化所建构的时间并非内时间意识所凸显的真正时间，那么这是为什么呢？因为机器也可以把过去的回忆像放电影一样快放、慢放、穿越、蒙太奇等，难道说放映机也具备像我们人一样的内时间意识？

虽然在内时间意识现象学中胡塞尔经常提及“图像意识”，并且将回忆与图像意识区分开来，但那也只是它们的“设定”情况不一样，图像意识是依赖于超越的“图像事物”作为中介的非独立的当下化，是一种特殊的回忆，它设定了图像事物，而一般性的回忆是一种自身的当下化。胡塞尔说：“我们还需要考虑，这里所讨论的是何种类型的当下化。我们所涉及的并不是一种通过一个相似的客体而进行的再造，就像在被意识到的图像性（图画、半身塑像，诸如此类）情况中那样。相对于这种图像意识，这里所讨论的再造具有自身当下化的特征。它们重又分为不设定的再造（‘单纯’想象）与设定的再造。”[②]接下来，胡塞尔特别强调：“此外还要加上时间特征。”[③]也就是说，图像性的想象并不构成真正内时间意识意义上的时间，胡塞尔说：“时间意识并不是来自在图像性意义上的想象，而是纯粹来自感知”[④]，图像性意义上的想象只能在时间的基础上产生，它本身建立在时间基础上，是靠时间来推动的，也就是说我们通常说的“回忆”是建立在“过去、现在、未来”或“以前、以后”这种时间意识基础

① 〔德〕埃德蒙德·胡塞尔：《内时间意识现象学》，倪梁康译，商务印书馆 2009 年版，第 91 页。

② 〔德〕埃德蒙德·胡塞尔：《内时间意识现象学》，倪梁康译，商务印书馆 2009 年版，第 103—104 页。

③ 〔德〕埃德蒙德·胡塞尔：《内时间意识现象学》，倪梁康译，商务印书馆 2009 年版，第 104 页。

④ 〔德〕埃德蒙德·胡塞尔：《内时间意识现象学》，倪梁康译，商务印书馆 2009 年版，第 288 页。

上的，而不是像内时间意识那样创生时间。当然，同样可以论证，图像性回忆与一般性回忆一样，以其为基础所构造的所谓内在时间或心理时间则是机械的、离散的，而内时间意识是连续的。因此，图像意识受外在时间的驱动性及其离散型，同样决定了其思维的电影模式，所以胡塞尔要坚决把它从内时间意识中剔除。以测量为基础的客观时间就更是离散的了，这涉及符号意识的现象学描述，胡塞尔试图论及符号意识在时间构造中的作用，正如他说："符号的、象征的，象征性的东西从符号走向被符号标示的东西，符号做出向前的指明。"①虽然胡塞尔还想在这里寻找符号意识所构造的非本真时间意识的连续性，但仅仅是枉然（因此本书仅认可胡塞尔对内时间意识的现象学描述，并不认可其关于客观时间的构造），这种构造的连续性必然会遭到柏格森对思维的电影机制批判相类似的批判。

在我们的直接经验中，时间和空间之间存在显著差异，我们认为时间是动态的，而空间是静态的，回忆把"过去"与"现在"的时间点拉到点状共时的位置上来，从而具有"空间"特征，丧失了时间特征，从而也失去了动态特征。事实上，通过对过去事件的回忆所分析的时间都是静态时间，这一点麦克塔加已经做过分析，他把时间分为 A 系列和 B 系列，A 系列用"过去、现在、未来"划分时间，所有事件都从未来来到当下的现在，然后从现在变为过去，这样，时间的流逝是时间本身的特征，独立于对它的任何经验，时间本身在流逝，现在从过去走向未来。相比之下，麦克塔加的"B 系列"则展示时间的静态关系特征，如"早于"和"晚于"，并且既不引用特别的"现在"也不引用流动的概念。在时间 B 理论中，时间维度以与空间维度相同的方式表示，事件处于更早-更晚的关系中，就像它们处于相互左右交替的关系中一样。这个 B 理论与物理理论中时间是如何发生的是一致的。在经典力学和相对论的数学物理方程中，时间坐标与空间坐标以同样的方式出现，而且在任何一点上都不需要额外的时间动态方面。根据这一观点，在物理时间轴上没有特别的"现在"，就像空间中没有"这里"一样。因此，要得到流动变化的时间就必须把 B 系列还原为 A 系列。然而，A 系列并不能成立，陈群志在《麦克塔加与分析学派的时间理论之争》一文中对此做过分析，原因是："一个事件不能同时具有过去、现在、将来三种相位，每一事件必只具其一。如果 A 系列是真实的，就必须承认时间的变化是从过去到现在再到将来，这样的话，

① 〔德〕埃德蒙德·胡塞尔：《内时间意识现象学》，倪梁康译，商务印书馆 2009 年版，第 288 页。

每一事件都将拥有三种时态。然而，一个事件同时具有时间三态但又拥有时间三位，这是有问题的。”①如果以“对 X 事件的回忆、对 X 事件的感知、对 X 事件的展望”来替代麦克塔加 A 系列的“过去、现在、未来”同样可以像麦克塔加一样得到“回忆”所构成时间的静态性或不存在性。陈群志先生在他另外一篇文章《胡塞尔现象学解决时间三相位的互不兼容问题》中运用胡塞尔的内时间意识现象学的“大当下”模式解决了这一问题。

胡塞尔之所以对“回忆”与“滞留”进行区分，就在于“回忆”构成的时间是一种静态的时间，而“滞留”构成的时间是一种动态的活生生的时间。也就是说，只有在当下感知中我们才能找到生命直观的源泉，任何回忆虽可以构成知识,但丧失了生命的特征。至少在时间的论述上是如此。另外，“大当下”背景下的直观并非静态的不变的直观，而是动态的、游牧的、流变的直观，这一点我前面在“内时间的动力学演化探索”一节中做了充分的理论铺垫。我们每一次用观念化的语言来描述时间实际上都固化了时间，我们只有在当下感知的犹豫不定中才能把握真正的时间，体现一种真正的生命色彩。需要注意的是，一定是处在“游牧”状态，赵汀阳先生用“时间的分叉”来表述，多少描述了“大当下”时间的本质，也就是我每向前跨出一步，时间就分开为多个方向。在内时间意识中，我们能够感知并记忆到某个东西是偶然的，而不是必然的。我们之所以具有某种必然的知识是因为我们把我们的知识在记忆中体系化了，变成了僵死的知识。这个意义上胡塞尔的“大当下”与柏格森的生命哲学无异，体现的都是生命的特征。然而，计算机记忆系统中刚好缺失这种大当下的时间结构。

第二节　计算机记忆系统中滞留的缺失

Derek Hoiem 在一篇网络论文《计算机视觉不是智能，只是记忆》中通过回顾计算机视觉的发展历程然后得出标题的结论：

> 1963 年：Robert 的经典“积木世界”（Blocks World）论文利用精心设计的特征和规则，构建图像的 3D 目标。1981 年：Lucas 和 Kanade 在仅仅 6 页纸上，提出了用于运动跟踪和立体

① 陈群志：《麦克塔加与分析哲学学派的时间理论之争》，《哲学研究》2015 年第 5 期，第 82 页。

视觉的有效算法，之后几何视觉和图像处理领域出现大量进展。1996 年：Rowley、Baluja 和 Kanade 介绍了首个现代目标检测方法，这是一个训练用于检测人脸的神经网络。数字图像激增，数据取代了规则。2012 年：借助于数以百万计的标注图像和 GPU 算力，Krizhevsky、Sutskever 和 Hinton 证明了深度学习的强大效能，将同类方法的误差降低了一半。数据取代了手工制作的特征。2019 年：人脸识别、人体跟踪和常见物体检测实现了魔法般的效果。基于单个图像的深度预测看起来棒极了。但只有新手才会试图用不到 100，000 张标注图像来解决问题。数据标注行业诞生了。那么，这就该提到计算机视觉领域的公开秘密了：计算机视觉只是记忆，而不是智能。

Derek Hoiem 认为计算机视觉正处于黄金时代，但他不得不承认计算机视觉仍依靠记忆，也就是依靠存贮器中的数据及数据处理，我们所说的计算机的看、听、触摸等直觉能力实际上都依赖于计算机的记忆能力。一般而言，心理学中通过“回忆”而构造出的“过去”时间，这在计算机中可以轻易地实现，计算机都具备“回忆”能力，而且它调出记忆储备的速度要远远快于人脑，所以，对于“回忆”“图像”再现等能力实际上计算机早就超过了人脑。另外，心理学中通过“预期”而构造出来的“将来”时间也可以在计算机中轻易实现，如计算机通过计算能非常准确地预言将要发生的天文、物理、化学乃至生物现象。但这里的“回忆”再现图像的能力或对将来的预言并非真正人的智能，它还是一种机械能力，它的假定就是“未来”是被时间上机械地决定的。因此，我们说人具有不同于计算机的时间层面就是人类具有胡塞尔所说的“大当下”时晕（也即詹姆斯所说的“似是而非的现在”）。

计算机的核心部件是中央处理器，它调节所有的电路运行和数字开关的运作，使计算机有条不紊地高速运行。中央处理器包括若干个寄存器和高速缓冲存储器及实现它们之间联系的数据、控制及状态的总线。一条机器指令所规定的操作需要分解成一系列微操作，这些微操作有的同时进行，有的要按先后顺序进行，因此机器中需要有产生时间标志的电路，即时序信号产生电路。时序逻辑电路的特点：任意时刻的输出不仅取决于该时刻的输入，而且和电路原来的状态有关，所以时序电路具有记忆功能，我们可以用图 7.1 所示的框图来描述时序电路的构成[①]。可见，计算机中的核心部件中最终是时序来控制的，而时序所使用的时间是一定周期的时段反复重复得到的机械的时间。由此时间驱动的所有信息处理（包括图像识别、语音识别、自动驾驶等）都类似于思维的电影机制，它们都不可能成为人的大当下的活生生的直觉，这里的区别还是“机器”与“生命”的区别，下文略作分析。

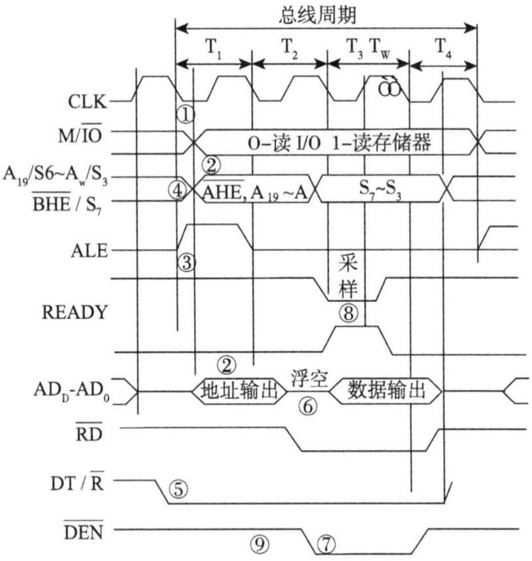

图 7.1　CPU 的时序电路图

我们的即时体验局限于现在，在时间结构上体现为胡塞尔的大当下“时晕”结构，在即时体验的时晕结构中我们捕捉的运动感是生命的运动，但计算机通过时序电路捕捉的运动必然会涉及对运动图像的分割再通过“记忆”存储装置进行重构。因此，计算机的推理模式是基于“记忆”或“回忆”的推理模式。然而，我们感知变化或运动的方式并不是唯一通过基于记忆的推理得到的，从现象学的观点来看，我们体验到的变化或运动，似乎与我们体验到的颜色或痛苦具有同样的直接性，因为时间现象学中，“滞留、当下、展望”完全是被动发生的，我们直接看到鸟的飞翔，当萨克斯管吹奏出俯冲的旋律时，我们能听到音高的升降，当我们听到一个旋律时，我们直接听到每一个连续的音调流入下一个。当然，你可能会坚持认为，虽然用这样的术语来描述这类经历是很自然的，但这些术语并没有

① 杜丽霞等编著：《微机原理与接口技术》，兰州大学出版社 2007 年版，第 29 页。

反映出事情的绝对真相。例如，当我们看到一辆车迎面开来并突然改变车道时，我们的视觉意识实际上是由一系列瞬间的视觉体验组成的，每一个瞬间的视觉体验都拥有一个完全静止的内容，即在一个特定的位置前面车辆运动状态被冻结，这也是计算机捕捉运动的手段。对于计算机而言，其对运动的“印象”来自这样一个事实：每一个静态的视觉图像都伴随着记忆——车在以前出现过的地方的图像。计算机所做的就是以其极快的运算能力处理那些记忆，计算机的进步就是使其运算速度更快，把那些离散的图像用更短的时间加以处理，从而对车辆未来的运动加以研判。但离散终究是离散的，因为现象学的记忆——“滞留”与计算机的记忆是有很大差异的。计算机的记忆充其量拥有视觉体验的图像，而视觉体验的图像与视觉体验本身是非常不同的，视觉体验的图像本身是机械的，而视觉体验本身则是动态的，我们在日常感知中从来没有混淆这两种感觉的危险。粗略地说，记忆-图像远没有相应的感知体验那么生动、详细，这也是胡塞尔区分“滞留”和“图像意识”的原因，因此，计算机不可能拥有纵意向性活动贯穿那些图像的视觉体验本身。将记忆图像以正确的方式结合起来，可能会产生一种对正在运动的物体的记忆，但这永远不能等同于直接看到运动，正如电影本身是对一种运动的记忆，但并不等于运动本身一样。拯救可能存在于这样一个事实，即假定的瞬间知觉体验形成了一个无间隙连续体。如果这样的一系列经验能够确保感官或印象层面的连续性，这或许是可能的，但鉴于目前的中央处理器时序电路，很难看出这是如何实现的。正如研究胡塞尔时间现象学的学者经常引用的：“感觉的连续并非连续的感觉”，除非把瞬间的体验放在一起理解，否则它们注定会在体验上彼此隔绝，但要让它们一起经历，意识必须以某种方式超越科学瞬时性计时所限制的“现在的时间点”，回到胡塞尔的“大当下”、柏格森的绵延或者詹姆斯的“似是而非的现在”。

虽然现在的 5G 乃至未来的 6G 技术能够把图像传递得更快，也就是说“时延”更短，但无论如何都逃不出“数学家的连续性并非真正的活生生的连续性”这一魔咒。事实上，詹姆斯在其《心理学原理》中曾把滞留时间确定为 10 秒，按照这个时延标准我们完全可以机械地制造出类似人的“大当下”时晕，但我认为滞留时延的长短并不是关键的，最为关键的是时晕的连续性结构是计算机不可能生成的。

第三节　图像界面是计算机介入科学认知的可能模式

前文是从时间现象学角度质疑了人工智能的可能性，事实上随着可视化技术的发展，可视化为计算机介入日常认知提供了广阔的应用前景。本节的部分内容在我的著作《视觉主义——基于图像和身体的现象学科学哲学》中已论述过，但是在那部著作中对可视化技术在科学领域中的运用远未得到充分的发挥，更没有从时间层面来阐释可视化技术在未来设计科学中运用的前景。

可视化技术是指将抽象的事物或过程变成图形图像的表示方法。现代的数据可视化（data visualization）技术指的是运用计算机图形学和图像处理技术，将数据转换为图形或图像在屏幕上显示出来，并进行交互处理的理论、方法和技术。可视化技术虽然是一个相对年轻的学科，但已经向多个方向扩展，它可以帮助我们看到对于我们来说过小和过于复杂的东西，如看到结构复杂的分子，或者对于我们来说太大而不能看到的东西，如地球本身。它还可以支持存在于我们想象中的事物可视化，不需要“真实”世界中的等价物，而是对现实的虚拟。可视化还可以用来使本身不可见或不可感觉的现象形象化，如数学结构或信息间抽象关系的可视化。可视化甚至已被称为第二次计算机革命，因为它已超越了计算机传统的用途，进入了“认知”领域。历史证明，人类的视觉在人类的科学发现中发挥过重要的作用，通常在可视化方面关键技术的出现，就是重大科学发现的前奏，因为海量的数据只有通过可视化变成形象，才能激发人的形象思维，从表面上看来是杂乱无章的海量数据中，找出其中隐藏的规律，为科学发现、工程开发、医疗诊断和业务决策等提供依据。

与可视化的图像表征相对的是符号表征。图像表征与所表征之物之间总是具有相似性，就像一幅画与它所摹绘的对象之间具有相似性一样，但是符号表征与被表征者之间却不必具有相似性，如“芒果树”这个词或“足球场上有学生踢球”这句话是符号表征，它指向“芒果树”概念所具有的抽象意义或者指向“足球场上有学生踢球”所表征的事态。

计算机是一种符号操作机，它们能仿真所有能被精确描述的过程。计算机建造出来之后本来首先是用于科学计算的，然而20世纪50年代末期，艾伦·内威尔和赫伯特·西蒙等研究者开始认真地把计算机作为普通符号操作机的时候，他们看到人可以用符号来描述世界上的基本事件，并用规则来描述它们之间的联系,那时计算机可根据这些规则或程序来推论那些事件是如何相互影响的,以及当这些事件改变时所发生的变化。通过这种方法计算机逐渐被用来模拟逻辑思考,这样的计算机我们称为“逻辑机”或者“推理引擎”。现代人工智能的发展无论是专家系统还是神经网络都是仅仅处理那些可以通过人精确定义的情景。只有这样,它才能与精确的时序调节和控制相适应。内威尔和西蒙相信,这样编程的计算机不但可以证明逻辑定理,在理论上它们还能解决问题、识别图案、理解故事。确切地说,它可以做一个有理性的人能做的任何事情。正是在这一点上德雷弗斯在《超越机器的心灵》一书中提出了他的质疑。他认为,计算机操作符号的方法所必需的准确性带来巨大的优点的同时也存在着一些局限。

德雷弗斯质疑的哲学基础是梅洛-庞蒂的身体现象学。梅洛-庞蒂对于传统的笛卡儿和胡塞尔式心灵之眼的清晰表征进行了批判,并给予视觉的肉身化以合法地位。梅洛-庞蒂认为世界的存在总是先于对世界的反省思维,非概念化或非表征化的知觉作为观察和认识世界的手段与思维同等重要。这种非概念化或非表征化的知觉是人的认识活动发生之前的意识,它才是思维的前提和基础。由此,梅洛-庞蒂进入到了他自己的宏观知觉领域之中,这种宏观知觉是通过意向弧(intentional arc)和达到一种最佳把握(maximal grip)的倾向来实现的。

因此,一个精于驾车的司机在高速公路的一个出口斜坡上立即感到何时要慢下来,他根本不需要经过考虑车速、路面状态、时间的紧急程度等来计算和比较众多的选择,就能知道如何执行适当的操作。这种反应来自于实际的知觉和操作,而不是一种理性的算计,就像我们观看某一幅画的时候并不是先在大脑中算计出一个最佳的观察角度而是凭本能自动地找到一个最佳观察视角一样。与人相比,计算机中符号所描述的东西必须绝对地准确,程序员也必须非常清晰地知道他赋予每个符号的意义,当我们考虑到这种计算机处理图像和识别相似或类似的图像所用的方法时,这些局限性就会显现出来。

此外,人类不只能在复杂背景中识别物体,还能用图像来预测世界上一些事情的结果,当然计算机也能用它们的逻辑能力来做出预测,但它们的处理方法是完全不同的。

另一项计算机不能模拟的人类技能是辨别两张整体图像相似度的能力。辨别两个图像的相似度,这对人类而言是个能直接处理的过程,对于逻辑机却是个很复杂的过程,因为每个图像的每个特征都要根据客观的特征很详细地加以定义,只有这样计算机才能通过预先选中的特征来决定当前图像和其他图像是否匹配。

德雷弗斯对计算机图像识别的质疑实质上是对计算机能否把我们人能识别的一个图像转变成程序语言的怀疑，一方面，计算机不可能把一幅图像的所有信息转变成为程序语言；另一方面即使能够把某一个推理场景转变成程序语言，也将会使得推理变得十分烦琐，而这些对于一个具有丰富生活体验的人而言是一个十分简单而且瞬间完成的过程，这种简单是相对于一系列可清晰表征的计算机程序而言的。德雷弗斯的质疑可以用一句简单的话来概括，就是心灵之眼有条理地逻辑地得出的结论在肉体之眼看来是瞬间就可以得出的，而且肉体之眼能够得出的结论有时是心灵之眼所不能得出来或很难得出来的。

上面德雷弗斯的质疑似乎给人工智能一个暗淡的前景，然而德雷弗斯并没有考虑通过可视化技术而造成人机互动的时候对于科学认知的促进作用。因为计算机把因为没有身体而造成的完全表征式的逻辑描述转化成图像传递给人之后，实际上就是把心灵之眼所看到的东西（表征）转化为肉体之眼所见到的东西（屏幕上所显示出来的图像），有身体的人就会通过背景知识来视看或操作那些图像来理解那些光凭那些清晰的表征所不能把握到的东西。这种人和计算机对话的图像界面的设计也是计算机不断拟人化的一个标志，代表了整个计算机领域发展的特点。

较为原始的图像和算法语言相结合的例子体现在笛卡儿的解析几何学中。欧几里得的几何学可以说大量地利用了我们的视觉思维中的一些特征，这一点阿恩海姆在《视觉思维》一书中做过详细的论述。阿恩海姆说："在思维活动中，视觉意象之所以是一种更加高级得多的媒介，主要是由于它能为物体、事件和关系的全部特征提供结构等同物（或同物体）。视觉形象的多样性和变化性方面堪与语言发音相比。然而更重要的原因在于，它们能够按照某些极易确定的形式组织起来，各种几何形状就是最确凿的证据。这种视觉媒介的最大优点就在于它用于再现的形状大都是二度的（平面的）和三度的（立体的），这要比一度的语言媒介（线性的）优越得多。"[①]当然，欧几里得的几何学图形是观念化的图形，它的意义也是一种观念化的意义，我们通常证明几何题的时候画在纸上的图形用胡塞尔的话来讲只是对那种观念化或极限化的图形的一种充填，如画在纸上的一条直线和一个圆的切线明明是一段圆弧，可是我们通过心灵之眼所看到的

① 〔美〕鲁道夫·阿恩海姆：《艺术与视知觉》，滕守尧、朱疆源译，四川人民出版社1998年版，第309页。

刚好是一个点。但是，画在纸上的图形对于我们思考或证明却起着重要的作用，有一些结论我们可以直接从图上得出。欧几里得几何被笛卡儿代数化之后（即解析几何），那种观念化的几何就转变成了纯粹的代数学公式，这种代数学公式是对观念化几何图形的精确描述，它也可以编制成计算机算法语言，即那些可清晰地表征出来的符号。计算机还可以把那种算法语言转化成光点投射在荧屏上形成我们所看见的视图，这种视图具有“准观念化”的图形特征，人们可以直接从上面获取信息，如曲线变化的走势或一些直接可见的一些证明结论。

较为原始的数学方程和图形之间的转换人们可以很容易看出来，如直线的方程与画出来直线之间，圆的方程与画出来的圆之间，人的思维能够很好地在符号表征与图形之间发生转换，但是对于复杂的测量数据，人对于符号表征几乎是不能理解，而只能理解其相对应的图像。可视化技术最初出现也是因为“无从理解的信息”的困境。随着数据数量的大幅增长和来源的复杂化，如卫星、医学扫描仪和超级计算机，使得能获得的数据量远远超过科学家或专家处理它们的能力，然而，大分子、人的大脑和身体、地球气候或宇宙的大尺度结构，它们自身都是日趋复杂的实体，对它们的研究又需要收集大量的数据，对于这些海量数据以及它们之间的联系必须转换成图像才能让人理解。另外，科学家之间交流结果的方式以及随着这种情况的来临，科学家和计算数据分析之间需要提供密切的互动关系，而经过长时间的探索，交流和互动的界面以图像的形式更为有效。科学家需要对数字做出选择。因此，随着描述的复杂性的增加和交流的方便，计算机把描述性结果转换成图像是非常必要的，在科学的发展中这已成为不言自明的事实。这种转换是由心灵之眼向肉体之眼的转换，也是由计算机那种一维的时间中发生的表征的计算序列（由计算机中央处理器中的时序来控制或由胡塞尔的内在时间之流来承载）转变为空间中的能由视觉直接作出判断的多维的空间图像思维的转变。

一旦我们把视觉思维看作认知的源泉和对信息进行加工的过程，加强或提高这种认知能力就意味着增加、扩大或改进这一资源的各方面。这超出了计算机计算和存储大量数据的原始能力，通过人类和机器越来越紧密地结合，未知的或鲜为人知的“大脑与心灵”的潜力将被发现并被投入使用。通过具有特殊性能的各种形式的图像，并在可能的情况下，通过允许超越日常手法的形式的相互作用，引发潜意识的视觉机制并使它们工作成为可能，并因此提高我们的认知和思维能力。现有的可视化机器在有限的范围内已取得了这样的成果。

那么，这种视觉上的图像思维到底具有怎样的时间结构呢？我们知道，胡塞尔在分析内在时间意识时，已经勾勒出了一种时间彗核结构，在彗核结构的中心，是一个当下感知的"原印象"，它被刚刚过去的"滞留"和即刻到来的"前摄"的晕圈围绕着。正是这一晕圈结构，使每一个刚刚消失之物，在其消失后仍在我们的意识中保留着，并作为晕圈呈现给下一个到来之物，从而使连续性成为可能。这种彗核结构是心灵直观的基础。梅洛-庞蒂继承了胡塞尔的这种时间彗核结构，并进一步把它从纯意识领域扩展到了肉身在世的知觉场领域。

> 胡塞尔把前摄（protension）和滞留（rétention）称之为把我固定在一个周围环境中的意向性。意向性不是来自一个中心的我（Je），而是来自后面拖着它的滞留、前面被它的向将来的前摄拉着的我的知觉场本身。我没有经过我保存着其表象、首尾相接形成一条直线的一系列现在。在每一个时刻来到时，先前的时刻发生了变化：我把它留在手里，它还在那里，但它已经消失，它进入现在的直线下面；为了留住它，我应该伸出手，穿过一层薄薄的时间。就是它，我有能力赶上刚刚出现的时刻，我没有和它分开，如果没有东西发生变化，那么它最终不会消逝，它开始出现在或投射在我的现在上面，而它刚才还是我的现在。当第三个时刻来到时，第二个时刻又发生了新的变化，它从它所是的滞留变成滞留的滞留，它和我之间的时间层在变厚。①

梅洛-庞蒂认为，我们对时间的真正直接的领悟是在我们的知觉场中得到的。在时间的三维之中，现在具有更重要的意义，对过去的滞留、对未来的前摄都通过现在而实现，通过主体再现的边缘视域而实现。现在也不是像我们想象的被固定地放置在什么地方的东西，比如纸、笔在桌子上这件事我对其的感知也并不是明确一定的，我观看它们的时候并不是只看到它们，而是带有一种边缘视域。这种边缘视域把我们置于周围的环境之中。在此梅洛-庞蒂借用了胡塞尔的说法，把这种把我们置于周围的环境之中的具有边缘视域的意向行为称之为前摄和滞留。这样内时间中的有厚度的时间对应着空间中的"视域"，当下感知对应于成为我注视中心的东

---

① 〔法〕莫里斯·梅洛-庞蒂：《知觉现象学》，姜志辉译，商务印书馆 2001 年版，第 521 页（本书引文中的"保持"改译为"滞留"，"延伸"改译为"前摄"）。

西，如我桌上的电脑，但是电脑周围的物件成为我的边缘视域，桌上所有物件组成的异质空间就对应于我的内时间中的异质时间。梅洛-庞蒂说："无任何东西能把时间系列与空间的多样性区分开。"[①]我之所以能够在异质的空间中一下子就能识别出某张脸，就在于我本源性的内时间本身就包含了那种当下感知、滞留和前摄共存的有厚度的时间结构。因此，我在同质的地铁站内部只能凭借标示才能找到出口，但是一旦在异质空间的地面，立马就能够辨识方位。然而，计算机是先把所有异质的东西先变成同质的数和点，这种特点使得它不可能一下子就识别出某张脸，因为它先把异质的脸变为同质的点，然后再加以识别，这在某种程度上是特别艰难的，甚至是不可能的。德雷弗斯也注意到了这一点，只是他没有明确地与时间意识相关联。德雷弗斯说："为了了解这是怎样成为可能，我们必须考虑一下威廉·詹姆士（William James）称之为'意识边缘'的东西：时钟的滴答声，只有在它停止的情况下，才被我们注意到，这是这种意识边缘的简单例子。还有一个例子是当我们在人群中寻找一位熟人时，我们会模糊地意识到人群中的面孔。这种情况比较复杂，也更为贴切。可是，这两个例子都不适于说明清晰的穷举不是一种意识。在这两种情况下，主体都没有正面使用停留在边缘之上的信息。麦克尔-波拉尼依（Michael Polanyi）对有关外围经验信息集中起来的边缘意识能力的一般描写方面有助于我们理解棋弈。'这种能力存在于那种因为不确定地在我们注意中心物体周围扩展而又起背景作用的区域。这个区域从我们的眼角看来，或在我们头脑后部的记忆中，强制性地影响着我们观看我们所注视物体的方式。甚至可以说，主要是在我们所注意的物体出现时，我们才意识到余光注意到的区域。'"[②]

因此，计算机所呈现出来的图像最终要靠具有时间厚度的人才能真正加以利用。在现代科学研究中，计算机在科学家与自然打交道的过程中发挥着重要作用，这种中介在开始的时候还表现为符号计算的延伸，因为它把清晰可表征的东西集结为一系列的算法程序，然后算法程序给出一个计算结果。可以说，仅靠计算机的程序设计不可能使得计算机具有真正和人一样的智能，但计算机生成的图像在人与计算机互动的过程中让人与机器的认知能力大大提高，一方面计算机能够弥补人的符号表征能力的不足，

① 〔法〕莫里斯·梅洛-庞蒂：《知觉现象学》，姜志辉译，商务印书馆 2001 年版，第 522 页。

② 〔美〕休伯特·德雷福斯：《计算机不能做什么——人工智能的极限》，宁春岩译，生活·读书·新知三联书店 1986 年版，第 111 页。

另一方面人的空间图像的思维能力又能弥补计算机所不具备“具身认知”的不足，真正的人工智能也许只能走人与机器从图像界面结合互动的途径。图像界面使得在计算机内部以线性的机械时间呈现给人以非线性的异质性画面，从而为人的创造性提供了一个界面。

第四节 人机交互的图像界面与游牧科学

自阿基米德开始，科学研究一直拘泥于柏拉图的理念论，只有理念世界才是真实的世界，现实世界的物体是对理念世界的模仿，所有科学研究一直隐藏着胡塞尔所说的给现实世界披上一件“理念的衣裳”或海德格尔所说“数学的筹划”这样的动机。理念的衣裳和数学的筹划使得科学的世界成为线性的、同质化的世界，所有物体问题的表征空间都是在笛卡儿坐标系统的虚构空间中展开的，在虚构的坐标系统中点与点、点与线之间的关系是静态的关系，所以那是一个均质的、静态的空间，也是一个无生命的空间，即德勒兹所言的“条纹空间”。条纹空间的技术化模型就是编织物，编织物由垂直和水平的两种并行的要素构成，二者垂直地交织、交错在一起。德勒兹用“象棋”来说明条纹空间。象棋的棋子是被编码的，它们具有内在性和各种内在属性，由此而衍生出它们的运动、处境和对峙。马就是马，卒就是卒，象就是象，每一个都是被赋予了相对权力的陈述的主体。[①]所以，象棋所代表的条纹空间具有严格的等级制度，同时具有不可变的内在属性，而这些固化的性质使得其中的元素必须按照自己的先天角色行使自己的权利，采取相应的行动和策略。这种空间是一个封闭的空间，不能够随机应变、适应环境和适应时代变迁，它固守着自己的特定属性，从不改变。因此，条纹空间是被等级化的、固定的、静止的、保守的、稳定的、封闭的、同质的空间。

在德勒兹看来，传统的力学空间是条纹空间，伽利略和牛顿通过数学的筹划把异质性的物变为同质性空间下的物，使得所有的物理学变为条纹空间下的对象。例如，物体做抛体运动时，其重力场是垂直平行的向下直线，物体所受的重力的方向也始终是平行垂直向下的，水平方向则是另外一个不受力的维度，在这个维度上物体做匀速运动。垂直向下和水平两个维度的位移计量单位是统一的，并且是可互换的，物体的运动始终受这两

---

① 陈永国编译：《游牧思想——吉尔·德勒兹、费利克斯·瓜塔里读本》，吉林人民出版社 2003 年版，第 274 页。

个维度的影响，而且决定它在任何一点的运动位置和运动状态。这样，所有空间达到同质化，牛顿甚至把它称为绝对空间。在绝对空间中，万有引力是中心法则，所有物体之间的相互作用都得遵守这一法则。每当科学发现的一个新的场，如电磁场，它也会按照引力场的模式将其形式化（万有引力 $F=G\frac{M_1M_2}{r^2}$ 与电荷之间的作用力 $F=K\frac{Q_1Q_2}{r^2}$ 具有相同的形式），即使化学这门质料化的科学也做类似的微观解释。欧几里得空间是以著名的平行公理为基础的，但所论的平行线首先是引力平行线，并与重力施加于该空间中的一个物体所构成的重力的方向相对应。当这些平行力的共同方向被改变时，或当物体旋转时，它们产生的合力的作用点仍然保持不变，即指向引力中心。也就是说，重力是一种层状的、同质的、中心化的空间的基础。德勒兹对此做了清晰的陈述："同质性和纹理化之间的此种关联可以通过一种假想的基础物理学的术语来表达：（1）一开始，你通过相互平行的重力的垂线来对空间进行纹理化；（2）这些平行线或力产生出一种合力，它作用于占据着空间的物体之上的某一点（重力中心）；（3）当平行力的方向被改变之时，当它们变得与初始方向垂直之时，这个点的位置并不发生变化；（4）你发现重力是万有引力的一种特殊情形—沿着直线、或两个物体之间的一对一的关联；（5）你将功的观念界定为某个方向之上的力—位移的关系；（6）于是，你就拥有了建构一个越来越完备的纹理化空间的物理基础，这个空间不仅在水平和垂直的方向上、而且在任何一个方向上都从属于点。——甚至都不必求助于此种牛顿式的准物理学。古希腊人已经从一个垂直纹理化（从上到下）的空间发展到一个在各个方向上都具有可逆和对称关联的中心化的空间——换言之，在各个方向上都被纹理化、从而构成了一种同质性。"[①]当然，德勒兹赋予条纹空间以更多的是政治哲学上的意义，如科层化、规训化、辖域化等。

与条纹空间相对的是"平滑空间"。德勒兹平滑空间理论是基于空间生成与运动的创造性思维的研究理论。平滑空间不具有同质性，空间中所有的点都是异质的，除非是在无限临近的点之间才具有相似性，空间中不同域之间的连接没有任何确定的路径。它是触觉的空间而不是视觉的空间，它是"一个场，一个异质的平滑空间与一种极为特殊的多元体的类型联结在一起：非度量的、无中心的、根茎式的多元体，它们占据着空间，

① 〔法〕吉尔·德勒兹、菲利克斯·加塔利：《资本主义与精神分裂（卷2）：千高原》，姜宇辉译，上海书店出版社2010年版，第705页。

但却不‘计算’空间，因而，只有通过‘实地采样才能探索它们’。”[①]与条纹空间的象棋比喻不同，平滑空间则用围棋比喻。象棋的每一个棋子都被赋予了一种相对的权利；而围棋的棋子则正相反，它们是基本的算数单位，不具有任何身份，只有一种匿名、集体性的、或第三人称的功能。围棋的棋子不具有内在属性只具有情境性的属性。因此，这两种棋戏组成的空间也完全不同，象棋是在一片封闭的空间内进行部署，而围棋是在一个开放的空间进行列阵。象棋对空间进行编码和解码，而围棋对空间进行结域与解域。[②]因此，在平滑空间中的运动具有游牧的性质，它是一个开放的、无中心的能量场，其中蕴含了各种异质元素以游牧的方式作用于空间，形成了赋予表达性的空间变化节奏，这一节奏又构成了平滑空间中的一个个界域。平滑空间强调向量、方向、流动，这就类似于游牧民在沙漠中寻找水源和植被的空间轨迹。由游牧科学所建构的空间也具有动态、开放、不受任何条件束缚的特征，它可以作用于空间中的所有的点，而不是被空间掌控于从一点到另一点的运动之中。因此，游牧空间中的运动是点与点之间的自由活动，就如同游牧民在草原上生活的轨迹是开放、自由、不确定的，即变量永远处于变化的状态之中。

在平滑空间中的几何学不同于条纹空间中的几何学，此时的几何学呈现为“非精确但严密”的特征。“非精确但严密”的几何学源自胡塞尔。

胡塞尔最早是在《纯粹现象学通论》中讨论“描述科学”与“精确科学”的区别时论及精确科学的问题的，奇怪的是，胡塞尔不是针对与数有关的算术来讨论精确性问题，而是针对几何学来讨论精确性问题，而且在他的著作中是一以贯之的，这大概是因为从阿基米德到牛顿的数学化科学传统几乎是几何学化科学传统所致。

虽然几何学（geometry）本来就有土地测量的含义，但是几何学与土地测量是有区别的。亚里士多德曾经对几何学与测量做过区分，几何学的对象是不可肉眼感知的，如一条直线与一个圆相切，在几何学理论上它们相切于一个点，但是在感性经验中，无论作图怎样精密，其相交部分都只是一个线段或一段圆弧，而不是一个点。这样，直线与圆相切的“切点”只能存在于观念世界之中。然而，测量处理的对象是可感知的对象，如山脉、河流、田地等，都是一些感知对象，在其中根本找不到真正的点、直

① 〔法〕吉尔·德勒兹、菲利克斯·加塔利：《资本主义与精神分裂（卷 2）：千高原》，姜宇辉译，上海书店出版社 2010 年版，第 532 页。

② 〔法〕吉尔·德勒兹、菲利克斯·加塔利：《资本主义与精神分裂（卷 2）：千高原》，姜宇辉译，上海书店出版社 2010 年版，第 505—506 页。

线和圆之类的东西。既然测量的对象不同于几何学的对象，那么依据其对象来划分的科学也就要分为两类，这样就要把数学与以测量为基础的物理学或自然科学区分开来。“亚里士多德确信，数学与自然哲学或物理学之间存在着差异。根据他的定义，物理学把所有自然物都看成可感、可变的物体。而数学家则去除物体的所有可感性质，专注于剩余的数学部分。因此，数学家只关注物体的几何性质，而这些几何性质根本没有穷尽实在。”①胡塞尔对精确性的讨论实际上与亚里士多德关于数学与自然科学的划分相类似。

胡塞尔把精确的形式定义为可以还原为具有明见性的观念，即只有在主观世界中才存在的东西。“几何学概念是‘观念的’概念，表达着某种不能被‘看’的东西……精确的概念有其本质的相关物，后者有康德意义上的‘观念’的特性。”②因此，理论几何学的研究方向不是将它根植于直接经验到的实际对象，而是仅仅涉及那些被设定为存在于完全精确的观念领域中的对象，如没有部分的“点”，没有宽度的“线”，没有厚度的“面”等等。而且，从这些基本的观念对象可以通过逻辑演绎推广到一个无限的观念领域，典型的例子就是欧几里得几何学体系中的公理演绎体系，如《几何原本》中的第一个命题：已知一条线段可以作一个等边三角形。其构造过程如图 7.2 所示。

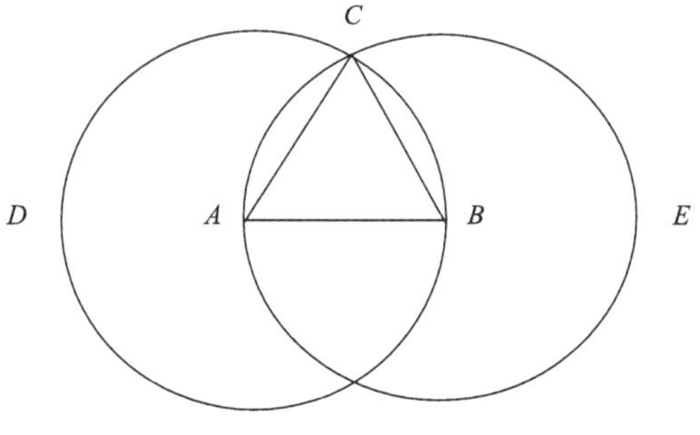

图 7.2　等边三角形的作图过程

设 AB 为已知线段，要求以线段 AB 为边构造一个等边三角形。以 A 为圆心 AB 为半径作圆 BCD；再以 B 为圆心 BA 为半径作圆 ACE；两圆相交于 C 点，连接 CA、CB。因为 A 点是圆 CBD 的圆心，故 $AC=AB$；又因

① 〔美〕戴维·林德伯格：《西方科学的起源》，张卜天译，湖南科学技术出版社 2003 年版，第 89—90 页。

② 〔德〕埃德蒙德·胡塞尔：《纯粹现象学通论》，李幼蒸译，商务印书馆 1992 年版，第 180 页。

为 B 是圆 ACE 的圆心，故 $BC=BA$；所以 $AC=BC=AB$，即三角形 ABC 是等边三角形。

该命题之所以成为几何原本中的第一个命题，主要是等边三角形是从“点”“线”这些最原初的几何学定义即可推演构造出来的一个几何学对象，只要最原初定义的“点”“线”概念的含义具有永恒性，那么由上述明见性操作所得出的“等边三角形”的含义也就具有永恒性。胡塞尔说：“借助于这些事先挑选出来的作为可资普遍利用的优越的基本成分，按照与这些基本成分结合在一起的操作程序，不仅构成越来越多的因其进行制作的方法而成为主观性地一义性地被规定的形状。最终这样的一种可能性产生出来了：通过一种先天的、包罗万象的系统的方法、构成地，一义性地制作出一切可设想的观念的形状。”[①]那些观念的形状都可以在观念的逻辑网络中得到精确的界定。

与精确的观念之间的关系相对的是“非精确的形式”，非精确形式的几何图形被描述为那样的图形，它们没有常规固定的形状，如圆、三角形、正方形或椭圆等，也不能还原为基本的几何学元素如“点”和“线”之间的清晰的观念之间的关系，其轮廓是不可精确描述的。用它们来表征自然就属于描述的自然科学。胡塞尔说：“我们首先考察几何学和描述的自然科学之间的对立。几何学家不像从事描述的自然科学家那样关心事实上的感性直观形状。”[②]描述的自然科学家使用一些与精确的几何学形状不同的术语来描述直接感知到的自然形状，如百度词条对水蛭的描述：“呈扁平纺锤形，有多数环节，长 4 ~ 10cm，宽 0.5 ~ 2.0cm。背部黑褐色或黑棕色，稍隆起，用水浸后，可见黑色斑点排成 5 条纵纹；腹面平坦，棕黄色。两侧棕黄色，前端略尖，后端钝圆，两端各具 1 吸盘，前吸盘不显著，后吸盘较大。质脆，易折断，断面胶质状。气微腥。”这段话用一些非标准几何学观念化的形态如“纺锤形”“环节”“隆起”“钝圆”等把水蛭的形象清晰地呈现出来。描述中虽然有数据，但这些数据之间没有像几何学观念之间严格的逻辑网络关系，所以也是非精确的。作为描述，我们知道它也是非常严密的，这些形态类型是根据感性直观而被直接把握的，它们尽管模糊不清，却是在概念上和术语上已被确定的，借此描述我们能够把水蛭与其他各种动物区分开来，因为它描述了这个一类动物的基本形态特征。

---

① 〔德〕埃德蒙德·胡塞尔：《欧洲科学的危机和超验现象学》，张庆熊译，上海译文出版社 2005 年版，第 37 页。

② 〔德〕埃德蒙德·胡塞尔：《纯粹现象学通论》，李幼蒸译，商务印书馆 1992 年版，第 179—180 页。

那些形态学概念具有模糊性，但这种模糊性刚好使得它们的应用范围富于流动性，这并非它们的欠缺，因为"在它们被使用的知识范围内，它们是绝对必不可少的概念，或者说在那些范围内它们是唯一合法的概念……最完善的几何学和最完善的对几何学的实际掌握，不可能有助于进行描述的自然科学家去直接表达（以精确的几何学概念），他以简单的，可理解的和完全适当的方式用'齿形的'、'凹形的'、'透镜形的'、'伞形的'诸词所表示的东西——这些简单概念在本质上而非偶然地是不精确的，因而也是非数学的"[①]。可见，胡塞尔的"非精确形式"并非偶然不精确的，如测量的误差或计算的错误所造成的不精确性，所以是一种非数学因素造成的不确定性。

非精确的形式对于动物学家、地质学家或者今天时髦语言所说的博物学家从事描述而言是非常严密的。与之相反，如果博物学家采取精确的几何学观念来研究动物的形态反而是不适合的，因为抽象的几何学观念与感性材料完全相分离，非精确的几何学形态却与感性材料严密地结合在一起。这种非精确性形式的几何学本身实际上是一种原初的几何学，它描述的不是观念化的几何学本质，而是被感官直接把握的形态学本质。胡塞尔论几何学的起源时就是从原几何学入手进行描述的。"原几何学家总已利用了非精确的时空形态和本质上'模糊的'形态学类型，因为它们总是能够产生前几何学的描述性学科。"[②]原几何学在它们被还原为异常清晰的陈述之前被用于描述各种外形的轮廓，这些描述是严密的，它们也抵制被还原为观念化的精确的形式，从而被归为"非精确性"的范畴。

德勒兹在《资本主义与精神分裂：千高原》中依据胡塞尔的原几何学理论首次提到"非精确但严密"的科学：

> 胡塞尔曾谈到一种原-几何学（proto-geometrie），它研究的是那些模糊的——也即飘忽不定的或游牧的——形态学的本质。这些本质有别于感性的物，但同样也有别于理念的、王权的、帝国的本质。作为研究它们的科学，原-几何学自身就是模糊的，——就"飘忽不定"（vagabonde）的词源意义而言：它既不像可感事物那般不精确，也不像理念性本质那样精确，相反，它是非-精

---

① 〔德〕埃德蒙德·胡塞尔：《纯粹现象学通论》，李幼蒸译，商务印书馆 1992 年版，第 180 页。

② 〔法〕德里达：胡塞尔《几何学的起源》引论，方向红译，南京大学出版社 2004 年版，第 134 页。

> 确的（anexacte），但却是严格的（rigoureux）（“此种不精确是本质上的、而非偶然的”）。圆是一种有机的、理念的、固定的本质，但圆形（rond）却是一种模糊的和流动的本质，它既有别于圆、也有别于圆形物（一个花瓶，一个车轮，一个太阳……）。一个定理性的图形是一种固定的本质，但它的转化、变形、切除或扩张，它的所有的流变，形成了模糊的但却是严格的问题性的图形，呈现为“透镜形”、“伞形”或“锯齿形”。[①]

从德勒兹的描述看来，他承接了胡塞尔的“原-几何学”的思想，认为像胡塞尔的这种原几何学的性质，既不是“精确”（exact）的，也不是“不精确”（inexact）的，而是“非精确但严密”（anexact yet rigorous）。德勒兹举的例子是“圆”，几何学中观念的“圆”，即“同一平面中到一个定点的具有相同距离的点的集合”，它是精确的；但是像花瓶、太阳和车轮的“圆形”却是“非精确但严密”的几何学图形。因此，德勒兹定义了三种几何平面图形：精确的几何，它们与规则和严肃的科学有关系；不精确的几何，它们是一种意外或者可以理解为对精确几何形状的近似估计；非精确但严密的几何，它们与模糊和游牧的思想有关联。第一种和第三种它们分别对应于德勒兹的两种空间，即“条纹空间”和“平滑空间”，与条纹空间对应的是精确的几何，而与平滑空间对应的是非精确但严密的几何。

那么，除了能对这种非精确但严密的几何做特征上的经验描述外，还能否给出一个数学形式上的描述呢？德勒兹认为黎曼几何符合他的平滑空间的论述，这已经在第四章做过详细的论述。我们知道，对于平面几何学而言，它处理的是像点、直线、三角形、圆等规则的几何体，这些几何体的变化是规则的、可预先决定的，那些几何体之间的关系也是固定的，如三角形的三条中线相交于一点，经过圆的直径的圆周三角形为直角三角形等，这样的几何变换空间相当于德勒兹所说的条纹空间。而对于曲线，其走势灵活多变，采用传统的平面几何方法根本无法把握曲线的灵活多变的形状，相当于德勒兹的平滑空间。曲线形状的研究是笛卡儿引入笛卡儿坐标系之后（即 x 轴、y 轴）才开始的，因为任何一条曲线，只要把它放入坐标系之中，这条直线上的每一个点就会对应一个（x，y）值，我们就

① 〔法〕吉尔·德勒兹、菲利克斯·加塔利：《资本主义与精神分裂（卷 2）：千高原》，姜宇辉译，上海书店出版社 2010 年版，第 527—528 页。

可以建立起相应的数学方程，如直线方程、圆的方程、抛物线方程、双曲线方程等，传统几何学中形状的关系完全可以用代数的方法来加以处理。坐标几何大大扩展了几何学的研究范围，但是，坐标几何是在坐标框架之中处理几何图形问题，其图形完全在坐标框架范围之内加以限定，这样建立的曲线方程实际上还是条纹空间中的一种编码，如抛物线方程$y=2x^2+3x+4$,实际上是把其中每一个点用两个数值编码之后确定的。因此，笛卡儿坐标系对曲线的研究是由“一维”的观察走向“二维”的观察，或者说一维的线性对象必须嵌入二维的面中加以研究，与此类同，二维的曲面必须嵌入三维空间才能加以研究，它们都还是在条纹空间中处理问题。

只有当牛顿和莱布尼茨发明微积分之后，基于解析几何和微积分发展起来的微分几何才使得处理任意曲线和曲面的问题较为完满地得到解决。但是，在古典微分几何中，人们常常将曲线和曲面放在三维笛卡儿坐标的欧氏空间中来处理相应问题。曲线和曲面的很多几何特性的描述与讨论，常常依赖于它们以什么方式嵌入高层空间的。事实上，很多几何物体的重要性质本质上是内蕴的，与它们嵌入高层空间的方式无关。早年的几何学家很少注意这一点。高斯与黎曼开始真正意识到这个问题。“高斯提出了一个完全新的概念，即一张曲面本身就是一个空间。这个概念后来为黎曼所推广，从而在非欧几里得几何学中开辟了新的远景。”[①]黎曼在其著名的几何学演讲中，正式地用内蕴的观点重新讨论了几何学的诸多概念。“黎曼提出的空间的几何并不是高斯的微分几何的推广，他重新考虑了研究空间的整个途径。”[②]许多几何概念都可以用内蕴的方式直接定义而摆脱外部空间和坐标系选择的干扰，如切向量、余切向量、联络、外微分、曲率、挠率、度量等基本的概念。这种几何学也就是通常所说的“内蕴几何学”，如此，曲线和曲面都不需要嵌入高维空间加以处理，在局部就可以处理好它们的游走趋势，由此也基本符合德勒兹追求游牧科学的理念。

当然,内蕴几何学是否真的能够代表德勒兹的平滑空间恐怕德勒兹本人也未做严格的审查,因为内蕴几何学毕竟是建立在笛卡儿坐标系的基础之上。所以，德勒兹在讨论完黎曼空间后采用一种辩证的眼光看待黎曼空

① 〔美〕莫里斯·克莱因:《古今数学思想（第2卷）》，北京大学数学系数学史翻译组译，上海科学技术出版社1979年版，第301页。

② 〔美〕莫里斯·克莱因:《古今数学思想（第2卷）》，北京大学数学系数学史翻译组译，上海科学技术出版社1979年版，第310页。

间的平滑性："不过，二者是相互关联，彼此推进的。没有什么是完结了的：平滑空间令其自身被纹理化，同样，纹理化空间也重新给出一种平滑空间……也许必须说，所有的发展进程（progrès）都是通过纹理化空间并在纹理化空间之中所形成的，但所有的生成却都是在平滑空间之中实现的。"[①]这里面还涉及一个重要的概念"生成"，此处不多做解释，就这里论及的内蕴几何学而言指曲面的游走成长的趋势，即从一种动态的观点看待曲面。

另外，平滑空间是不可度量的，"它是非度量性的，去中心的，方向性的，等等"[②]。就此而言，平滑空间的几何学具有拓扑特性。拓扑学就是研究拓扑空间在连续变换下保持不变的性质。在拓扑学里不讨论两个图形全等的概念，但是讨论拓扑等价的概念。比如，圆和方形、三角形的形状、大小不同，但在拓扑变换下，它们都是等价图形；足球和橄榄球，也是等价的。也就是说，从拓扑学的角度看，它们的拓扑结构是完全一样的。拓扑学虽然没有度量上的精确，但不失结构上的严密。

对于"非精确但严密"这个说法看上去很是深奥，甚至有些拗口，但对于科学中新的空间组织和新的材料组织而言却是十分关键的。致力于生命物质研究的学科如胚胎学、病毒学、生物学和地质学最近开始率先发展模糊形式的令人信服的几何学描述。每当我们需要研究难以测量的对象时，我们就需要"非精确但严密"这样的思想风格或研究风格，特别是生物科学的研究，德兰达在《强度科学与潜在哲学》举过很多相关例子，如Edelman处理他的细胞集合体的方式，这些集合体的成分的精确数量或他们的确切位置是无法确定的[③]。这种对待定量精度的态度并不表明生物学家是粗心或者是不严格。相反，它表明一种更复杂精致的拓扑学思想风格，而且这种基于拓扑风格的精度在自然界中处处存在。对此，德兰达引用生物学家 Arthur Winfree 的话加以佐证："生命科学从未羡慕数量上的精度……但这并不意味着生物科学本质上是草率的、模糊的、不准确的和不科学的。一条大马哈鱼是如何找到回家的路，并在俄勒冈州它三年前离开的同样的小河里产卵的？一条一米长的、有着数十亿核苷酸碱基对的序列如何通过可逆盘绕进入直径不超过几千碱基对的细胞核而没有纠缠在一

① 〔法〕吉尔·德勒兹、菲利克斯·加塔利：《资本主义与精神分裂（卷2）：千高原》，姜宇辉译，上海书店出版社2010年版，第701页。

② 〔法〕吉尔·德勒兹、菲利克斯·加塔利：《资本主义与精神分裂（卷2）：千高原》，姜宇辉译，上海书店出版社2010年版，第698页。

③ DeLanda M，*Intensive Science and Virtual Philosophy*，New York：Continuum，2005，p. 52.

起？……这样的奇迹预示着可再现的精度。但精度不是那种我们所知道的如何写方程，也不是那种我们可以测量到小数点后八位数的那种。这是一个更加灵活的精确性，它回避量化，就像一个细胞膜将其划分为内外两个部分，在这错综复杂的区域甚至没有一个病毒大小的洞的精确性一样：拓扑的精密，不在乎外形、力和时间的定量细节。”①

除了生物科学之外，材料科学也需要大量运用“非精确但严密”的思考方式，因为材料科学属于质料性科学。自古以来，在哲学上“质料”都是与“形式”相对而言的，所以形成了“质料+形式”的思维模式，而且近现代科学更为重视形式方面的研究。物理学家把物质变为一般性的“质量”，即物质所含物质的量的多少，成为一个广延量；化学家发现了原子及原子的结构而忽视了物质本身所固有的属性。他们都关注于各向同性的东西，反而把物体本身所固有的差异给忽视了。大多数哲学家也不大关心质料，或者关心质料的学者也把质料从属于形式加以研究，或者从质料上升为形式加以升华，从而在普遍性上加以论述。然而，对于丰富的物质世界，这种“质料+形式”的简单化的思维方式遭到德勒兹的批判，他说：“作为游牧科学的要素，dispars 则指向质料–力，而非物质–形式。在这里，准确说来，问题并不在于从变量中抽取出常量，而在于将变量自身置于连续流变的状态之中。”②简单地说，采用“质料+形式”的方式研究物质材料，此时的几何学是观念化的精确的几何学，精确的几何学只能研究物质的外部边界，但不能研究物质的内在生成。

早期的工匠通过实际接触、操作那些材料来了解物质本身的性能，那些人在切、削或塑性变形等热处理过程中亲身感受到材料性能的复杂性。随着化学的发展，这些早期想要掌握物理蜕变和物理结构对于材料属性影响的复杂性的企图，都败给了化学的简化处理：单独成分的行为或者是服从定比法则的物质的行为。这种简单化符合学科专项研究的要求，由其产生的制造方式也适合大规模生产的需要。但是，它也带来了很多问题。首先，19 世纪把技术从工匠转移到机器的过程，是和金属性能的均质化相辅相成的。但是，因为材料复杂性能的大部分知识是由科学界之外的经验（如工匠）发展的，那么，伴随着机械化，降低技术难度导致部分技术知

---

① DeLanda　M, *Intensive Science and Virtual Philosophy*, New York: Continuum, 2005, pp. 53-54.

② 〔法〕吉尔·德勒兹、菲利克斯·加塔利：《资本主义与精神分裂（卷 2）：千高原》 姜宇辉译，上海书店出版社 2010 年版，第 531 页。

识的损失。其次，简单化和条例化不只出现在制造过程中，它也影响了设计过程，它甚至使得许多结构工程师不知道如何用各向异性的材料来进行设计，而正是各向异性的设计能力能够处理用新的复合材料设计结构所需要的复杂的、连续变化的行为。另外，人们对简单化和统一性的需求超越了制造和设计，过去几个世纪中，很多其他事物也变得均质。因此，对同质的追求严重危害了物质哲学。对此，德勒兹花了很大的篇幅描述了早期冶金技术的游牧特性。对于金属锭块的加工，德勒兹说："更应该构想的不是相互分离的节段，而是一根流动作坊构成的链条，从一个洞到另一个洞，这些作坊形成了一条流变之线，一条坑道。"[①]"工匠就是巡游者，流动者。跟随着物质流，就是巡游，就是流动。这是处于活动之中的直觉。"[②]德勒兹在《资本主义与精神分裂：千高原》中的《1227 年——论游牧学：战争机器》一文对物质科学的论述简直可以算作一种新物质主义的宣言，也可以看作一篇工匠哲学的力作。

那些非精确但严密的准几何学形态常见于实践形态的工具，如中国古代的"橹"的形态就呈曲线状的流线形态（图 7.3），它一定不是根据现代流体力学计算设计出来的，而是根据划船实践以及对流水的想象和模拟做出来的，体现了人类利用水又融于水的特点。而且橹是摇的，"摇橹"这两个词本身就给予人一种悠扬、闲适、非常诗意的场景。据说"橹"是中国古人的设计，体现了中国古代水文化的特征。西方古代没有橹，只有"桨"，橹板一直是置于水中，靠把橹柄来回摇动来推动船舶前进的，它和桨不同，桨是要用人力来"划"动的，桨板在水中滑动一次，需要人力把它提出水面再进行第二次划动，所以摇橹比起划桨省力多了，有"一橹三桨"的说法。可见，中国古代的"橹"的形态体现出了德勒兹所言的"非精确但严密"的几何学特征。说它"非精确"是因为它不是按照精确的欧几里得几何学甚或尼曼几何（或洛巴切夫斯基几何）设计出来的，里面根本没有牵涉到计算；说它"严格"是说用它划水时，充分融入水的运行之中，仿佛是水橹一体，非常省力，以致善于计算的西方人发明不出这种工具来。

---

① 〔法〕吉尔·德勒兹、菲利克斯·加塔利：《资本主义与精神分裂（卷 2）：千高原》，姜宇辉译，上海书店出版社 2010 年版，第 599 页。

② 〔法〕吉尔·德勒兹、菲利克斯·加塔利：《资本主义与精神分裂（卷 2）：千高原》，姜宇辉译，上海书店出版社 2010 年版，第 591 页。

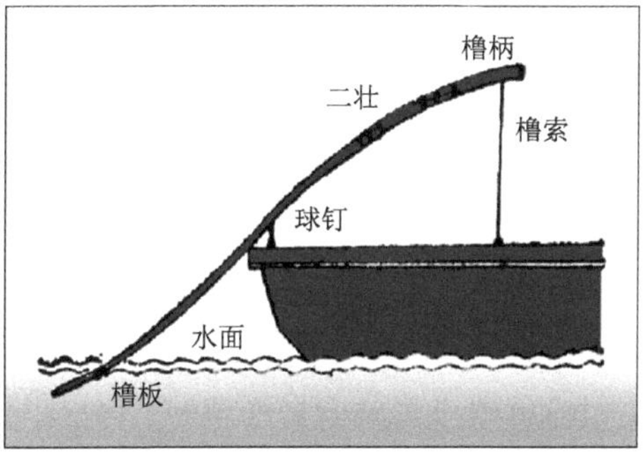

（a）

（b）

图 7.3　古代的摇橹

在平滑空间中，我们对落体的运动又当怎样描述呢？显然，物体运动的快慢、轻重缓急都是我们该描述的。当我们将快与慢、轻捷与滞重对立起来的时候，不应该将其视作一种量的对立，而是质的对立，所以“速度”并不仅仅是某种一般运动的抽象特征，它还是一种感受的强度，这种强度与数量大小没有关系，如一根鹅毛在空中我们感觉它掉得很慢，事实上其运动的速度在数量上可能很快，其“慢”是我们对鹅毛的质感、形状的一种综合感受，是它与我们预期的“快”相冲突。另外，物体下落的时候，它根本不是按照严格的垂直向下的重力线方向运动的，而是偏离于其下落线或重力线。“缓与疾并非是运动的量的程度，而是两种质的运动的类型，——无论前者有多快、后者有多慢。……迅疾和敏捷却仅仅适用于这样的运动——此种运动产生了最小的偏差，并由此呈现为一种涡流状的动态，占据着一个平滑空间、实在地勾勒出平滑空间自身。”①“在

① 〔法〕吉尔·德勒兹、菲利克斯·加塔利：《资本主义与精神分裂（卷 2）：千高原》，姜宇辉译，上海书店出版社 2010 年版，第 534 页。

这个空间之中，物质–流不再能被分割为平行的层，而运动也不容许被封闭于点与点之间的一一对应的关系。在这个意义上，重力–迅捷、重–轻、缓–疾之间的质的对立并非是作为可量化的科学上的规定性，而是这样一种与科学共同拓展的条件，它同时调控着两种模式之间的分离与融合、可能的相互渗透、一方对于另一方的支配、以及彼此之间的交替。”[①]

在平滑空间中，物理学的构图不再用牛顿的力学公理的模式，因为力学公理学构造出来的只是理想状态的物体运动，在理想状态下，石头与鹅毛以同样的速度下落，它们遵守严格落体运动规律，没有任何意外的发生，一切都是按照笛卡儿的机械论决定好了的，没有对规律的逃逸。德勒兹说："人们不应该将构图学与一种公理学的操作相混淆。公理学远未勾勒出创造性的逃逸线、也没有将肯定性的解域的特征结合在一起，而是删除了所有这些线，将它们从属于一种点状的系统，并中止了那些沿着各个方向进行逃逸的代数的和几何的书写……数学的书写被公理化，即，被再–层化，再–符号化；物质之流被再–物理化。这既是一个科学的问题，同样也是一个政治的问题。”[②]因此，伽利略和牛顿既是科学家也是政治家，它们重建了物理秩序。他们所构造的公理化、数学化的条纹层是致力于“复制”的科学，或我前面反复提到的可重复的、均质的科学。德勒兹认为，还应该有另一种致力于“跟随”（suivre）的科学。复制的科学涉及复制、重复和再重复；而跟随的科学则涉及流动，它是动态的、流动的科学的总和。跟随与复制截然不同，人们决不会出于复制的目的而跟随，而是具有游牧的性质。“复制、演绎或归纳的理想构成了王权科学的一部分，在所有的时代、在不同的地方都是如此，它将时代和地点的差异当作如此众多的变量，而法恰恰从其中抽取出其恒常的形式：为了使同样的现象在一个重力的、层化的空间之中得以复现，只需给定同样的条件，或只需在多样的条件和多变的现象之间确立起同样的恒常关系。”[③]复制科学的观察视点也是固定的、恒常的、旁观的，它外在于被复现者，就像在岸上观察水的流动一样，其结论也是形式化的、数学化的、可预期的。然而，跟随性游牧科学的观察视点却是变化的、流动的、融入的，其结论是非形式化的、非预期的、

---

① 〔法〕吉尔·德勒兹、菲利克斯·加塔利：《资本主义与精神分裂（卷 2）：千高原》，姜宇辉译，上海书店出版社 2010 年版，第 534 页。

② 〔法〕吉尔·德勒兹、菲利克斯·加塔利：《资本主义与精神分裂（卷 2）：千高原》，姜宇辉译，上海书店出版社 2010 年版，第 199 页。

③ 〔法〕吉尔·德勒兹、菲利克斯·加塔利：《资本主义与精神分裂（卷 2）：千高原》，姜宇辉译，上海书店出版社 2010 年版，第 535 页。

出人意料的。在以下的情形中，我们将不得不以游牧科学的形式加以跟随：当我们在研究一种物质或更准确说一种质料（而不是发现某种形式）之时；当我们挣脱重力、以便进入到一个迅捷的场之中的时候；当我们不再思索一个沿着确定的方向运动的层状之流的时候，当我们被一股涡流卷走的时候；当我们介入到变量的连续流变之中，而非从中抽取出常量的时候；等等。因此，跟随性的游牧科学是光滑空间中流动的、动态的科学，它致力于在特异性矢量场中跟随着一股流。跟随性的游牧科学家就像打猎的猎手，猎手在打猎之前往往没有确定性的预期，他只是不断地根据出现在他面前的情况而冒险地跟随猎物。

在平滑空间中的游牧科学与其说是科学，倒不如说是技术。德勒兹认为早期的冶金学这种技术就是一种流动的科学，它赋予铁匠以一种近乎游牧的地位。

上一章所论的都江堰应该说是游牧科学的杰作，我们不妨跟随德勒兹对“流”描述的思绪：“每当我们将流动的步骤和过程复归于其自身的模型之时，点就重新获得了它们的作为特异点（这些特异点排除了所有一一对应的关系）的地位，流则重新获得了它们的曲线的和涡流的运动（这些运动排除了矢量之间的所有平行关系），而平滑空间也重新获得了接触的特性（这些特性不再容许它沦为同质的或层化的）。”①所以，都江堰的修建，李冰不是以旁观者的方式计算出来的，而是跟随水流，用他身体的触觉“摸”出来的，据说李冰当年多次亲自涉水考察岷江的水势和水情。这也使得都江堰工程几乎无法复制。那么，现代科学还能回到光滑空间中触摸出都江堰这种游牧科学吗？在一定程度上是可以的，办法就是上一节讲到的“人机交互的图像界面”。

人机交互的图像界面呈现出来的物，不同于现实世界中的物，是一种虚拟物。虚拟物不同于近代科学用数学筹划出来的质点式的抽象物，它具有感性的特征，如果在人机互动的界面上对这种虚拟物加以操作，人们又可以重新回到一种拟精神层面上的异质化空间和异质化时间中去。计算机起的作用是首先把异质化感性的东西变为数码化、同质化的东西，但是这种同质化的东西在人的感受上来看又是异质化的。因此，人机交互的图像界面实际上是同质化和异质化相交互的界面，是理性和感性相结合的界面。正因为如此，图像界面上对虚拟物的处理更好地体现出未来科学的走

---

① 〔法〕吉尔·德勒兹、菲利克斯·加塔利：《资本主义与精神分裂（卷2）：千高原》，姜宇辉译，上海书店出版2010年版，第536页。

向，即屏幕上的游牧。这种科学具有“设计”的性质，可称为“设计化科学”，它并不体现在某个数学公式的总结，而是体现在设计过程之中，就像中国古代的科学，没有地震理论，但是可以做出来一个地动仪；没有力学计算理论，但是可以做出各种各样的力学机械，如斜面车等一样。也可以说，这种科学的表征不是数学公式，而是设计做出来的器具。在计算机的图像界面上可以重回异质化空间或者光滑空间。图像所展示出来的是一种新的物质类型，即数码物质。这种数码物质似乎实现了莱布尼茨的理想，相当于莱布尼茨的次级物质，在上面本身就显示一种“力动”。这方面，建筑学家格雷格·林恩在建筑设计中做过很多尝试，虽然是建筑领域的尝试，我认为其方法可以推广到一般的设计化科学领域。

林恩是美国当代建筑设计大师，是“计算机学派”的代表人物，专攻于数字技术在建筑设计领域中的应用。林恩从拓扑学、哲学、生物学、地质学等学科的角度来研究建筑，特别是以德勒兹的哲学为基础，探索出一种基于生长与突变概念的设计模式（图 7.4）。可以说，林恩的探索是建立与德勒兹哲学相对应的建筑设计语言，“德勒兹式建筑”已成为当代建筑界最为时髦的词汇。对一般设计者而言，电子计算机不过是绘图和用于视觉表达的工具，最多也就是帮助设计而已，所以称“计算机辅助设计”。但对于林恩而言，计算机是可以带来创造力的，因为一个设计之所以是创造性的，是由于它向人们的大脑呈现一些没有预先想到的内容。林恩认为数字技术具有生命力和创造力的理念源于他对德勒兹哲学的解读。

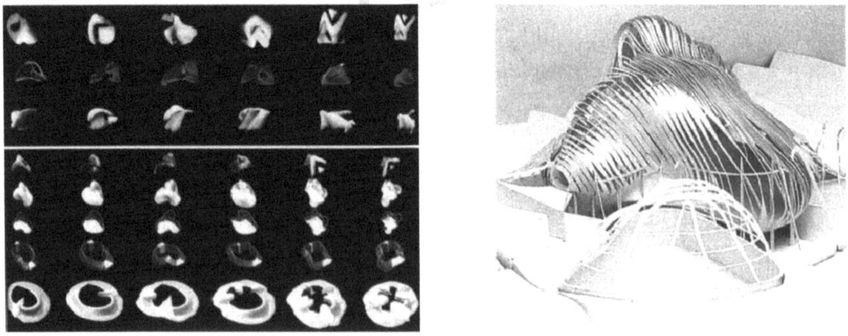

（a）　　　　　　　　（b）

图 7.4　林恩用计算机生成设计的胚胎建筑

采用德勒兹的平滑空间理论，林恩寻求重新配置建筑学中物体和几何间的关系，从而突破传统建筑物对僵硬的条纹空间的依赖，例如重力法则约束下的条纹空间中存在若干竖向的平行线，这些平行线同时作为其他空间内物体的被重力规范化的轨迹，就如同建筑中的楼层与楼层之间的柱子一样，它们相互平行，它们的方向都是遵照重力原则，也仅仅是依靠重力原则。林恩要打破这种条纹空间的建筑设计模式，创导出折叠建筑的设计模式。折叠过程本身具有一定的平滑或柔韧的性质：折叠不采用搅拌也不采用剜除术，而是不同元素的柔软分层。不同的组件被折叠成一个光滑的混合物，一个明显的复杂纹理出现了：错综复杂的联系使得基体表面的元素通过外部的间隙而更加紧密，而不是通过内部的连接。最终，建筑的折叠形式，将寻求建立一种结构，这种结构能将这些过程和性能结合。结果，在概念的形式上，建筑的折叠形式，将是一个“丛”，即一个多元线性网络的交织，相互关联，并且错综复杂的丛。对林恩来说，折叠建筑并不是建筑固定的空间样式，其本身是建立在“有机体和几何语言之间的协定”上。物体变成褶皱折叠式的多样性，而几何学变成德勒兹所说的原几何的一种“非精确但严密”的形式。因此，林恩建立起了一种理论并使得“精确的、多样的、暂时的物体”和“更灵活的变形几何”之间产生了联盟般牢不可破关系。林恩发现了那些用来理解生物领域形态变异的工具（生物对象的测量），因为这样的测量和建模技术必须足够灵活，以适应随时间变化而不可预测的形态。生物识别取决于“可能几何”，因为他们“占据了他们所描述的临时关系”。在建筑设计加入生物识别技术是非常重要的，因为建筑传统上是从理想的形式开始的，而几何学则可能是从“无定形”开始的，然而“无定形”的几何学却仍然屈服于德勒兹提出的“非精确但严密”原几何学。

无定形的几何学的流动的方式显然若依赖于三角尺、丁字尺、量角器、圆规等传统的绘图工具是无能为力的，而基于复杂的数学法则的电脑却能够弥补传统工具的不足。近年来，电脑在动态模拟方面有了长足的进步，尤其是对于动力场、广义的引力场等内容的模拟。在 Maya、Wavefront 等 3D 软件中，动画不再局限于设定关键帧和定义路径的简单模式，物体可以在模拟的动力系统中来决定它的变形。林恩正是利用了电脑的新功能，由于这种“非人为决定”的性质，他认为，至少在概念设计阶段，场地内容是可以在电脑空间中得到还原的，动画变形反映了场地中的建筑体与力的真实关系，作为动画过程的结束，最终的形式也被称为“动画形态”。林恩根据“动画形态”，去界定他做的那些虚拟抽象的图。动画形态并不是简单地模拟或展示随着时间的推移，物体的运动或行为的改变。林恩认为“动画”作为一个术语，是不同于“运动”的，不要与之相混淆。运动意味着移动和动作，动画意味着一种形式及其形成力量的演化；动画暗示着生成、万物有灵、生长、驱动、活力和虚拟[①]。换而言之，动画形态是开放的系统，通过刺激质变而非量变的改变进行演化。动画的设计实现了德勒兹的光滑空间概念和“非精确但严格的几何学”在物理世界的可视化，在物理世界里，当有力作用于物体的时候，物体相互作用、经历转变。林恩的“动画形态”应该被定义为运动和力的并存。也就是说，力不是孤立的，而是以流的形式存在，力和力之间相互拉扯、鳞状叠覆，呈现一种梯度特征、没有清晰的边缘、只是程度上的差别。力暗含了事件的特质，而事件本身就不是一个点而是一段时间的持续过程，它有起因、有结果，更重要的是过程，而电脑则能够将这个过程虚拟出来。

林恩把当代建筑设计看作对莱布尼茨或者德勒兹空间的直接探索。因此，林恩坚信数字技术（计算机）提供了我们一个工具，能够复活莱布尼茨理论“任何东西都可以被微积分”。因此，建筑师能够画出一些光滑的曲线的空间设计以及动态的和短暂的空间场地。对于林恩来说，计算机设计开启了两大可能性。第一，它使得新的形式的设计变成了可能，因为它们是由可变曲率的曲面组成，能够在真实的建造工程中将虚拟的空间概念实现。第二，这已经不再是一个静态的平面或者模型对象了。相反的，出现了一个非正式的生产模式，通过计算机改变参数，使得一系列对象出现不同的形状。

总之，计算机作为一个设计工具给建筑平面的本质带来了很多变化，因此建筑的过程通过它也展露了出来。从这个角度上看，折叠结构可能会与德勒兹哲学、科学和艺术的体系有关。每一个域的运作都是围绕一个特定的“面”展开的，哲学在连贯性的层面上创造概念，科学家在参考性的层面上解决问题，艺术家在构图的层面上处理印象与情感的关系。在一般意义上，建筑的工作依赖这三个方面，它总是结合哲学、科学和艺术，出于审美的原因对几何平面概念化。在林恩的设计中，计算机与建筑师建立起一种新的关系，建筑师通过输入参数来达到对计算机的控制，并进行表达，此时的计算机并非只是程序化的工具，它能够创造性地而不是机械性地生产，它不是一个自动地设计的机器，而是帮助人们实现他们无法做到的事情。林恩的设计理念可以推广到一般的“设计化科学”领域中，如

---

① Lynn G，*Animate Form*，Princeton：Princeton Archltectual Press，1998，p. 17.

水利工程设计。

我在读清华大学张尚弘写的博士论文《都江堰水资源可持续利用及三维虚拟仿真研究》时，有一些感想，这里不妨说一说。当然，我不是说张尚弘博士在他的博士论文中已经达到林恩设计理念，而是说他可以有更进一步的设计研究。

图 7.5、图 7.6 分别是模拟都江堰外江闸闸门启闭对宝瓶口引水量及相应流场影响的流场分布图。呈现了三维图像显示与模型计算的交互操作过程。“当三维虚拟场景中闸门被开启时，显示程序发送闸门开启的信号给计算程序，计算程序根据信号在下一个计算步长迭代前将闸门节点处的高程值设定为地面高程；而当闸门被关闭时，计算程序则又将该高程设定为闸顶高程。这样只要在系统程序中发送闸门启闭状态的指令，通过数学模型节点参数的调整计算，就可达到在图形界面上实时控制，同时在后台计算模型中实时响应与反馈的交互仿真效果……以上整个模拟过程都在三维场景下实时实现，打破了以往计算过程只能输出数据，运行结果只能在全部计算完成后才能看到，变化过程难以全面了解，无法改变计算条件实时交互等模拟缺点，达到了动态交互，实时反馈的三维仿真效果。”[①]由此在计算机上实现闸门设计。

图 7.5 闸门开启时的流场场景

① 张尚弘：《都江堰水资源可持续利用及三维虚拟仿真研究》，清华大学 2004 年博士论文，第 106—108 页。

图 7.6　闸门关闭时的流场场景

首先，张尚弘博士的流场模拟还未真正体现“水性”，他过于依赖科学上水力学的理论来模拟流场，而没有融入中国古代“水文化”意义上的水力学。其次，就是流场虽然有动态，但还是流于表面，水的质感还未得到详尽的展现，例如泥沙、砾石在水中的翻滚移动等，只有充分展现流水的质感，才会有更为科学的设计。再次，设计的水闸过于传统，就是一个直线条的几何体，没有流线型结构，也就不是光滑空间中的设计，而是条纹空间中的设计。最后，德勒兹在《资本主义与精神分裂（卷 2）：千高原》中有一个不同常规的设想。德勒兹在论述条纹空间的水利工程时说：“对于水力学的模式来说也是如此：因为，国家自身当然需要一种水力科学（这并未回到魏特夫格[Wittfogel]有关一个帝国之中的大型水力工程的重要性的论述）。然而，此种需要却是采取了一种极为不同的形式，因为国家需要将水力从属于水道、管道、堤岸，而所有这些的功用是阻止湍流，它们迫使运动从一点趋向另一点，迫使空间自身被层化、被度量，迫使流体依赖于固体，迫使流体通过平行的薄层而运动。”[①]但是，游牧科学的水力学模型则“致力于在一个平滑空间之中通过湍流而散布，从而产生出这样一种运动，它掌控了空间，并同时作用于空间中的所有的点，而不是被空间掌控于一种从一点到另一点的运动之中。”[②]从时间上来说，就是从传

① 〔法〕吉尔・德勒兹、菲利克斯・加塔利：《资本主义与精神分裂（卷 2）：千高原》，姜宇辉译，上海书店出版 2010 年版，第 521—522 页。

② 〔法〕吉尔・德勒兹、菲利克斯・加塔利：《资本主义与精神分裂（卷 2）：千高原》，姜宇辉译，上海书店出版 2010 年版，第 522 页。

统的“过去决定未来”方式的设计走向完全不确定性未来的设计，也即从瞬时科学走向时机科学。关于与河流水性相应的设计，德勒兹非常赞同这样的桥梁设计：“而 Perronet 则从一种来自东方的柔韧的模型之中获得灵感：桥梁不应该阻塞或阻碍河流。与桥梁的重力相对，与常规的、厚重的桥墩的层化空间相对，他提出了桥墩的细薄化和不连续性，桥拱的扁圆度，桥梁整体的轻盈和连续变化。”[①]这样的平滑空间中的设计，与其说是设计科学，倒不如说是艺术。现代的工程师往往根据电脑屏幕上虚拟的物质来设计，如在船舶的设计过程中，抽象的空间被赋予具有涌动、黏滞和阻力特性的流体介质以虚拟水的力学与作用效果，随后，数字船舶航行于其中，尽管船体并非任由外力的冲击而随意变形，但最终形式还是体现和蕴含了各种因素的影响。未来在各种各样的能够被人类活动所设计和影响的人造系统中，基于图像界面的现代物性化的游牧式的设计科学将大有用武之地，在计算机超强的运算能力基础之上，人们可以回归到现代意义上的物性科学或时机科学，恢复人的意向性活动中指向感性物的能动力，重新体会作为过程量的“活力学”与“力动”感。这里还需回到前面章节的内容略做论证。

我们知道胡塞尔、海德格尔、德勒兹三位哲学家都对牛顿第二定律做出了他们各自非常精妙的论述，他们的论述虽然出发点不一样，但基本意思是一致的。胡塞尔是从生活世界与穿着理念衣裳的科学世界的差异来研究伽利略科学的；海德格尔从数学筹划的角度来研究伽利略和牛顿的科学，指出“物性”被数学化科学完全遮蔽；德勒兹则从游牧科学来研究。能否把他们的论述统一起来呢？特别是统一到本书前几章我特别强调的胡塞尔内时间意识活动上来论述呢？本书认为在一定程度上是可以的，不过要回到胡塞尔对意向活动所指的观念物的等级分类上去。

胡塞尔在《纯粹现象学通论》中对“观念”的等级做了一个划分，因为意向活动所指向的对象都是一般化的观念对象，但一般化的对象其形式化和抽象化的等级是不一样的，胡塞尔说：“在一般对象领域中现在需要做一重要的区分，这一区分在意义形式学内部反映于‘句法形式’和‘句法基底’或‘材料’之间的区分之内。”[②]像“桌子”的观念与“正方形”的观念化等级就不一样，“正方形”我们可以把它分成“两个三角形”，每

① 〔法〕吉尔·德勒兹、菲利克斯·加塔利：《资本主义与精神分裂（卷2）：千高原》，姜宇辉译，上海书店出版社2012年版，第525页。

②〔德〕胡塞尔：《纯粹现象学通论》，李幼蒸译，商务印书馆1992年版，第64页。

个三角形的内角和是 180°，所以整个正方形的内角和是 360°；正方形的面积是边的平方；正方形的每个角都是 90°；如此等等。像正方形这种观念我们可以把它与别的一般观念如“度”“三角形”“勾股定律”“平方”“角”等等相勾连成为一个严密的形式化体系，但“桌子”这一观念我们很难把它与别的观念做一种形式化上的勾连，它更接近个体化的感性物。个体化感性的物能为我们提供无限开放的视域。回到第三章的图 3.1，如果我们把胡塞尔的视域无限开放的物，与海德格尔充满“物性”的物和德勒兹游牧空间或光滑空间的物相类比，就可以发现它们都体现了人的意识活动的能动力；反之，胡塞尔的替代生活世界的理念的衣裳，与海德格尔数学筹划中的物和德勒兹条纹空间中的物，则体现了人的意识活动中的被动力，成为“死力学”。计算机所提供的可视化图像对人的感知来说，它们完全不同于数学公式表征的对象，而是接近感性物的视觉图像，人对这种视觉图像感知完全可以恢复无穷视域中与“物”的切近甚至交融，每个时刻面对的都是一个异质化新的光滑空间，而不是被那些形式化数学预先规定好的条纹空间。

第八章 泛技术时代寻找“我”的科学研究

在从事自然辩证法概论教学时,我每个学期都给理工科学生讲科学方法中的归纳问题。为了让学生理解归纳问题,我总是先给出如下一列图形:●▲●▲●▲●▲●▲●▲●▲●▲●▲●▲●▲●▲●▲●▲●?然后让学生从左至右看,看完之后问学生“?”处的图形应该是什么图形而且为什么是该图形时,学生们最终几乎都说“搞不定”。当我问他们为什么搞不定时,有的说“只有当下一个图形出现时才能知道‘?’是什么图形”;有的调侃说“如果上自然科学课,‘?’应该是▲,但上哲学课时就不知道是什么图形了”;有高明一些的说“按照概率,下一个图形是▲的概率较高,但仅仅是概率而已,所以搞不定”。从学生们的回答来看,理工科学生都是从外在观察来回答问题,几乎没有一个学生从他内在的感知能力来回答这个问题的。事实上,从内在感知能力来回答这个问题时,答案应该是这样:我们接受感觉的心灵相当于一块白板(即洛克的白板说),当我们从左至右观察那一系列图形时,在“白板”上总是先后出现两种感觉材料,即●和▲,但是我们无论做出多少努力,在我们心中也找不到一根纽带把●和▲这两种感觉材料必然地联系在一起,因此,最后一个●出现之后,下一个图形应该是什么图形,我们就不得而知。当然,理解这样答案的前提条件是学生必须把观察的目光指向自己的内心,要求把观察结果与内心的反思结合起来。

理工科学生之所以回答“搞不定”的原因,可能主要是因为他们从来就没有对自己的思维过程进行过反思,他们总是向外寻求知识,而不是转而向内寻求知识。现代的科学研究大都是做实证性研究,研究的东西都是实实在在的外在对象,如天文现象、物质的运动变化、生物的生长发育等。研究者追问的好像是外在知识,搜集的好像纯粹是外在的数据,甚至处理数据的工具即计算机也是外在的,他们似乎忽略了科学研究还有一种纯思想性的内在研究传统。纯粹思想性的内在研究传统的科学家甚至不愿意去操作实际的仪器,以免把手弄脏,他们也不关心事物本身的状态,只关心自己理性的构造,仅仅在思维领域就可以得出一些有意义的结论,这种结论具有先天性。因此,在现今科学实验和科学观察的时代,重提纯粹内在的思想性研究的科学传统是有重要意义的。

第一节　内时间视域中的“我”

笛卡儿通过普遍怀疑得到“我思故我在”这一无可置疑的命题，在笛卡儿那里“我”即是“我思”，然而“思”必定是在时间流里面的思，也就是说“时间”构成“思”的载体。显然在笛卡儿的机械论的时间观中，这些思都是“点”状地对应着“我”，如此刻的“思”对应着一个“我”（简称“我 1”）；下一刻的“思”对应着一个“我”（简称“我 2”）；再下一刻的“思”又对应着一个“我”（简称“我 3”）；如此等等。那么，这些“我 1”、“我 2”、“我 3”……如何能够统摄为“同一”的“我”呢？这可以简称为关于“我”的休谟问题。休谟说：“有些哲学家们认为我们每一刹那都亲切地意识到所谓我们的自我；认为我们感觉到它的存在和它的存在的继续，并且超出了理证的证信程度那样地确信它的完全的同一性和单纯性。”[①]休漠质疑我思之实体性，若认为我思为心灵实体，必先追问实体观念从何而来？在他看来，无论是源于感觉印象还是源于反省印象都不能使其有任何意义。他继续说：“产生每一个实在观念的，必然是某一个印象。但是自我或人格并不是任何一个印象，而是我们假设若干印象和观念所与之有联系的一种东西。如果有任何印象产生了自我观念，那么那个印象在我们一生全部过程中必然继续同一不变；因为自我被假设为是以那种方式存在的。但是并没有任何恒定而不变的印象。痛苦与快乐、悲伤与喜悦、情感和感觉，互相接续而来，从来不全部同时存在。因此，自我观念是不能由这些印象中任何一个或从任何别的印象得来的；因此，也就没有那样一个观念。”[②]所以说，自我必定不能从任何一个印象得来，自然也就没有一个自我的观念。

当然，休谟对自我同一性的怀疑的基点同样基于机械的点状的时间观念，每一个时间点上的知觉都是彼此独立的、互相分离的、转瞬即逝的，整个的知觉系列都处于不断的变化之中。他说：“所有这些知觉都是相互差异、并且可以相互区别、相互分离的，因而是可以分别考虑，可以分别存在。”[③]正因为如此，对于自我的同一性的构造就超出了任何理智的范围：

① 〔英〕休谟：《人性论》，官文运译，商务印书馆 1996 年版，第 281 页。

② 〔英〕休谟：《人性论》，官文运译，商务印书馆 1996 年版，第 281—282 页。

③ 〔英〕休谟：《人性论》，官文运译，商务印书馆 1996 年版，第 282 页。

“简单地说，有两个原则，我不能使它们成为互相一致，同时我也不能抛弃两者中的任何一个。这两个原则就是：我们全部的各别知觉都是各别的存在物；而且心灵在各别的存在物之间无法知觉到任何实在的联系。我们的知觉如果寓存于某种简单的、个体的东西中，或者如果心灵在它们中间知觉到某种实在的联系，那么在这种情况下，将没有什么困难。就我而论，我不得不要求一个怀疑主义者的特权，并且承认，这个困难太大了，不是我的理智所能解决的。”①

的确，在机械论的点状时间观的视野中，休谟对“我”的解构是致命的。但是，在内时间意识中，“我”的构造却是可以挽救和恢复的，因为内时间意识抛却了机械论的点状时间观，那种时间的晕状结构或时间的厚度刚好为“我”的发生和构造提供了条件。

按照胡塞尔的理论，在我们主动地知觉（观察或注意）一个对象之前，总是已经有某种东西“预先被给定”了。这种“预先被给定”的东西即是一个知觉活动的背景，或者说是一个“知觉场”。在胡塞尔看来，知觉场虽然不包含自我的任何主动构成或赋予意义成就，但这并不意味着它就是一种纯然的混乱状态，而是一个“具有特定结构、具有被突出状态和被分化的特殊性的场”。也就是说，“知觉场”虽然没有自我的主动参与，但已经隐含了某种被动的“构成性综合”。胡塞尔指出，知觉之“被动综合”的最原初形式是内在时间意识。在一个整体知觉场之中，作为纯粹被动的内在意识流，都已经隐含了一种相继与共存的普遍秩序形式。因此，时间意识是一般同一性之统一的构成的发源地。具体而言，任何一个当下感觉或原初印象都不是孤立的意识片断，而是伴随着相应的滞留和前摄。即是说，刚刚成为过去的当下意识（滞留）、即将到来的当下意识（前摄）以及眼前的当下意识（原初印象）恰恰属于同一个意识、同一个“感觉场”。在这个意义上，正是内时间意识保证了整体知觉场以及其中任何具体感觉场的连续性和统一性，同时保证了“我”的统一性。

第二节　能够体验到研究主体“我”的古典科学

柏拉图在《美诺篇》中认为，在获取几何学真理的知识时，心灵回忆起先前发生过的经历，而真理恰恰是在这种经历中获得的。因此，是苏格拉底、柏拉图开启了向内寻求知识的先河，其体现就是苏格拉底所说的“认

---

①〔英〕休谟：《人性论》，官文运译，商务印书馆 1996 年版，第 673 页。

识你自己”。此后，向内心寻求知识成为西方哲学家工作的主要方向，无论是唯理论哲学家还是经验论哲学家都是如此，只是大多数唯理论哲学家还持一种先天知识论。有的理性主义哲学家会把先天知识当作知识的逻辑条件，如康德的先天范畴就是知识得以成立的逻辑条件；有的理性主义哲学家会把它当作一种理性直觉，笛卡儿和胡塞尔就是这样。笛卡儿认为先天的知识来自一种理性的直觉，这种理性的直觉不同于感官的或想象力的直觉。

按照德国哲学家莱纳赫在《什么是现象学？》一文中的界定，先天知识应具备如下两个标准：①所有先天知识无一例外地具有无可争议的明晰性，也就是说，我们有能力直接直观到它最后给出的内容。凡在对象本质中具有基础的东西，可以在本质直观中见到它的最终给定性。②还有一类先天知识，它不是从其本身直观辨别出来的，而是从其他知识推导出来的，但是其所由推导出来的知识最后也需要推回到条件①所言的具有无可争议的明晰性。[①]因此，先天知识最为关键的是要满足第一个标准，得到“无可争议”的明晰性知识。

最为审慎地得到无可争议性的方法，我认为只有走笛卡儿的认识论途径：排除一切成见；找出能够用来建立一切知识的基础；发现错误的原因；清楚且明晰地理解一切事物。[②]这个途径的前三项要求怀疑一切，找到唯一一个不能再怀疑的“我思”这一活动。所以，要清楚而明晰地理解事物，我们要有“我思”活动的回归，通过我思活动回归的清晰性和彻底性从而保证我思活动所指对象的无可争议的明晰性，这就是胡塞尔的意向性理论的本质结构部分（意向活动→意向对象）。我思活动所指对象绝不是外界的实在对象，外界的实在对象展现给我们的是一个无穷的视域，这一无穷的视域不可能具有无可争议的明晰性，因此，它只能是我自己构造的思想对象，也就是说，我思所指向的是我思构造的超越于我思活动的思想对象（又称为“内在的超越”）。这说明了先天知识的一个基本特征就是内在性，它是靠我们内省“我思”得到的。笛卡儿说：“不论在任何场合，我们在知道一种事物时，同时必须更确乎知道我们自己的心。例如，我如果因为触着地球，看到地球，因而判断地球是存在的，则我更可以本着同样的根据和更大的理由，相信我的心灵是存在的。因为我虽然以为自己触着地球，

① 倪梁康主编：《面对实事本身——现象学经典文选》，东方出版社 2000 年版，第 285 页。

② 〔荷〕斯宾诺莎：《笛卡尔哲学原理（依几何学方式证明）》，王荫庭、洪汉鼎译，商务印书馆 1997 年版，第 43 页。

可是它也许是不存在的；但是我既然如此判断，则这样判断的心，当然不能不存在。关于呈现于我们心灵的一切物象，我们都可以如此说。”[①]这样，康德接着笛卡儿的话来说：“‘我思’必须能够伴随着我的一切表象。”康德的意思是，直观的一切杂多，在同一个主体里与“我思”有一种必然联系，“我思”成了每一个我的表象的必然主体，这即康德的著名的先验演绎理论。当然，对于所有的知识判断都做“我思”的还原是极为艰难的，即使康德在《自然科学的形而上学基础》中也未能严格地依据先验的标准对运动学、动力学和力学做“我思”的还原。但是，对于最简单的知识我们总是可以还原到“我的”直觉，此即“我思”；也就是说在原初处，“我思”与“我思之物”可以统一起来，如笛卡儿的“我思、我在”的直觉就是“我思”与“我思之物”的统一。或者说，在原初处的直觉已经凸显出了“我思”，所以当教师给学生证明几何学题目时，如果证明所引用的定理最后还原到欧几里得的五个几何学公理上去，学生往往会说“‘我’彻底明白了”，这个回答里面就隐含了“我思”。

笛卡儿的科学是最标准的先天内在的科学，它详尽地体现在斯宾诺莎于《笛卡尔哲学原理（依几何学方式证明）》中对笛卡儿科学的极其完美的呈现之中。在《笛卡尔哲学原理（依几何学方式证明）》中，斯宾诺莎分两篇的章节来论述笛卡儿在“我思、我在”基础上所建立的诸科学命题。第一篇主要是论述思想中的“我”是构成所有知识确定性的前提，我对于我自身以外的事物绝对没有做判断，它所谈论的只是在我们自身之中发现的东西，而且因为“我”的本质就是在于思维，所以，严格说来，我们所能清晰地认识的东西只是在我自己的思维之中。接下来在《笛卡尔哲学原理（依几何学方式证明）》的第二篇中，斯宾诺莎从 8 个原初直觉意义上的公设入手得到 21 个公理[②]，这 21 个公理都具有无可争议的直觉上的明晰性。8 个公设中撇开像“广延”和“实体”这种具有先天直觉的明晰性的概念外，像“原子”的界说“就其本性是不可分的物质的一部分”也是先天的直觉知识，因为其本身的定义没有任何前提条件。21 个公理都是最简单的物理命题，是无须任何的实际经验就可以领会的，然后，由这些自明的公理可以先天地演绎出一系列的命题。

斯宾诺莎的笛卡儿式论证是一个标准的思想领域中的先天论证，它非

---

① 〔法〕笛卡尔：《笛卡尔思辨哲学》，尚建新等译，九州出版社 2006 年版，第 64—65 页。

② 〔荷〕斯宾诺莎：《笛卡尔哲学原理（依几何学方式证明）》，王荫庭、洪汉鼎译，商务印书馆 1997 年版，第 85—86 页。

常清晰地展现了笛卡儿的机械论运动观，即限于形状、尺寸、量与运动这些概念来解释所有的现象，借此提出一种严格的，只有通过接触作用才可能设想的因果理论，把自然界的运作类比于机械，所有的变化都是由于物体间的啮合或者一个物体撞击另一个物体而传递运动。后面的命题十六和由命题十八至命题三十一组成的“动量守恒定律”就研究物体撞击而传递运动的规律，其证明同样是标准的先天论证。斯宾诺莎的推演是一个逻辑非常严密的形式化推演系统，所有在这个推演系统内的物理学命题都是纯粹思想领域中的物理学命题，都符合笛卡儿说的“应该仅仅考察我们的心灵似乎就足以获得确定无疑的认识的那些对象”①的特点。

笛卡儿的科学虽然可以称为是最标准的内在先天科学，但笛卡儿对科学史真正起重大影响作用的并不是其诸科学命题本身，而是笛卡儿在“我思故我在”基础上建立起来的机械论自然观，整个近代科学革命可以说都是机械论自然观的革命。近代与笛卡儿同时代建立起在科学史上具有影响的科学结论的是开普勒和伽利略，他们所开创（与其说开创，倒不如说发扬光大）的是科学的数学化传统。现代科学中的数学化就是科研工作者常用的数据处理，数据收集是从外在测量得到的，似乎科学研究完全是一个经验性实证研究的过程。事实上，仔细考察开普勒与伽利略等科学家的研究，他们的数学化完全不是现代数据处理意义上的数学化，他们的数学化是数学化的自己心中所建构的对象或者说模型。

随着科学技术的发展，数据处理是现代年轻科学家培养的必训之课，理工科研究者是这样，社会科学研究也是这样，似乎通过测量收集数据进而处理数据是现代科学研究的坦途。当然数据的测量和处理具有很大的优势，苏格拉底很早就认为，由于我们的感官总是受欺骗，而且缺乏客观性，要获得真正的客观性的呈现，这种呈现将依赖于度量、计算和称重等技艺。在《国家篇》对话中，苏格拉底说“同一样东西从远处看和近处看，在人的眼睛里显得不一样大。……同一事物在水里看和在水面上看曲直不同……测量、计数和称重已被证明是对这些弱点最好的补救，可以防止我们的灵魂受到‘好像比较大’、‘好像比较小’、‘好像比较多’、‘好像比较重’这类观念的支配，而把支配权赋予确定的数量、数值和重量。”②因此，测量是确定客观性的有效手段。但是，千万别误以为仅凭测量就可以自然

① 〔法〕笛卡尔：《探求真理的指导原则》，管震湖译，商务印书馆 2005 年版，第 5 页。

② 〔古希腊〕柏拉图：《柏拉图全集（第二卷）》，王晓朝译，人民出版社 2003 年版，第 624 页。

而然地发现出用数学公式表征出来的科学规律。因为，科学家用数学公式表征的规律往往是自己所直观到的数学模型中本身体现出来的数学规律，而不是测量数据所显示出来的。

先看开普勒，开普勒尽管基于第谷的观测数据总结出来开普勒三定律，但最令开普勒欣喜若狂的是他在《宇宙的奥秘》中对正多面体的宇宙模型的发现①。开普勒是毕达哥拉斯和柏拉图宇宙论的诠释者，他们都认为上帝用五种正多面体，即正四面体、立方体、正八面体、正十二面体和正二十面体，来创造天地万物。而我们所在的太阳系是最完美的一个星系，肯定体现上帝的精心设计，这种精心设计应该体现在上帝造物的五种正多面体之中；而且五个正多面体刚好可以区划出来六个轨道球，它们刚好对应当时天文观测所发现的六大行星的轨道。开普勒发现，当时已知六颗行星的轨道半径比，大致等于把假想的行星天球内切和外接于在其间恰当分布的五个正多面体时所得出的轨道球半径之比。开普勒此一半径比的计算，完全是基于自己心中所构造出来的轨道球半径比计算出来的，而不是根据经验观测数据计算出来的。事实上，当时的第谷虽然观测到了很多精确的数据，但是第谷并不能由此数据得到一个合理的数学规律。对此，吴以义先生评论道：“值得特别留意的，是开普勒认为的，他的理论的先验特征。这是相对于哥白尼的、尤其是第谷的工作而言的：此二子所为，是从经验数据出发对天象的描述、以及在描述的基础上所作的预测；而开普勒所努力追求的，是对天体运动的解释，远远先于经验而仅仅后于上帝而已。”②

再看伽利略。在通常人看来，伽利略以其实验科学家的身份著称于世，例如自由落体运动的斜面实验，用自制的望远镜观察月球发现环形山和太阳上的黑子等等。然而，伽利略在《关于两门新科学的对话》中并未给出斜面实验具体的时间和位移的测量数据（因为伽利略用水钟测量落体运动的时间的精确度不够），然后根据数据来计算出下落位移与时间的平方成正比的规律，而是依据他所构造的关于加速运动的数学模型进行纯思维领域的推理得出的一个结论。就伽利略的研究文本来看，伽利略关于自由落体运动规律的研究最终是基于匀加速运动的几何学模型的代数化的先天研究。柯瓦雷对此评论道：“他根本不是在经验领域中寻求他的理论基础。

---

① 〔美〕埃德温·阿瑟·伯特：《近代物理科学的形而上学基础》，张卜天译，湖南科学技术出版社2012年版，第45页。

② 吴以义：《从哥白尼到牛顿：日心学说的确立》，上海人民出版社2013年版，第207页。

他清楚地知道，这是不可能的，而且他也知道，实验，甚至是那些在具体条件下所进行的实验……都不可能给出通过分析抽象情形所预测的结果。因此，他并不要求实验能做到这一点。”[①]事实上，伽利略本人也明确地说过，他的结论并不依赖于实验。在运用思想实验证明了惯性定理以后，当亚里士多德的代言人辛普问伽利略的支持者萨尔说：“原来你并没有反复做过实验，甚至连一次也没有做过么？而你为什么这样信口开河地声称这是肯定无疑的呢？”萨尔回应他说：“不靠实验，我也敢保证结果将和我告诉你的一样，因为它一定会是这样。”[②]柯瓦雷评论伽利略的物理学说：“好的物理学是被先验地做出来的。”[③]

综上，开普勒与伽利略所得到的数学化的物理规律都是对心中构造的理想化几何模型的数学化，与真实的实际测量无必然关系。库恩在《测量在现代物理科学中的作用》一文中说：“自然科学家所进行的哪怕是最好的和最有创造性的测量，也只有一小部分，其动机是想发现新的定量规律或确认老的规律。几乎只有极少数真能起到这些作用。”[④]。库恩的意思是真正的实验测量在科学发现中的作用是有限的，很多科学理论都是在实验室测量之前提出的。例如，牛顿在 17 世纪晚期提出他的理论的时候，只有他的第三定律（即作用力与反作用力相等）能够用实验直接去研究；第二定律（f=ma）的第一次直接明确的证明一直等到离牛顿的《自然哲学的数学原理》发表后约一个世纪后的阿脱伍德机[⑤]发明出来之后才得以进行。库恩还举了道尔顿原子论的例子，通常我们的教科书告诉我们的是定量分析得出了道尔顿的原子论，但事实却相反，是道尔顿的原子论是定量分析技术的基础。[⑥]

康德早就说过，真正作为物自体的世界是不可理解的，人们所能做的

---

① 〔法〕亚历山大 · 柯瓦雷：《伽利略研究》，刘胜利译，北京大学出版社 2008 年版，第 176 页。

② 〔意〕伽利略：《关于托勒密和哥白尼两大世界体系的对话》，周煦良等译，北京大学出版社 2006 年版，第 103 页。

③ 〔法〕亚历山大 · 柯瓦雷：《伽利略研究》，刘胜利译，北京大学出版社 2008 年版，第 259 页。

④ 〔美〕托马斯 · S. 库恩：《必要的张力》，范岱年等译，北京大学出版社 2004 年版，第 183 页。

⑤ 阿脱伍德机是由英国牧师、数学家兼物理学家乔治 · 阿脱伍德在 1784 年发表的《关于物体的直线运动和转动》一文中提出的，用于测量加速度及验证运动定律的机械。此机械现在经常出现于学校教学中，用来解释物理学的原理，尤其是力学。

⑥ 〔美〕托马斯 · S. 库恩：《必要的张力》，范岱年等译，北京大学出版社 2004 年版，第 190 页。

是构建可以被理解的直觉模型，但这与世界本身的可理解性完全不同。所以，客观世界对于人们的理解性直觉来说是没有意义的。上面所论数学化的诸例非常符合康德的认识论哲学。在康德看来，数学知识虽然是涉及对象的知识，但是这对象并不是自在的对象本身，也不是后天经验性的内容，而是由主体先验地建立起来并综合而成的对象，实际上是主体所确立起来的一种普遍必然性，一种表象之间的固定关系。康德的先验理论作为认识论的一个首要特点就是它与以前的形而上学认识论不一样，它不再论及独立于我们的认识能力之外的超越物，而是只在认识之中来谈论认识对象。康德的认识论可以说在这方面继承了笛卡儿内察的认识论传统，因为笛卡儿早就认为我们对物的认识与物本身是有一个本质的区分的。对于康德的认识论而言，认识具有先天形式，正是这些先天形式的存在才使得我们认识事物，然而这些先天形式（如时间、空间和知性范畴）并不是加在外在于主体的物自体上，而是加在主体自己所构造的内在对象上面。因此，与其说我们认识世界，倒不如说我们认识自己。整个近代科学的数学化都体现了这样的特点，科恩称之为“牛顿风格”，即牛顿所关注的是科学模型的可理解性，而不是世界本身的可理解性。“牛顿风格的一个特点是，用数学而不是用一系列实验导致了对宇宙及其运动方式的深刻认识。”①

国内很多科学工作者做科学研究的时候都缺乏向内做研究的维度，即通过内省获取科学研究的起点。或者他们也想内省，如有一些科学工作者喜欢读佛学著作《心经》，甚至能倒背如流，他们似乎用此抵抗那些枯燥的、漫无边际的客观化思维，以达到一种内心宁静的修心目的。殊不知，科学本身也需要内敛的心态，所以，真正的科学家内省能力同时也非常强，在制高点上能做到科学与哲学的沟通。另外，我虽然论证了数学化实际上是数学化自己心中建构起来的模型，但并不否认现代科学家即使先不建立模型而通过单纯处理客观数据也能得出一系列有意义的科学结论的事实。只是在这么一个实验和数据处理泛化的一味向外求知的时代，要提醒科学家还应有一条与之不同的、内向型“心识学”的科研途径。说得极端一些，即使是客观化的测量，实际上也是向内寻求获得的，只是这种向内寻求在平时对于我们而言是隐而不显的。例如，我们说泰山的高度是 1545 米，听起来当然是泰山的高度，但实际上我们把泰山当成一根抽象的高度线，然后把它与泰山底下某个相似三角线相类比而计算出来的数值（图 8.1）。

① 〔美〕I. B. 科恩：《牛顿革命》，颜锋、弓鸿午、欧阳光明译，江西教育出版社 1999 年版，第 72 页。

这里面隐含的是我们的心灵对泰山高度几何线的抽象、相似三角形的构造等等，因此所计算出来的高度完全是心灵构造物即抽象的几何线条的高度。另外，严格地说，我们计算出来的抽象几何线条的高度也绝不可能是泰山本来的真正的高度，它与其本身的真正高度相比，总是存在一定的误差的，真正泰山的高度我们是说不出的，我们所说出的 1545 米是我们先构造出一根近似于泰山高度的抽象几何线条，然后通过数学的办法计算出它的数值。几乎所有的测量都具有这样的特点，我们测量的东西实际上是我们心中的构造物，这种构造物与实际物只是近似，但绝不是实际物本身。

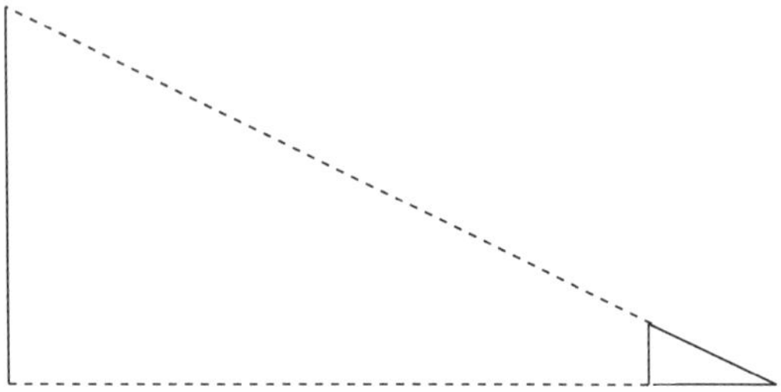

图 8.1 通过相似三角形进行测量

第三节 “技术化科学”与“我”的失落

技术本身对世界的揭示是值得现代科技哲学家加以注意的事情。仪器以不同的方式为理论的变化做出了重要的贡献，所以在提出一个单一理论时忽略仪器在理论变化中的影响是不正确的。新的仪器观察到的现象可能会使得当下理论受到质疑；新的仪器也可以刺激新的科学的发展。最为典型的例子是伽利略的天文望远镜，望远镜不是伽利略发明的，但他是第一个将望远镜应用到科学上的人。1609 年伽利略发表了星座报告，其中包括他采用天文望远镜观察月球搜集到的数据，根据当时对于宇宙构成与演化的理论，月球是一个完美的独立的天体，如同天堂一样表面光滑而没有褶皱。亚里士多德的地心说理论，地球是一个不断变化的主体而天堂则不是这样的，伽利略的观察报告显示月球不是一个完美的球体，它包含了山脉和陨石坑，这与亚里士多德的地心说背道相驰。地心说认为宇宙只有一个中心即地球，所有的天体都是围绕地球转，但伽利略的观察报告揭示了木星拥有卫星的事实，根据他的说法，如果木星拥有卫星，那么宇宙将拥有很多“中心”。一言以蔽之，地心说存在很大的错误，这给亚里士多德哲学派主张的地心说造成了巨大的打击。伽利略天文望远镜的观察结果终结了亚里士多德地心说并最终取代了牛顿经典力学，其中仪器发挥了关键性作用。随着伽利略对月球和木星观察报告的发表，人类潜意识里对世界的认识发生了变化。也就是说，从一个很现实的层面上，所谓“观察”的意义已经发生了变化，因为仪器使得我们有可能发现那些迄今尚不能看到的事物。

还有一个例子就是显微镜。显微镜与放大镜在科学的发展中所起的作用不同，对于显微镜，我们不说它在理论发生变化中发挥的作用，我们更加关注的是由显微镜衍生的另一类科学——细胞学，细胞学不仅是一种新的理论，同时也是一门新兴的完整的科学。最早的显微镜是由伽利略在 17 世纪早期发明的，之后列文虎克报道了大量的显微镜观察数据，而罗伯特 · 胡克的微生物成了显微镜最初的观察对象。与放大镜相似，显微镜可以让我们观察到很多以前看不到的东西，然而早些时候，通过显微镜所观察到的东西都不是很清晰，于是人们发明了一些新的词汇试图对这个新打开的微观世界的组成给出一些解释，如列文虎克的“微生物”、胡克的“细胞”。但是，由于缺乏微观领域的理论，人们对于这个微观世界正在进行的现象不了解，这些到底是什么？他们为什么这样做？这些问题直到两个世纪之后的细胞学理论中才有了系统的解答，在这中间的两百年，科学家不断改进仪器，其中有很大一部分的改进是为了提高显微镜的放大水平。细胞学理论的发展源于人们对于人类疾病致因的探索，人们试图采用显微镜来观察人类器官的组成，结果徒劳无功，因为没人能清楚地解释他们所观察的现象，从某些方面来说，这和胡克的观察结果是一样的，他们所面临的问题只能通过泰奥多尔 · 施旺和雅各布 · 施莱登等 1839 年提出的染色技术解释。因此，在这种情况下，为解释测量结果所揭示的现象，我们需要提高仪器的水平，和望远镜一样，显微镜在揭示微观世界方面越来越有用，而我们通过观察到的数据来识别理论发生的变化也越来越可靠。

显微镜和望远镜对人观察的介入实际上是对人的感知的介入。由一组透镜组成的光学望远镜或显微镜，按伊德的说法，它们与人的关系是一种“具身关系”。跟戴近视眼镜差不多，人借助眼镜或光学望远镜看世界，人并未意识到他所使用的工具的存在，只有当它们出毛病时人们才意识到它们的存在，因此，在正常情况下使用光学望远镜进行观察的结果具有私人透明性，也就是观察到的东西以及观察活动是观察者当下能意识到的，具有当下的确定性（当然，也不是那么简单地就当下确定的。例如，伽利略用望远镜发现太阳的黑子后，有人认为那是伽利略的望远镜变的魔术。)，但是对于复杂的望远镜和显微镜就不是这样当下确定感觉材料的。以现代天文观察为例，现在用射电望远镜对天体进行观察时并不是天文学家对着天文望远镜目镜的观察，现代的目镜被冷却的氮或氦的 CCD 光谱仪所取代，天文学家是在一个分开的房间观察他们的计算机屏幕，当某种奇怪的东西出现在屏幕上时，天文学家不能用那台望远镜来观察。大多数时候，天文学家甚至不能看见屏幕上观察到对象的图片，而仅仅是一些图形，是一些通过电压耦合器元件探测到的光谱然后由计算机绘制出来的图形。天文学家在荧屏上见到的图形已经经过光子的多样转换和计算机的电子变形，直到最后，电子回到计算机的荧屏成为图像管里的光子。所以，整个天文观察是非常间接的事情。

以射电望远镜技术作中介的观察与非中介的观察是不一样的，射电望远镜与人之间的关系按伊德的说法是“诠释关系”，就像读温度计一样，我们读到的不是对世界的真实的温度感觉，而是由温度计显示出来的对世界的数字化温度，我们对世界的观察最终要依赖于对技术显示出来的数据加以诠释。通过射电望远镜观察的技术中介要比温度计复杂得多，整个观察可以说是淹没在技术的海洋之中，因为真正大型望远镜需要大量的厂房，需要高度复杂的基础技术来生产机器和镜片，还需要电力来带动仪器，而且，一旦启动摄影机，所有零件都要准确配合来得到高质量的夜间相片，此外还要有解释产品的光学理论，需要协调系统方位和综合信息得到图片的计算机等。与人的直接身体感知的当下确定性相比，在这种强大技术介入的情况下我们的观察发生了什么变化呢?

变化主要表现在人对观察的认知体验与对观察结果的信念的巨大分离上。在非中介的认知中这两者通常是结合在一起的，如我看到白色的墙并说“墙是白的”的时候，如果你反问我：“墙真的是白的吗？”，我会立马非常肯定地告诉你：“墙的的确确是白的”，好像无可置疑似的。但是，如果我用望远镜或显微镜来观察墙的颜色的时候，我说“墙是白的”，此时如果你再反问我：“墙真的是白的吗”？我会有所犹豫，甚至不敢确定。除非我对望远镜和显微镜的使用非常熟练，我才能做出相对肯定的回答。对于像射电望远镜或电子显微镜这样的观察工具而言，我们对观察到的结果与对结果的信任之间会产生巨大的分离则是必然的。这就造成这种强大技术基础的科学研究认识论的两难：尽管我们知道这些数据不值得信任，但我们还得相信它，而且如果我们不相信这些数据，我们的工作不知还能开展多久。

技术介入对人除了在感觉上产生变化之外，在知觉上也会产生变化。戴维斯·贝尔德（Davis Baird）在《压缩知识：直接阅读分光计》一文中开宗明义地表达了他的器械知识论的观点“科学仪器本身是知识的表达”。贝尔德讲述了分光计及其发展的故事，分光计是用来做元素的化学分析用的，因为每种元素燃烧时释放出它自己的特征波长，由此可以分析光源中元素的属性和含量。如何搞出一个快而准确的方法来确定镁合金中钙的含量呢？传统的化学分光光度法需要太长的时间，于是一位研究者试图用光电倍增管来代替照相胶片，在解决了一系列问题之后，1944 年一种直接阅读的分光计开始投入使用，每个月可以分析 4000 个镁样品。使用这种仪器，哪怕是没有相关的化学知识，只要会对照光谱图加以识辨，就能做出一个正确的知觉判断。

调节原则发挥作用往往是以合目的性来发生的，也就是说，我们虽然不能证明自然界是有目的地组织起来的，但是我们必须把自然界看成仿佛它是有目的地组织起来的，进而把我们的经验知识进一步系统化。在这种自然的合目的性中往往出现巨大的美感，例如当发现自由落体定律和天体运行规律被统一在万有引力规律之下时就令人惊叹，而正是这种快感引领我们去追求自然的系统统一性的各种知识，也正是这种愉快的美感往往对科学的变革起着决定性的作用。科学认识如果没有这种美感，没有最初对大自然的惊奇感，没有对大千世界形式上合乎目的性产生的快感，人们也不会去认识自然，去发现自然界的各种各样的规律。

然而，一旦科学研究的技术基础变得复杂化，调节原则的“合目的性”就会被技术发展本身的“目的性”替代。因为技术本身的发展有一种自我发展和演化的倾向，我们人只是技术演化体系中的一个要素而已。所以，一般来说是瓦特发明了蒸汽机，好像没有瓦特蒸汽机就发明不出来，事实上是没有瓦特蒸汽机照样会发明出来，我们说瓦特是蒸汽机的发明者是有问题的，因为除了瓦特之外，与他同时代还有其他人也造出了蒸汽机，只是瓦特的蒸汽机当时在矿山里干活效率非常高、非常出名而已。同样，没有爱迪生，电灯也会被发明出来的，没有某一位计算机专家，计算机一样会一代一代地更替向前发展。如果这样，由于技术在一定程度上具有自进化的功能，又由于技术工具本身是知识的表达，科学知识的变革或新的知识体系的形成必因技术工具的革新而发生。这样康德那里自然的合目的性先天调节原则因科学的技术基础的复杂化而转化为技术进化本身的目的性，最终对人产生的合乎目的的快感由技术系统的进化目的所替代。对于以强大的技术为基础的科学而言，个人主观能渗入的部分会越来越少，所以我们常常看到一些大科学的科研成果署名多达数十人，这使得个人天才式的审美能力发挥不出来，或者说强大的技术构架会掩埋个人的天才思想。或许会有一天不再有任何伟大的学者，只有一个伟大的科研团队领导者，而任何一个坐在同样位置的领导者都会做出同样伟大的科学发现。

因此，在感性、知性和理性方面，我们现在的科研工作者都有被技术绑架的危险，在感性方面，我们因技术的介入而变得对原始材料的信任危机；在知性方面，我们因技术的介入而没有直接的知性，只有间接的知性；在理性方面，我们的合目的性的调节原则被技术自演化的目的性原则替代。最后的结论就是科学工作者因技术的复杂化难以获得对世界的原初直觉，只有在原初直觉的基础上，我们的感性、知性和理性才能完美地协调，此时我们才能有“我”的体验。

第四节　技术介入的伦理特征

现在工程伦理成为国内科技哲学界和伦理学界讨论的一个热点话题，关于这个话题的讨论的主要原因是现实社会中有许多工程技术所带来的社会问题是工程师的社会责任感不强所导致的，如工业生产所导致的环境污染、偷工减料而导致的劣等设计等，这些涉及一个人的基本道德品质问题，它完全可以通过像对待其他公民一样，用法制或社会规范来加以约束，但这不是本节所要讨论的范围。本节要讨论的是在自动化技术发展的过程中，工程师是否有能力承担由自动化本身的发展所带来的社会责任的问题。

道德看上去是一个主观的私人的内容，一个人想要做什么和不想要做什么完全可由他自己决定，因为人的意志力才是真正先天的东西，这样从人的主观意志就可以预期一个客观的结果，而且人还得为这种结果负责，产生责任感。技术专家设计和制造工具的过程，按理它与人们日常的实践过程是一样的，可以由人的欲望和意志来控制专家们自己所设计和制造的产品的形式，因为从古典的观点来看，人们生产的产品是由人类自己的观念来决定的，而由于产品的观念在先，然后在实践过程中把产品实现出来，使得策划产品的观念成为人们实践的动机。这种观点把技术活动的结果——人造物——的“目的性”抛开出来，认为人造物本身并没有自己的目的性，或者说人造物本身只是由人支配的一个工具，技术似乎是一种中介、一种手段、一种纯粹的方法而没有其本身的目的。人的实践行为的结果完全由人来负责，用一句通常的话来说就是：“枪不会杀人，而是人杀人”。该观点倾向于把所有的道德伦理压力都推给人类而非技术，人类有其自身的目的，而技术则没有。然而，在一个技术高度发展的时代，在一个技术成为高度复杂体系化的时代，这种人类统治和自决只能是一种神话。

技术本身的自治性和非中立性思想早已由埃吕尔提出，埃吕尔认为技术绝非一种简单被使用的器具，而是一个系统。芒福德认为技术系统是一个巨大的机器（Megamachine—— 一个完全受技术支配的社会体系）。伊德在他的“技术科学”思想中也持这种观点。伊德早期主要是从海德格尔的技术本身的解蔽作用来谈的，例如，通常我们认为是我们人发现了自然秘密，但实际上是由工具揭示出来的，有了某项技术，一些隐蔽的自然现象你不想发现它也会出来。伊德主要是把意向性当作一种揭示事物新的本质的能力，既然射电望远镜、温度计及其他许多工具都具有这种能力，伊德就称之为“工具‘意向性’”，这在更多的意义上是一种比喻的用法，伊德自己也说：“我之所以用这种有些隐喻的意义把意向性放入引号中是因为我不想使机器神化，我也不想赋予它们以任何像意识之类的东西。”[①]当然，伊德的技术非中立性要比文化社会学意义上的技术非中立性的含义要窄得多，它主要是指科学发现的技术的非中立性，或者是指科学认知的技术的非中立性。因此，无论伊德怎样为其工具“意向性”辩解，他还是隐含一种技术自主意向性的意思，这在他的很多著作中都有体现，事实上在《工具实在论》中伊德提出了一种由工具“意向性”所揭示的自然实在，这种实在只能依赖于工具才能存在，是一种二级知觉实体，像二氧化碳、氧气、氦气等都是依赖于实验仪器才能发现出来的。因此，伊德从技术的认知性特点奠定了技术本身的目的性（意向性）。

技术系统自身的目的性事实上从古代技术对于人类文化的影响就能看出来。培根认为人类文明的进程是由技术本身而不是人本身推动的。后来蒸汽机技术和电动化技术所引发的两次大的产业革命就更是我们所熟知，它们开创了一个机械化时代，当时的工人们被称为“工厂手”（factory hand）或机器的一部分，伴随工业革命开始的机械化被认为是自动化的第一阶段。第二阶段是半自动化机器阶段，开始于 20 世纪早期。然而，真正使得技术成为一个有目的的系统（即自动化技术）是从 20 世纪 50 年代

---

① Ihde D， *Technics and Praxis：A philosophy of Technology*，Dorderecht：Reidel Publishing Company，1979，P. 77.

维纳的控制论开始的，控制论使机器的自主能力逐步增强而显示出一定的智能，这就是计算机自动化机械和控制机械的全自动化都在加速出现的第三阶段。

对于自动化对社会的影响，乐观者跟悲观者一样多，乐观者认为自动化领域会使未来的技术进步、提高生产力的效率，它能够通过把工人从辛苦和单调的劳动力解放出来从而减少了劳动者的压力。悲观者和批评家还认为自动化会使得机器取代工人，使得失业人数增加，而且把人类卷入自动化机器系统中去而使得人类最终服从机器系统运转的逻辑。自动化不仅使人类从日常工作的机械操作中得到自由；它也使得机器从由于人类的局限施加其上的限制中获得自由，这样，人类逐渐失去了自己的主动性而去迎合机器快速运转的效率，变成追求效率的奴隶，甚至会变成一个消极的、没有目的、机械环境性的动物。

自动化技术本身的目的性使得人不得不服从或适应技术本身的目的，从而对社会和人产生一些不确定的与难以预料的结果，这种结果是工程师在设计之前难以预料的。因此，工程师的设计道德看起来似乎是工程师本人的一个内在的范畴，但是，对于“人+技术”这个系统而言，特别是对于“人+自动化技术”这个系统而言，道德会慢慢地转化出来成为“人+技术”这个系统本身的道德，其中人真正能够支配的会越来越少。这就与上帝创造人一样，本来上帝是一个尽善尽美的化身，恶本来不是上帝的道德，但是一旦上帝把人造出来之后，人就有了恶这种道德，人类的恶是连上帝都不能驾驭的，甚至当地球上的人类的道德败坏沦丧到极点之后，上帝也只是发怒，发一次大的洪水而已。后来人们的各种贪欲和恶行还是照样横行。

通常，我们总是把道德规范作为技术设计的一个重要因素，用它来调节我们的设计。但是，新技术对于道德的突破的力量要远远大于道德对技术的束缚力量。这一点对于使用技术的人会产生更多的危险，因为不同的使用者随时都会把技术的那种内在的目的给实现出来。

因此，在一个高度自动化的时代，工程师只是技术进化的一个促动元素，纯粹地说，他们没有能力承担因设计而导致的社会责任。因为“人+技术”系统的进化会出现许多难以预料的后果，使得我们共同约定的道德前提根本没有办法贯穿下来得到一个可以预见的理想的结果，或者说唯动机论的道德演绎根本不能适合于人与自动化技术结为一体的系统。对于人与自动化技术结为一体的系统而言，我们不仅要约定道德前提，也要随时约定新的道德结论，而且从前提到结论也不是演绎关系，它们只是前后不同的约定而已。至于要抑制一些具有极端危害性的技术后果，绝不是简单地培养工程师的社会责任感就可以的，它必须由极权权威机构来控制和拥有整个自动化体系。认识不到这一点，人类很容易在这么一个多元化时代遭受意想不到的灾难。

第五节　现象学方法对寻找“我”的科学研究的意义

现代科学研究因技术基础和数据处理的复杂化，难以寻找自然的经验意义，或者说难以寻找到自己的直观。现象学方法中的回到实事本身、本质直观、悬置、现象学还原等在指导回到研究者原初经验或原初直观方面具有十分重要的意义。因为“回到实事本身”、“本质直观”、“现象学还原”和“悬置”等都是以向内反思为基础的，这种对内反思的习惯迥异于向外获取知识的思考习惯，古代科学家似乎自然地习惯于这种思考方式。现今的科学家更多的是受浩如烟海的科学理论的制约和科学实验固有模式的影响，忽视了向内寻求知识的能力，事实上，在现今科学研究中从自身内在的能力入手进行科学研究仍然具有十分重要的意义。

“回到实事本身”说起来容易，做起来可实在不容易。这里首先要搞清楚“回到实事本身”的含义。我们平常只要说话，我们就要用概念来表达我们所体验到的一些事情，可是一旦表达，我们就会用语言遮蔽原来的事情，这在中外哲学中都是大家熟悉的哲学思想。举一个简单的例子解释一下，例如我的书桌上放着一个茶杯，我说“杯子在桌子上面”。这个判断中的“杯子”和“桌子”是作为实事给予我的，“在……上面”是我用一个固有的范畴加在杯子和桌子上的。一旦我用固有的范畴框住了杯子和桌子的“在……上面”的关系，它就遮蔽了杯子和桌子的其他关系的可能性，如“桌子托着杯子”“杯子靠着桌子”“桌子在杯子下面”等。也就是说，我们解除一些固有范畴的遮蔽向实事进行现象学还原之后，实事向我呈现的是无穷种可能的关系，而任何一种可能的关系都有可能成为新的科学发现的可能。非欧几里得几何学的出现可以看作“回到实事本身”的例子。欧几里得几何学的第五公理“过直线外一点当且仅当只能作一条直线与已知直线平行”就是对两条平行线关系的一个判断，如果我们解除这个关系的遮蔽，我们在不同的面上如球面或马鞍型面上观察直线的关系，就有可能出现新的关系，如“过直线外一点可作无数条直线与已知直线平行”，或“过直线外一点不能作一条直线与已知直线平行”，这样就会有非欧几里得几何学的出现。当然可能还会有更多的关系，有待数学家进一步做出发现。胡塞尔说："当然，古代人在柏拉图理念论的引导下已经把经验的数、测量的单位、在空间中的经验的形状、点、线、面、体加以理念化了；于是几何的命题和证明就转变成为理念化的几何的命题和证明。而且，与欧几里得几何学相关联，那种系统地一体化的演绎理论的观念也发展起来了。它给人以深刻的影响，它以广泛而深邃的理念为目标，它建立在公理性的基本概念和原则上，它在必真的逻辑推演中展开——一个由纯粹理性所组成的整体，它的真理是可直观的，是完全由通过直接的和间接的直观所认识到的无条件的真理所组成的。但是欧几里得几何学和一般的古代的数学只知道有限的任务，它们只是有限的、封闭的先天原理。作为高于一切其他先天原理的亚里士多德的三段论的先天原理也属于这一类型。古代人到此就止步不前了。但是停留在这里就失去了把握无限任务的可能性。"①

"回到实事本身"不只是针对物与物之间的关系，还有针对物本身的"概念"回到实事。现在很多科学概念都是通过教师的语词的暴力强加给学生的，而且通过规范的练习和统一的考试，那些科学概念被框定成几乎是含义不二的僵死工具，学生对概念的理解和操作不能越雷池半步。巴什拉在《科学精神的形成》中说："如今的科学基础教育悄悄地在自然和观察者之间放了一本相当正确、作了相当多的修改的书。经过半个世纪以来耐心的互相抄袭，物理书给一个孩子提供了非常社会化的、极其僵化的知识，通过稳定得令人惊讶的大学考试大纲，这些知识居然被看成是自然的，可是它并不是自然的，不再是自然的。那不再是来自街头、田野的科学，而是一种在糟糕的实验室炮制出来的科学，但是依然打着实验室的招牌……因此，如今的实验和书籍与原初观察已经部分地脱节了。"②现在很多理工科学生甚至在实验室里都不相信自己的观察，而相信书本上人家已经观察到的结果，这样的科研一方面墨守成规，另一方面难以形成新的科学概念。往往科学中的创新首先是科学概念的创新。因此，寻找那种自然的或原初的直观对于当今这种规范的科学教育是非常有意义的。

巴什拉的《科学精神的形成》虽然论述的是各种科学认识的障碍，但其中更有价值的是他描述很多前科学的概念，带给我们关于那些概念的原

---

① 〔德〕埃德蒙德·胡塞尔：《欧洲科学的危机与超越论的现象学》，张庆熊译，上海译文出版社 2005 年版，第 29—30 页。

② 〔法〕加斯东·巴什拉：《科学精神的形成》，钱培鑫译，江苏教育出版社 2006 年版，第 20 页。

初直觉。如关于“电”原初直觉，电流被看作一种真正的物质精神、一种气体。如果这种细腻的物质穿过盛着尿液、牛奶，或醋的试管，它势必直接染上这些物质的味道；在舌头边上把两个电极凑近，人们就将在这种穿越各种物质时得到改变的物质的电流中品出滋味；所以，这味道可能像尿一样涩，像奶一般甘甜，或像醋那样酸。人们当时这样描述电力：“穿过尿液，5 级电力，味道很涩，白色闪光；穿过牛奶，4 级电力，味道甘甜，微酸，红色闪光；穿过葡萄酒，1/2 级电力，味道微酸；穿过醋，2 级电力，辣味，红色闪光；穿过啤酒，1/2 级电力，辣味，苍白闪光……穿过氯化钠溶液，10 级电力；在这个实验以及随后的实验中，人们的舌头受不了那种感觉……”[①]后来欧姆用“电阻”这个抽象概念来表示不同导体的导电性能，而且用数学化的方法对它加以表示，电阻这个概念逐渐失去它原初的直觉的含义，而成为一个固有的现代含义。实际上，人们原初描述电力的概念是与很多经验物有关的，它有很多的度量方式，也与很多感官相关，如味觉、嗅觉等。如果回到原初的研究描述，悬置现有的电阻概念，说不定还会有一种新的研究电力的方式。

胡塞尔现象学核心方法“本质直观”实际上是从泰勒斯、柏拉图以来所说的“心灵之眼”的另外一种说法，当然它还与胡塞尔的想象变更方法联系在一起。其中，第一种建构活动是对时空中的感性形体作抽象的注视，即只注视时空中形体的某一方面，而把其他的方面搁置一边。这种抽象的注视实际上包括看和想象，因为形体是多方面的，而且还有颜色、质地等非形状的东西干扰，我们需要通过想象来除掉一切其他的方面而只保留所需要的形状方面。但是，这种抽象的注视所获得的形状还不是理念化的几何学的形状，因为我们主观上对物体自由想象的变更时，我们只能将一些感性形状转变为另一些感性形状，它们也仅是在程度上或多或少地趋近直线、平面或圆形。为了形成理念化的几何形状还必须进行第二种主体的建构活动，即通过形状的完美化获得极限的形状。我们在实践的过程中，为了满足某种需要做出某种较为完美的形状。“从这种使事物完善化的实践中，在向可以想象得到的完善化的地平线‘不断地’自由推进中，到处都预先确定出一种极限形态，一系列个别的完善化都将它作为一个不变的永远也达不到的极向它逼近。如果我们的兴趣就在于这些理念的形态，一贯地致力于对它作规定，并由已规定的形态构成新形态，我们就是‘几何学

① 〔法〕加斯东·巴什拉：《科学精神的形成》，钱培鑫译，江苏教育出版社 2006 年版，第 109 页。

家'"[①]胡塞尔认为对极限形状的直观已经不是感性直观，而是心灵之眼的理性直观，通过理性直观所把握的极限形状不再是经验的形状，而是“理念的形状”。

综上，“本质直观”是介于感性直观与形式化概念之间过渡思维形态，也是数学化处理自然的合法依据，它需要的是悬置一些与观察关注点不相关的内容，而且要对关注点加以想象性的变更。古代力学家处理的古典力学都是本质直观的体现，如阿基米德证明杠杆定律。在阿基米德的证明过程中，杠杆被简化成一条数学化的线条，系统中像杠杆臂重量和厚度这些物理因素都被忽略掉了。物体本身成了重心，也就是线上的那个点。这些物体占据的空间变得毫不相干。重量变成了可以被线的长度来代表的一个比例。也就是说，所有的物理因素被简化成了几何因素，最终使之成为一种几何学的直觉。对此，科学史家评价道：“阿基米德把这个问题成功地还原为几何学问题。除了声称重物具有重量外，任何物理考虑都没有出现。杠杆成了一根没有重量的线；摩擦被忽略不计；重量作用于杠杆上的一点，作用方向与杠杆垂直。不仅如此，基于这些假设的证明是欧几里得式的。证明基于两个前提：与支点等距（分别在支点两侧）的相等重量处于平衡；位于杆臂任何地方的两个相等重量可以用一个位于两点中点（即它们的重心）的两倍重量来代替。这两个前提都是凭借几何对称和直觉建立起来的。”[②]还有海伦和帕普斯对斜面平衡的研究都是这样。此时才有数学与物理学的真正结合，这种结合一方面使物理学家对自然界使用与之相匹配的数学形式；另外一方面数学也从物理学的形式化要求中找到进展的方向，例如 17 世纪对微积分的形成起重要推动作用的就是动力学研究。

“回到实事本身”在胡塞尔那里最终是回到人的意识活动，只有人的意识活动才是直接的最终的直接面对的实事，它是笛卡儿的普遍怀疑也怀疑不掉的现象学剩余。所有的感知最后必须落到自己可以反思到的意识活动上面才能发挥作用。正因为如此，大哲学家进行体系化哲学建构的时候一定会涉及一个先验的“我”来保证知识建构的普遍性和共通性。康德和胡塞尔是两个典型的代表，他们的先验哲学实际上是一种向内寻找知识根据的哲学，通过向内寻求先验的根据可以确保科学的可靠性和普遍性。

学习自然科学的人，从中学到大学，从大学到研究生学习了许许多多

---

① 〔德〕埃德蒙德·胡塞尔：《欧洲科学的危机与超越论的现象学》，王炳文译，商务印书馆 2001 年版，第 37 页。

② 〔美〕戴维·林德伯格：《西方科学的起源》，张卜天译，商务印书馆 2019 年版，第 153 页。

的科学理论和科学定理，我们也一直运用这些科学理论和科学定理来解决一系列的自然科学问题，但是科学家这样做的时候不免有些主体性的丧失，以及对自己原初直觉能力的遗忘。此时学会清理自己，怀疑自己所学过的所有内容，悬置它们，把它们放在一边，看看自己离开这些东西之后还能干什么。真正从自己的所真正拥有的能力入手进行科研，对自己的科研生涯而言是一件非常有意义的事情。笛卡儿成年之后就是这样做的。首先，笛卡儿怀疑所有他学过的知识，包括书本上的、学术权威传授的，甚至自己的感官感受的，他认为对自己都有可能是一种欺骗。笛卡儿通过其普遍怀疑的方法把所有的东西都置于其怀疑的目光之下，发现唯有“我在怀疑”这一怀疑的活动是没有办法怀疑掉的，由此他得出了著名的“我思故我在”的结论，并进一步得到了“心物二分”的结论，即灵魂的本质在于思维，而物体的本质在于广延，由此奠定了科学化的主体哲学的地位，在自然科学领域这一划分更是他提出机械论自然观的哲学基础，而机械论自然观是整个近代科学革命的理论基石。笛卡儿本人的自然科学研究也体现出他向先验主体还原的向度。我认为，科学家乃至所有研究人员，学会悬置前人的知识，走向自己原初的能力，并由此出发进行科学研究是科研人员的成人礼。李政道先生在多种场合和回忆录中都谈到如下一段学习和研究经历：

我记得在 40 年代我做研究生的时候，我念的是理论物理。费米可以说在理论、实验物理研究两方面都是大师。他那个时候刚好在研究电子跟中子的作用，他的学理论的学生那时候就我一个人。他每星期要花半天跟我讨论，所以他没法收很多学生。讨论的时候，他的第一目的是训练，让学生对一切物理的问题都要能够自己独立思考，找到答案。那个时候我自己在研究粒子物理。费米每天讨论时，都问问题，让我回答。有一天他问我：“太阳中间的温度是多少？”我说：“大概是一千万绝对温度。”他说：“你怎么知道的？”我说：“是文献上看来的。”他说：“你自己有没有算过。”我说：“没有，这个计算比较复杂。”他说：“这不行，你一定要自己思考和估计，你不能这样接受人家的结论。”我说：“那怎么办？这里面有两个公式。”这两个公式，看起来倒也不是最复杂，真要算起来，却并不那么简单。他说：“这个没关系，我们来想个办法。”我说：“想什么办法呢？”他说：“我们一块来做一个大的计算机器。”他跟我合作，这是全世界惟一

> 的、专门用来做大计算的计算尺，花了两天时间。你想，他自己在做实验，并且是很重要的实验，跟做计算尺一点关系没有，我自己也不是研究这个的。他其实是要让我明白，你不能接受别人的结论，你必须自己实验，而且必须想新的方法。[①]

费米对李政道的教育就是要求科研人员走向自己原初能力进行科学研究，不要随便接受别人给予你的现存结果。这种向自己先验能力的还原或许是李政道日后取得更大科学成就的深层原因，要不然不会令他终生难忘。

现象学实际上就是回到人的身上寻找自己亲身的体验，来解开一切概念、规则对自己体验的遮蔽。随着科学技术的发展，谈论或回溯人类的经验（也称体验）世界是有意义的，可以说与前科学时代人类发现科学规律具有等同的意义，因为前科学时代，人们具有丰富的生活体验，但是总结不出一些哪怕非常简单的规律，而现在恰好相反，人们是面对复杂的由技术架构起来的科学，但不容易寻找到与之相应的经验。胡塞尔的现象学还原方法在寻找原始经验方面刚好具有这种指导功能。

---

① 李政道、杨振宁等：《科学之美》，中国青年出版社 2002 年版，第 11—12 页。

参考文献

〔英〕阿德里安·巴登:《解码时间》,胡萌琦译,中信出版集团2019年版。
〔德〕埃德蒙德·胡塞尔:《纯粹现象学通论》,李幼蒸译,商务印书馆1992年版。
〔德〕埃德蒙德·胡塞尔:《笛卡尔沉思与巴黎讲演》,张宪译,人民出版社2008年版。
〔德〕埃德蒙德·胡塞尔:《关于时间意识的贝尔瑙手稿(1917—1918)》,肖德生译,商务印书馆2016年版。
〔德〕埃德蒙德·胡塞尔:《经验与判断》,邓晓芒、张廷国等译,生活·读书·新知三联书店1999年版。
〔德〕埃德蒙德·胡塞尔:《逻辑研究(第二卷第一部分)》,倪梁康译,上海译文出版社2006年版。
〔德〕埃德蒙德·胡塞尔:《内时间意识现象学》,倪梁康译,商务印书馆2009年版。
〔德〕埃德蒙德·胡塞尔:《欧洲科学的危机与超越论的现象学》,王炳文译,商务印书馆2001年版。
〔德〕埃德蒙德·胡塞尔:《欧洲科学危机和超验现象学》,张庆熊译,上海译文出版社2005年版。
〔德〕埃德蒙德·胡塞尔:《现象学的观念》,倪梁康译,人民出版社2007年版。
〔美〕埃德温·阿瑟·伯特:《近代物理科学的形而上学基础》,张卜天译,湖南科学技术出版社2012年版。
〔奥〕埃尔温·薛定谔:《生命是什么》,罗来鸥、罗辽复译,湖南科技出版社2003年版。
〔德〕奥特弗里德·赫费:《康德的〈纯粹理性批判〉》,郭大为译,人民出版社2008年版。
〔法〕贝尔纳·斯蒂格勒:《技术与时间——爱比米修斯的过失》,裴程译,译林出版社 2002年版。
〔法〕贝尔纳·斯蒂格勒:《技术与时间——电影的时间与存在之痛的问题》,方尔平译,译林出版社2012年版。
〔美〕彼德得·迈克尔·哈曼:《19世纪物理学概念的发展》,龚少明译,复旦大学出版社2000年版。
〔英〕伯特兰·罗素:《我们关于外间世界的知识》,陈启伟译,上海译文出版社2006年版。
〔古希腊〕柏拉图:《柏拉图全集(第三卷)》,王晓朝译,人民出版社2003年版。
〔古希腊〕柏拉图:《蒂迈欧篇》,谢文郁译,上海人民出版社2005年版。
〔古希腊〕柏拉图:《斐德罗篇》,《柏拉图全集(第二卷)》,王晓朝译,人民出版社2003年版。
陈群志:《麦克塔加与分析哲学学派的时间理论之争》,《哲学研究》2015年第5期,第 81—87 页。
陈永国编译：《游牧思想——吉尔·德勒兹、费利克斯·瓜塔里读本》，吉林人民出版社 2003 年版。
〔美〕戴维·林德伯格：《西方科学的起源》，王珺译，中国对外翻译出版公司 2001 年版。
〔法〕德布罗意：《德布罗意文选集》，沈惠川译，北京大学出版社 2014 年版。
〔法〕德勒兹：《如何辨识结构主义？》，董树宝译，《上海文化》2015 年第 2 期，第 63—81 页。
〔英〕C. J. 威特罗：《时间的本质》，文荆江、邝桃生译，科学出版社 1982 年版。
邓定：《克尔凯郭尔的“Φieblik”（“瞬间”）观念》，《浙江学刊》2015 年第 5 期，第 20—28 页。
〔法〕笛卡尔：《笛卡尔思辨哲学》，尚新建等译，九州出版社 2006 年版。
〔法〕笛卡尔：《第一哲学沉思集：反驳和答辩》，庞景仁译，商务印书馆 2009 年版。
〔法〕笛卡尔：《探求真理的指导原则》，管震湖译，商务印书馆 2005 年版。
都江堰建堰 2260 周年国际学术论坛组委会编著：《纪念都江堰 2260 周年国际学术论坛论文选编》，广东科技出版社 2005 年版。
杜丽霞等编著：《微机原理与接口技术》，兰州大学出版社 2007 年版。
〔德〕菲利普·弗兰克：《科学的哲学》，许良英译，上海人民出版社 1985 年版。
〔德〕冈特·绍伊博尔德：《海德格尔分析新时代的技术》，宋祖良译，中国社会科学出版社 1998 年版。
桂起权：《目的论自然哲学之复活》，《自然辩证法研究》1995 年第 7 期，第 9 页。
〔德〕海德格尔：《海德格尔文集：早期著作》，张柯、马小虎译，商务印书馆 2015 年版。
〔德〕海德格尔：《物的追问——康德关于先验原理的学说》，赵卫国译，上海译文出版社 2010 年版。
韩寓群、徐传武主编：《考工记》，闻人军译注，上海古籍出版社 2014 年版。
〔德〕赫尔曼·外尔：《对称》，冯承天、陆继宗等译，上海科技教育出版社 2003 年版。
〔德〕赫尔曼·外尔：《数学与自然科学之哲学》，齐民友译，上海科技教育出版社 2007 年版。
〔法〕亨利·柏格森：《创造进化论》，陈圣生译，漓江出版社 2012 年版。
〔法〕亨利·柏格森：《时间与自由意志》，冯怀信译，安徽人民出版社 2013 年版。
〔法〕亨利·柏格森：《物质与记忆》，姚晶晶译，安徽人民出版社 2013 年版。
〔德〕胡塞尔：《第一哲学（上卷）》，王炳文译，商务印书馆 2006 年版。
〔美〕I. 伯纳德·科恩：《新物理学的诞生》，张卜天译，湖南科学技术出版社 2011 年版。
〔美〕I. B. 科恩：《牛顿革命》，颜锋、弓鸿午、欧阳光明等译，江西教育出版社 1999 年版。
〔意〕伽利略：《关于两门新科学的对话》，武际可译，北京大学出版社 2006 年版。
〔意〕伽利略：《关于托勒密和哥白尼两大世界体系的对话》，周煦良译，北京大学出版社 2006 年版。
〔法〕吉尔·德勒兹：《康德与伯格森解读》，张宇凌、关群德译，社会科学文献出版社 2002 年版。
〔法〕吉尔·德勒兹:《尼采与哲学》，周颖、刘玉宇译，社会科学文献出版社 2002 年版。
〔法〕吉尔·德勒兹、菲利克斯·加塔利:《资本主义与精神分裂（卷 2）：千高原》，姜宇辉译，上海书店出版社 2012 年版。
〔法〕吉尔·德勒兹:《〈荒岛〉及其他文本：文本与访谈（1953—1974）》，董树宝、胡新宇、曹伟嘉等译，南京大学出版社 2018 年版。
〔法〕吉尔·德勒兹:《福柯·褶子》，于奇智、杨洁译，湖南文艺出版社 2001 年版。
〔法〕吉尔·德勒兹:《运动-影像》，谢强、马月译，湖南美术出版社 2016 年版。
〔法〕吉尔·德勒兹:《哲学的客体——德勒兹读本》，陈永国等译，北京大学出版社 2010 年版。
〔美〕吉梅纳·卡纳莱丝:《爱因斯坦与柏格森之辩》，孙增霖译，漓江出版社 2019 年版。
〔法〕加斯东·巴什拉:《科学精神的形成》，钱培鑫译，江苏教育出版社 2006 年版。
〔德〕康德:《纯粹理性批判》，邓晓芒译，人民出版社 2004 年版。
〔德〕康德:《康德著作全集（第一卷）》，李秋零等译，中国人民大学出版社 2003 年版。
〔德〕康德:《康德著作全集（第四卷）》，李秋零译，中国人民大学出版社 2010 年版。
〔德〕康德:《自然科学的形而上学基础》，邓晓芒译，上海人民出版社 2003 年版。
〔德〕克劳斯·黑尔德:《时间现象学的基本概念》，靳希平等译，上海译文出版社 2009 年版。
〔德〕莱布尼茨:《莱布尼茨自然著作选》，祖庆年译，中国社会科学出版社 1985 年版。
〔德〕莱布尼茨:《人类理智新论》，陈修斋译，商务印书馆 1996 年版。
〔德〕莱布尼茨:《新系统及其说明》，陈修斋译，商务印书馆 2002 年版。
〔德〕黎曼：论奠定几何学基础之假设，F. 克莱因《数学在 19 世纪的发展》，李培廉译，高等教育出版社 2011 年版。
〔美〕李·斯莫林:《时间重生》，钟益鸣译，浙江人民出版社 2017 年版。
李政道、杨振宁等:《科学之美》，中国青年出版社 2002 年版。
〔美〕理查德·S. 韦斯特福尔:《近代科学的建构：机械论与力学》，彭万华译，复旦大学出版社 2000 年版。
刘宇辉等:《流形概念的历史演变》，《自然辩证法研究》2015 年第 5 期，第 78—82 页。
〔美〕鲁道夫·阿恩海姆:《艺术与视知觉》，藤守尧、朱疆源译，四川人民出版社 1998 年版。
〔美〕罗伯特·索科拉夫斯基:《现象学导论》，高秉江、张建华等译，武汉大学出版社 2009 年版。
〔英〕罗素:《对莱布尼茨哲学的批评性解释》，段德智、张传有、陈家琪译，商务印书馆 2010 年版。
〔英〕洛克:《人类理解论（上册）》，关文运译，商务印书馆 1997 年版。
苗李团主编《亚里士多德全集（第三卷）》，中国人民大学出版社 1992 年版。
〔德〕马丁·海德格尔:《存在与时间》，陈嘉映、王庆节等译，生活·读书·新知三联书店 1999 年版。
〔法〕米歇尔·比特博尔：《法国认识论 1830—1970》，郑天喆等译，商务印书馆 2011 年版。
〔法〕莫里斯·梅洛-庞蒂：《知觉现象学》，姜志辉译，商务印书馆 2001 年版。
〔美〕莫里斯·克莱因：《古今数学思想（第 2 卷）》，北京大学数学系数学史翻译组译，上海：上海科学技术出版社。
〔德〕M. V. 劳厄：《物理学史》，范岱年、戴念祖等译，商务印书馆 1978 年版。
〔美〕M. 克莱因：《西方文化中的数学》，张祖贵译，复旦大学出版社 2004 年版。
倪梁康：《胡塞尔时间意识分析中的"滞留"概念：兼论心智与语言的关系》，《现代哲学》2007 年第 6 期，第 72—79 页。
倪梁康：《胡塞尔早期内时间意识分析的基本进路》，《中山大学学报（社会科学版）》2008 年第 1 期，第 102—111 页。
倪梁康主编：《面对实事本身——现象学经典文选》，东方出版社 2000 版。
〔英〕牛顿：《自然哲学的数学原理》，赵振江译，商务印书馆 2006 年版。
〔古希腊〕欧几里得：《几何原本》，燕晓东译，人民日报出版社 2009 年版。
〔法〕彭加勒：《最后的沉思》，李醒民译，商务印书馆 1996 年版。
〔法〕皮埃尔·迪昂：《物理理论的目的和结构》，孙小礼等译，商务印书馆 2005 年版。
齐民友：《数学与文化》，大连理工大学出版社 2016 年版。
〔荷〕斯宾诺莎：《笛卡尔哲学原理》，王荫庭、洪汉鼎译，商务印书馆 1980 年版。
〔美〕汤姆·罗克莫尔：《康德与观念论》，徐向东译，上海译文出版社 2011 年版。
〔美〕唐·伊德：《让事物"说话"——后现象学与技术哲科学》，韩连庆译，北京大学出版社 2008 年版。
陶建文：《从时间现象学看思维的电影机制——兼论计算机记忆系统中滞留的缺失》，《自然辩证法研究》2020 年第 4 期，第 72—76 页。
陶建文：《可视化及技术成为一种新的认知方式的哲学分析》，《自然辩证法研究》2007 年第 11 期，第 56—60 页。
陶建文：《量的数学化的先天合法性研究》，《自然辩证法研究》2012 年第 10 期，第 1—6 页。
陶建文：《论"非精确但严密"的科学：以几何学为线索》，《洛阳师范学院学报》2017 年第 1 期，第 10—16 页。
陶建文：《论以技术为中介的科学认识论的变化》，《自然辩证法研究》2005 年第 9 期，第 64—68 页。
陶建文：《内时间的动力学演化探索——从德勒兹的哲学观点看》，《德国哲学》2018 年上半年卷。
陶建文：《试用胡塞尔的现象学克服维特根斯坦的反柏拉图主义》，《华南理工大学学报（社会科学版）》2006 年第 1 期，第 16—20 页。
陶建文：《透过胡塞尔的现象学证明笛卡尔的惯性定律》，《山东科技大学学报（社会科学版）》2012 年第 1 期，第 17—23 页。
陶建文：《自动化时代的工程师有能力承担社会责任吗？》，《科学技术哲学研究》2007 年第 5 期，第 76—78 页。
〔美〕托马斯·S. 库恩：《必要的张力》，范岱年等译，北京大学出版社 2004 年版。

汪民安、郭晓彦等主编:《事件哲学》，江苏人民出版社 2017 年版。
汪子嵩等:《希腊哲学史 1》，人民出版社 1997 年版。
汪子嵩等:《希腊哲学史 2》，人民出版社 1997 年版。
〔奥〕维特根斯坦:《哲学研究》，陈嘉映译，上海人民出版社世纪出版集团 2001 年版。
闻人军:《〈考工记〉中的流体力学知识》,《自然科学史研究》1984 年第 1 期，第 1—7 页。
闻人军译注:《考工记》，上海古籍出版社 2014 年版。
吴以义:《从哥白尼到牛顿：日心学说的确立》，上海人民出版社 2013 年版。
夏邦栋:《普通地质学》，地质出版社 1995 年版。
〔美〕休伯特·德雷福斯:《计算机不能做什么——人工智能的极限》，宁春岩译，生活·读书·新知三联书店 1986 年版。
〔英〕休谟:《人性论》，官文运译，商务印书馆 1996 年版。
〔法〕亚历山大·柯瓦雷:《伽利略研究》，刘胜利译，北京大学出版社 2008 年版。
〔法〕亚历山大·柯瓦雷:《牛顿研究》，张卜天译，北京大学出版社 2003 年版。
〔古希腊〕亚里士多德:《物理学》，张竹明译，商务印书馆 1997 年版。
杨祖陶、邓晓芒:《康德〈纯粹理性批判〉指要》，人民出版社 2001 年版。
〔英〕约翰·洛克:《论人类的知识》，胡景钊译，上海人民出版社 2017 年版。
张卜天:《希腊力学的性质和传统初探》,《北京大学学报（哲学社会科学版）》2014 年第 3 期，第 132—142 页。
张卜天:《质的量化与运动的量化》，北京大学出版社 2010 年版。
张庆熊:《西方技术文化时代的问题和出路——思考罗蒂在复旦大学讲演的深层含义》,《云南大学学报（社会科学版）》2005 年第 4 期，第 89—97 页。
张尚弘:《都江堰水资源可持续利用及三维虚拟仿真研究》，清华大学 2004 年博士论文。
张双棣:《中华传统文化百部经典·吕氏春秋》，国家图书馆出版社 2018 年版。
张天蓉:《蝴蝶效应之谜——走近分形与混沌》，清华大学出版社 2014 年版。
张祥龙:《朝向事情本身》，团结出版社 2003 年版。
赵敦华、傅乐安主编等:《中世纪哲学（上卷）》，商务印书馆 2013 年版。
郑钧:《都江堰枢纽区水流泥沙运动规律研究》，清华大学 2008 年博士论文。
〔法〕朱利安:《论“时间”：生活哲学的要素》，北京大学出版社 2016 年版。
DeLanda M，*Intensive Science and Virtual Philosophy*，New York：Continuum，2005.
Deleuze G，*Difference and Repetition*，New York：Columbia University Press，1994.
Deleuze G，*The logic of sense*，New York：Columbia University Press，1990.
Ihde D，*Instrumental Realism*，Bloomington：Indiana University Press，1991.
Ihde D，*Technics and Praxis：A philosophy of Technology*，Dorderecht：Reidel Publishing Company，1979.
Koyre A，An Experiment in Measurement，*Proceedings of the American Philosophical Society*，Vol. 97，No. 2，1953.
Latour B，*Pandora's Hope：Essays on the Reality of Science Studies*，Cambridge：Harvard University Press，1999.
Lynn G，*Animate Form*，New York：Princeton Architectural Press，1999.

McCormic B, DeFanti T, Brown M, Visualization in Scientific Computing, *Computer Graphics*, Vol. 21, No. 6, 1987, p. 7.

Thomas B, Settle, An Experiment in the History of Science, *Science*, Vol. 133, No. 34451961.

后　　记

2014 年我的同事吴国林教授计划主编出版一套当代技术哲学前沿研究丛书，邀我写一本有关技术哲学方面的著作，于是我结合自己当时已发表的论文和研究兴趣，报了“技术介入的认识论”这么一个书名。当时的想法是研究技术与记忆、想象之类的认识能力的关系，特别是数码时代人的认识特征。也许是对写作的困难没有充分的估计，想法是有，写作提纲也列出来了，但写作过程中语言跟不上来，因为我的思维之根还是在科学领域。于是，中途我更换了写作思路，干脆写技术介入的科学认识论，这样写作起来更为顺手一些。另外，时间现象学是我当时感兴趣的内容，受斯蒂格勒的影响，就以时间为线索研究技术介入的科学认识论问题，因为技术化科学也是技术哲学探究的热点问题。成书时间不长，写作过程也因繁重的教学任务时常中断，有时候一个正在进行的思路因上课过一两天就接不上来了，这也许是我们这些以教学为主的公共课教师进行科研写作时都会面临的问题。当时因为一种特殊的个人需要和签约时间的限制，早早就让这部文字来不及通俗化润饰的著作出炉了。2015 年我试着拿书稿申报国家社会科学基金后期资助课题，当年竟获批了，书稿只能遗憾地从丛书中撤出。后来，我按照五位评审专家的意见对书稿进行了修改，但因家中老二的出生以及年均四五百个学时的繁重教学任务，我投入的时间非常有限，总是觉得未能修改得完善。感谢当年的五位评审专家给出的非常好的修改意见；感谢吴国林教授，他为本书的写作提供了一个契机；感谢科学出版社责任编辑刘英红女士的精心策划和文案编辑王丽豪的辛勤校勘。

陶建文

2021 年末于广州